2024 年摄于西安

无界

透视微软创新研究之境

微软亚洲研究院 著

电子工业出版社
Publishing House of Electronics Industry
北京·BEIJING

内容简介

大模型的持续迭代不仅引发了学术界和产业界的深刻变革，也加速了技术在各领域的广泛应用。面对快速变化的世界，如何持续创新并引领全球发展？对于这个问题，已成立 26 年的微软亚洲研究院有着深刻的见解。作为全球技术创新的典范，微软亚洲研究院自成立以来，不断创造具有突破性、对全球社会有积极影响的技术成果，树立了推动全球科技进步的标杆。微软亚洲研究院以其独特的企业研究院模式，吸引了一批世界级的科研人才。这些研究人员不懈地在科学高峰上探索，实现了多项从零到一的突破，推动了人类社会的进步和发展。

微软亚洲研究院将顶尖科研人才对人工智能、计算机与其交叉学科领域的观点洞察和前沿展望，以及在各领域的研究经验和成果结集成册，不仅是对数年来科研成就的回顾和总结，更是对全球科技进步的珍贵贡献。希望此书能为相关领域同人提供有价值的启发，激发新的智慧与灵感，推动科技向前发展。

本书主要适合对人工智能、计算机及其交叉学科领域感兴趣的读者，包括科研人员、工程师、学生及科技爱好者等阅读。对微软亚洲研究院的企业文化和人才培养感兴趣的科研机构也能从本书中获得丰富的信息。本书不仅介绍了微软亚洲研究院的科研方法、技术创新，还分享了研究院内部的协作模式、人才培养理念等，为相关读者提供了一个全方位了解微软亚洲研究院的渠道。

未经许可，不得以任何方式复制或抄袭本书之部分或全部内容。
版权所有，侵权必究。

图书在版编目（CIP）数据

无界：透视微软创新研究之境 / 微软亚洲研究院著.
北京：电子工业出版社，2025.4. -- ISBN 978-7-121-49681-3
Ⅰ．F062.4
中国国家版本馆 CIP 数据核字第 2025JF0391 号

责任编辑：宋亚东　　文字编辑：张　晶　潘　昕
印　　刷：中国电影出版社印刷厂
装　　订：中国电影出版社印刷厂
出版发行：电子工业出版社
　　　　　北京市海淀区万寿路 173 信箱　邮编：100036
开　　本：880×1230　1/32　印张：9.5　字数：304 千字　彩插：1
版　　次：2025 年 4 月第 1 版
印　　次：2025 年 5 月第 2 次印刷
定　　价：108.00 元

凡所购买电子工业出版社图书有缺损问题，请向购买书店调换。若书店售缺，请与本社发行部联系，联系及邮购电话：(010) 88254888，88258888。
质量投诉请发邮件至 zlts@phei.com.cn，盗版侵权举报请发邮件至 dbqq@phei.com.cn。
本书咨询联系方式：syd@phei.com.cn。

编委会

主　编：微软亚洲研究院

编　委：马金颖　张雅楠　周蓉蓉

设　计：谭漪淇　欧　洋

推荐序一
RECOMMENDED SEQUENCE

Peter Lee
微软全球资深副总裁、微软研究院院长、微软全球研究与创新孵化负责人

如今,我们正站在两个时代的交汇点上,只需再向前一步,人类社会就将跨入一个前所未有的由技术进步驱动的新世界。在这样的特殊节点处,我深感荣幸能为《无界——透视微软创新研究之境》撰写序言。微软亚洲研究院成立 26 年来,不断突破创新的边界,为新技术所引发的变革做出了卓越贡献。这本书汇集了微软亚洲研究院对技术发展的深刻见解,及其在技术创新旅程上的感悟与收获。

自创建伊始,微软亚洲研究院就以对科学进步和社会发展产生积极影响为愿景,并逐渐成为全球研究创新的灯塔。秉持对科学研究的长期承诺和开放包容的合作精神,微软亚洲研究院取得了一系列开创性的成就。从与各行业领军人物的深入对话,到对开放研究的丰富贡献,微软亚洲研究院也一直在为技术进步树立新的标杆。本书向读者展示了微软亚洲研究院在多个领域的不懈追求,如通过大语言模型提升医疗健康水平、革新计算机系统设计、探索药物发现的新路径……这些研究正在引领计算机科学步入新的范式。

人才是微软亚洲研究院最宝贵的成功要素。这些来自世界各地,兼具智慧、敬业精神和同理心的研究者,不仅拥有卓越的专业知识与技能,还在跨领域学科中展现出了非凡的学习能力,为生物学、材料科学和社会科学等众多领域做出了积极贡献。更重要的是,他们始终坚守"负责任的技术"这一承诺,以确保所有研究都能对全球社会产生积极影响。

正如您将在本书的一些章节中看到的,微软亚洲研究院对人工智能治

理、可持续发展等方面的探索，在推进负责任的人工智能这一紧迫议题的同时，也为保护文化遗产、应对气候变化等领域提供了帮助。在微软亚洲研究院的研究者眼中，使技术进步与社会的伦理和价值观保持一致，是优先级最高的跨领域课题。

深厚的技术积累和开放包容的成长环境，赋予了微软亚洲研究院超越学科界限的卓越能力，我相信这种研究文化是独一无二的。在人工智能领域，微软亚洲研究院所带来的思维和方法的多样性，一次又一次地体现在如 ResNet 这样具有突破性的研究中。

归根结底，多元、包容和持续学习的文化更容易催生蓬勃的创新。微软亚洲研究院一直倾力于培养跨学科人才，并持续营造促进开放合作的研究氛围，本书中一些研究者分享的个人经历正是这一点的生动体现。他们在微软亚洲研究院的成长历程凸显了适应思维模式转变、勇于面对挑战的重要性，也展现了将创造一个更加美好的世界视为共同使命所迸发的强大力量。

我希望本书收录的文章能帮助您获得新的灵感，让您可以看到自己在相关领域做出贡献的无限潜力。愿书中的知识和智慧能激发出更多新的想法，为技术进步贡献绵薄之力，造福人类社会。

推荐序二

RECOMMENDED SEQUENCE

John Edward Hopcroft
康奈尔大学教授、图灵奖得主

我们正在经历一场智能化的变革。未来，人们可能只需要付出少得多的劳动就能换取所需的商品和服务。一些旧的工作岗位会消失，全新的工作机会会被创造出来。在这样的时代背景下，一个关键的挑战日益凸显——培养能够适应人工智能时代的人才。

全球各国都需要持续提升计算机专业的教育水平，加强对相关领域专业人才的培养。必须谨记的是，智能化并不只发生在计算机科学领域。我们需要关注各领域正在发生的变化，以确保我们的教育事业和对人才的培养能够满足新时代的需求。

在计算机科学领域的人才培养，尤其是在跨学科人才培养方面，微软亚洲研究院一直走在前列。作为微软亚洲研究院的老朋友，我有幸见证了研究院20多年来的成长。通过与全球顶尖高校、企业和研究机构合作，微软亚洲研究院不仅实现了科研方面的创新和突破，还大力支持青年科研人员的成长和发展。这些合作与探索为人才培养提供了许多值得参考和借鉴的模式，让我们看到企业研究院能为人才的成长创造怎样的环境与条件。我相信这些独特的模式将为全球科技进步做出更多新的贡献。

基础研究是科技创新的基石，对经济发展和社会进步起着关键的支撑作用。然而，它往往需要长期投入，短期内难以获得回报，能够坚守的人寥寥无几。从微软亚洲研究院科研工作者的身上，我看到了真正的创新源泉——对所研究问题的持久好奇心和对未知世界的强烈探索欲望。唯有保持这种内在的驱动力，才能在漫长且充满挑战的科研道路上，不断收获满足感与成就感,跨越重重障碍,取得成功。

此外,为人才营造良好的科研氛围也是不可或缺的。优秀的科研环境应当是多元、开放和包容的,能够接纳不同的观点与想法,鼓励创新思维的碰撞。微软亚洲研究院的研究员们就是在这样的环境中,按照自己的兴趣开展研究,自由地探索未知,并大胆尝试新的方法和思路。

在人工智能重塑社会的浪潮中,只有敏锐洞察到世界因科技发展而产生变化的人,才能紧跟时代的步伐。请花点儿时间观察周围世界的变化,思考自己真正感兴趣,并乐于为之投入时间和精力的课题。跟随本书中研究者的足迹,领略他们的科研智慧、思维方式与研究方法,将有助于你发现科学研究的魅力,理解科学研究的真谛,开启属于自己的创新之旅。

推荐序三
RECOMMENDED SEQUENCE

沈向洋
香港科技大学校董会主席
微软原全球执行副总裁、微软亚洲研究院原院长

2023 年是微软亚洲研究院建院 25 周年，我受周礼栋院长之邀回了趟"家"，与周院长炉边谈话，台下年轻的科研英才济济一堂。我们忆往昔，议未来。

1998 年，微软中国研究院成立。当时，基础研究在全世界范围内大多都只发生在象牙塔里。一个在北京新成立的企业实验室，如何利用微软和工业界的资源，做世界一流的研究工作？怎么做才算成功呢？

当时我们明确了三个目标：推动全球计算机科学研究的发展；为微软的产品贡献技术；带领本地区计算机科研进步。

4 年之后的 2002 年，微软亚洲研究院在图形学顶会 SIGGRAPH 上发表了 4 篇论文，是当年全球论文入选最多的机构——不谦虚地说，微软亚洲研究院一战成名。2004 年，麻省理工科技评论（MIT Tech Review）封面报道微软亚洲研究院，称其为"全球最火的计算机实验室"（the world's hottest computer lab），说我们为创新而饥渴（entire lab is hungry）。

微软的创新并没有停留在论文层面。在微软的许多产品里，Azure、语音识别、图像渲染、HoloLens、必应搜索、小冰等，微软亚洲研究院的科研成果都发挥了关键作用。盖茨先生曾经在一个采访里这样评价："当你（企业）创办一家实验室时，常规预期或许是 5 年后初见成效，但这些家伙，在 9 个月内就端出了成果。"

20 余载后，微软亚洲研究院依然在引领计算机科学基础研究的方向，

无界
透视微软创新研究之境

助力解决全球性社会挑战。

今天,人工智能的新浪潮奔涌,科学研究的新范式已现。从大模型到具身智能,从 AI Infrastructure 到 AI for Science,颠覆性的技术创新一次又一次地震撼我们,让我们不得不重新思考人与机器的关系,重视 AI 的治理。

在此背景下,我非常推荐科研人员、工程师、学生及科技爱好者阅读本书。书中详细介绍了微软亚洲研究院在新计算范式、跨学科和跨领域、社会责任人工智能等方面的前沿工作,无一不体现出科研与社会发展的同频共振。

更令我欣喜的是,透过每个科研人员的文字,我看到微软亚洲研究院不变的研究文化,开放、自由、鼓励创新,以及对基础研究的重视。

我相信这种精神内核,会促使创新持续在这里发生,会让渴望创新的人才在这里获得成功,会引领微软亚洲研究院在新的 25 年里,继续它的辉煌使命。

推荐序四
RECOMMENDED SEQUENCE

洪小文
微软原全球资深副总裁、微软亚洲研究院前院长

七八年前,计算机领域的同仁在诸多场合与我探讨"火热的人工智能"话题。现在回想,那时的我们正处于又一轮技术爆发的前夜。

人工智能在近几年取得的突破,是芯片、大数据、深度学习、互联网、移动等技术发展至一定程度的必然结果,堪称计算机技术的"集大成者"。同时,人工智能也开启了计算机科学和技术的下一场长征。

如果我们将视野拓宽,就会发现,人工智能的影响已经远远超出了计算机领域。近几年,我们共同见证了人工智能对基础科学研究的巨大贡献。特别是在 2024 年,诺贝尔物理学奖和化学奖的 5 名获奖者均与人工智能有关。跨入数字经济时代,计算机技术的变革和迭代产生了超越技术本身的浪潮,并扩散至人类社会的方方面面。正如近代历史上的几次工业革命一样——它重塑了人类社会的生产力,并伴随着对规则与秩序的重构。我们必须意识到人工智能对人类社会和文明可能产生的深远影响,这对每个有志于在人工智能研究和应用方面有所建树的组织与个人,都是前所未有的机遇与挑战。

微软研究人工智能的历史可以追溯到 20 世纪 90 年代初,并且至今保持着在这一领域的领先地位,这无疑是微软对自身理念的成功实践,即借助前沿科技,赋予人们强大的工具和平台,成就不凡。微软能够取得这些成果,与其数十年如一日对基础研究的重视和投入密不可分。比尔·盖茨先生很早就认识到,基础研究是公司保持对高科技的竞争力的关键所在,创建专注基础研究的企业研究院,是他最具远见的决策之一。

无界
透视微软创新研究之境

　　微软亚洲研究院在成立的 20 多年时间里孕育了众多创新技术，这些技术不仅推动了微软产品的重大创新，也在全球科技发展的历史中留下了深刻的烙印。人工智能研究是微软亚洲研究院自建院之初就明确的战略方向之一，时至今日可谓成绩斐然。回想多年前，我曾表示期待看到人工智能与其他领域相互融合、彼此促进。如今，研究院的同事们所取得的成果远远超出我的预期。他们的研究的价值已经在医疗、可持续发展、科学发现、行业数字化转型等多个领域得到验证，并且正在向人文社会科学领域拓展——"跨越学科边界"成为正在发生的现实。

　　我与微软亚洲研究院的缘分横跨了四分之一个世纪。1998 年，我专程从美国飞往北京，参与了微软中国研究院（微软亚洲研究院前身）的创建。2004 年，我重返北京，成为研究院的一员。从 2007 年起，我有幸在微软亚洲研究院蓬勃发展的时期担任院长，在这里又度过了 15 年精彩且充实的时光。较长的工作时间跨度，使我有机会近距离观察同事们如何以更宏大、更长远的目标作为行动抉择的依据。很多时候，他们会站在解决社会问题，甚至推动文明进步的高度来看待自己的研究。在充满不确定性的人工智能时代，这种对研究的责任感尤为珍贵。我相信，在未来的日子里，微软亚洲研究院将继续为研究人员提供实现抱负的舞台。

　　现在，微软亚洲研究院将过去数年的思考和发现汇集成册，希望在人工智能浪潮席卷全球的今天，帮助从业者和关注者构建科学的思维方式和明确的研究目标。《无界——透视微软创新研究之境》一书揭示了人工智能如何颠覆计算机科学研究的范式，以及人工智能与其他学科，特别是人文学科携手共进的必要性。本书不仅展示了微软亚洲研究院的创新成果，而且反映了支撑这些成果的独特文化和人才风貌。

　　身处下一场工业革命的起点，我相信这本书凝聚的智慧不仅将对计算机科学有所裨益，也可能为人类社会的进步投下一颗激起涟漪的石子。

前 言
PREFACE

刷新自我，引领计算的新范式

周礼栋
微软全球资深副总裁、微软亚太研发集团首席科学家、微软亚洲研究院院长

在 2023 年即将远去的那一刻，我不禁产生了这样一种遐想：若干年后，人们会回想起这一年中大家兴奋地学习使用大语言模型（Large Language Models, LLMs）和各种 Copilot 的情景，并感慨道："改变就是从那时开始发生的。"尽管 2023 年的我们对人工智能的了解还处在初级阶段，但已确信它将与人类的命运紧密相连。

对微软亚洲研究院而言，2023 年则多了一些新的里程碑意义：我们迎来了建院 25 周年。回首过去的 25 年，我们可以自信且自豪地说，微软亚洲研究院探索出了一套有效的企业研究院模式，孕育了诸多对微软公司和全球社会具有重大影响的创新成果，见证并推动了亚洲乃至全球科技的发展，取得了足以让每位伙伴骄傲的成就。

在最近与研究院同事们的交流的过程中，我们不约而同地达成了一个共识：与其"追忆往昔"，不如把目光投向下一个 25 年，以展望未来的姿态来纪念这个意义非凡的时刻。因此，我们一直在思考：在面对新的技术发展浪潮时，过去那些使我们成功的思维、文化与工作方式，在坚守与传承的同时，是否应该做出一些突破性的改变？

答案是肯定的。我们希望**不断刷新自我**，继续创造具有深远影响的新成果，为人类社会的福祉做出贡献。

一、刷新目标使命，定义微软亚洲研究院的下一个 25 年

无论是作为微软全球研发体系的一员，还是作为企业研究院的代表，微软亚洲研究院都具备一些与众不同，甚至独一无二的特质。**背靠微软公司这一全球化的平台，又身处信息产业蓬勃发展的亚洲地区，微软亚洲研究院得以融合东西方创新文化的精髓。**自建院以来，我们就秉持开放、自由、多元与包容的文化精神，吸引全球优秀科研人才汇聚于此。这也是微软亚洲研究院能够在 25 年中始终站在科技浪潮前沿的原因。

每位微软亚洲研究院的伙伴都希望我们在未来几十年里能继续保持优势和独特性。而这正是微软亚洲研究院刷新自我的出发点：我们已经身处不同的时代和环境。就像那些能够保持长期竞争力的组织一样，我们必须与时俱进，做出必要的改变。这不仅包括增加新的研究项目，或是简单地改变某些流程，更关键的是，我们要着眼于下一个 25 年，思考微软亚洲研究院应该朝什么方向前进，并确保我们的步伐始终与我们的愿景一致。

至于下一个 25 年，我认为变化、趋势、目标等都将紧紧围绕计算新范式展开。

计算机领域的范式转换周期大约是 30~50 年，每次范式转换都会重新定义计算机在未来数十年里如何影响和改变人类社会。50 年前，施乐帕克研究中心 (Xerox PARC) 推出了 Alto 计算机，开启了从工业计算向个人计算的范式转换过程，并由此产生了众多彪炳史册的创新。

值得一提的是，在 Alto 诞生时，人们并没有在第一时间将其定义为个人计算时代的开始。但是包括 Xerox PARC 在内的研究者都意识到需要做一些不同以往的事情。后来，随着图形界面、以太网、鼠标、激光打印机等创新技术的出现，大家才逐渐看清这一轮新范式的轮廓。

现在，**世界又一次来到孕育新一代计算范式的关键节点。**新的计算范式将赋能人类生活和工作的方方面面，给各行各业带来颠覆性的变革，也将催生众多新的机遇。我认为，此时最有意义的工作之一，莫过于思考我们应该以怎样的方式进行研究，从而有助于定义新范式——这不仅涉及研究和创新，更关乎人类社会的未来。

我们认为，微软亚洲研究院的新使命是：通过跨学科和跨界研究，创造具有重大影响的突破性技术，为未来几十年的计算新范式奠定基础，并为人工智能和人类发展创造更美好的未来。

二、刷新研究方式，确保向目标迈进

我们对研究方式也进行了重新思考，以帮助我们更好地达成使命。事实上，微软亚洲研究院自成立以来一直不断调整思维方式与创新模式，未来我们也将做出更多变革。

积极投入跨学科和跨领域研究

在微软亚洲研究院看来，未来具有重大意义的突破性成果将来自跨领域的交叉融合。我们已经与多个自然科学领域的机构展开了合作。而为了让技术服务于人类社会，在社会科学领域的合作也将是必不可少的。

我们的目标不仅是打破计算机科学与其他学科间的壁垒——即使在计算机科学领域内，也应该摒弃以往那种只专注自己细分领域的做法。大语言模型就是一个很好的例证：**孤立的领域将不复存在，更强的机器智能将来自跨学科与跨领域的深度融合**。

连接全球的卓越人才和智慧

在新的范式下，当我们提到"全球人才"时，其范围将不再局限于"计算机人才"。随着跨领域融合的持续深入，我们需要与各学科和行业的人才建立更紧密的联系，并为不同领域的人才搭建有效沟通的桥梁，从而跨越学科的边界，推动学科交叉与研究融合。

未来，微软亚洲研究院将继续打造更加广阔的国际化研究平台，与全球各地的优秀研究者、机构和大学建立更紧密的合作关系，推动知识的自由流动和技术成果的共享，通过汇集全球智慧，共同探索和解决世界面临的重大问题。

创造具有重大影响力的技术突破，着眼于具有社会意义的挑战

研发成果被应用于企业产品，甚至引领产品未来的发展方向，当然是了不起的成绩。但如果我们止步于此，那么将失去作为基础研究机构的独

特性。此前，微软联合创始人比尔·盖茨先生到访微软亚洲研究院，我有幸主持了一场与他的对话。盖茨回顾了当初成立微软研究院的初衷，就是可以为人类的普遍知识做出贡献。

因此，微软亚洲研究院将致力于创造具有广泛社会影响的突破性技术。一方面，我们要确保技术具有足够的前瞻性，经得起时间的检验；另一方面，依托这些突破性技术，我们能够在解决具有广泛和长远意义的技术、产业和社会问题方面发挥不可替代的作用。

定义并引领计算的新范式

新一代计算范式是计算机科学研究，乃至更广泛的行业和人类社会共同的机遇，我们必须行动起来，思考我们日常的研究和工作是否有助于深化对新范式的理解和定义，而不仅是专注发表一篇论文、优化提升某项技术，或是服务于某个产品。

定义和奠定新范式的基础将成为我们具有最大共识的战略方向。微软亚洲研究院希望能够在未来帮助各领域和行业建立起新范式的基本理论和底层逻辑，从而让所有人能充分把握这些新的机遇。

三、传承与刷新独特文化，激发每个人的潜力

微软亚洲研究院拥有独特且让我们引以为傲的文化。但我想强调的是，文化本身从来不是我们的目的，企业文化的真正价值在于激发个体的智慧与行动力。**作为一个组织，微软亚洲研究院最关心的是，我们能否共同创造一个让每个人都能快速成长，并充分发挥潜力、产生深远影响力的环境。**

基于组织的使命和对人才成长的承诺，我们致力于营造一种有利于激发灵感和创新力的研究文化：我们倡导对技术进步怀有远大抱负并富有极客创新精神，鼓励研究人员拓展研究的深度与广度，跨越领域界限；我们致力于打造利于培养长远愿景、倡导开放协作精神和多元包容思维的研究氛围；我们也不断探索将好奇心驱动与精准聚焦相结合的科研新范式。

我们所追求的这种思维方式和文化氛围都有一个共同的前提——消除任何不利于集体智慧发挥和创新的障碍，让想法自由流动（flow），让最好的想法胜出。我们希望研究人员能在这种鼓励个性表达且被充分信任的环

境中,迸发出更深远的灵感与思考。正如两度获得诺贝尔奖的莱纳斯·卡尔·鲍林(Linus Carl Pauling)所说:"获得好想法的最佳方式是先获得很多想法。"

我们正从多个方面入手来创造更加畅通无阻的沟通环境。首先,我们将尽可能避免自上而下的"要求式"对话,取而代之的是让研究员乐于表达和交流想法的形式。当他们感到自己是在主动参与而非被要求时,将更有动力和意愿表达新的想法。

其次,我们鼓励每个人积极发现未来的潜在机会并勇于尝试,即使那些机会听起来遥不可及,这比展示已有成果更加重要。正如我们无法用现有的知识来定义新范式,只有勇敢地追求"未知",才有可能在未来将其变为新的"已知"。

最后,我们为新员工建立"Aspire"社团,帮助他们快速适应科研工作和文化,并且通过各种自发的项目和活动快速成长。与此同时,新员工也为我们的文化注入了源源不断的活力。

四、聚焦引领新范式的研究领域

尽管各界对新范式的探索尚处在起步阶段,但微软亚洲研究院已经开始在一些具有潜力的研究领域展开探索,其中很多都是跨学科的合作。这些跨学科项目不仅对相关领域具有深远的影响,也提升了我们对于 AI 能力的理解和应用水平,有助于我们揭示新范式的奥秘。

(1)基础模型迭代。在现有的"Transformer 基础网络架构 + Next Token Prediction 学习范式"这一基础架构之下,人工智能的发展主要依赖增加训练数据量和扩大模型规模。然而,这种增长的天花板逐渐变得明显。我们设计的新的网络基础架构 RetNet 打破了 Transformer 无法实现的"低成本推理、高效率、同步训练"不可能三角,可以以更低的能耗及成本,实现人工智能效率和性能的指数级提升。

(2)AI 与系统结合。AI 诞生于大规模高性能计算机系统之上。现在,我们正在研究如何利用 AI 助力计算机系统的创新和发展。在我们看来,AI 的能力能为解决传统系统问题提供新的角度,例如:更智能、高效地优化复杂系统的性能；更快速和智能地诊断问题；更便捷地部署和管理。AI与系统相结合，也能为新系统的设计带来不同的范式。从芯片设计、体系结构创新、编译优化到分布式系统设计，AI可以成为系统研究者的智能助手，甚至承担大部分工作。

（3）创新智能环境。无线技术将不仅是通信的工具，还将成为AI发展和应用的"数据桥梁"和"第六感官"，使AI以超越人类的感官来全面理解物理世界，获得更强大的综合建模能力。然而，无线技术正面临理论和实践的双重挑战，尤其是受到通信范围和感知能力的限制。为此，我们提出了全新的研究方向——为无线信道构建可调整的智能环境。这一创新可以利用低成本且易于部署的超表面装置使无线信号传输至原先难以触达的区域，还可以提升无线感知的精度，使其适用于更广泛的应用场景。

（4）AI与脑科学。通过深度融合AI与脑电信号、基因、血液等大脑关键组成要素，我们正在设计一系列特有的领域模型，这不仅将支持科研人员和临床医疗专家更好地获取大脑的反馈信息，发现脑部异常并深入理解脑部疾病机理，也有助于我们有效了解人脑的思维方式和认知过程，从而给神经网络和机器学习算法的设计带来更多启发。

（5）AI与传统文化。我们与甲骨文领域的专家合作，开发了甲骨文校重助手Diviner，首次将自监督AI模型引入甲骨文校重工作中，帮助专家从这项原先完全依靠人工经验、既费时又费力的工作中解放出来。这一进展向学术界展示了AI在保护和传承富有社会意义的文化遗产研究中的巨大价值。

微软亚洲研究院对AI社会责任的重视，不亚于对其基础研究、智能性能和应用的关注。随着AI对社会的影响日益加深，如何确保AI的使用既遵循社会道德，又真正服务于人类，是所有AI研究者都必须深入思考的问题。为此，我们启动了"社会责任人工智能"（Societal AI）的研究，并与心理学、社会学、法学等社会科学领域的专家合作，以期能为AI制定可行的价值观标准，确保AI的发展和使用总能被置于人类利益的框架之内。

此外，我们在人与AI交互、媒体基础、AI在行业和科研的创新应用等领域进行探索。在本书中，我的同事们也会将我们在这些领域的深度思考和最新成果分享给广大读者。

前言
刷新自我,引领计算的新范式

写在最后

一个被广泛认同的观点是,基于洞察和预判的自我变革是组织长期保持竞争力和持续成长的必要手段。因此,我并不想将微软亚洲研究院正在进行或将来可能的自我刷新定义为"颠覆"。即便相隔数年再次造访,研究院依然会让你感到亲切,并迅速感受到自己身在何处。我们相信微软亚洲研究院的文化具有足以穿越周期的生命力,使我们能够敏锐地观察世界的微小变化,将智慧应用于对新范式的理解和创新,让技术之美真正造福于人类社会。

致谢

本书汇聚了微软亚洲研究院全体成员多年的努力,在此,我要特别感谢参与本书创作、出版的各研究组、学术合作团队、法务团队及公关团队。其中,来自微软亚洲研究院北京、上海和温哥华实验室的研究组为本书提供了丰富的专业内容和深刻的趋势洞察,我也希望借此与学术界、产业界持续展开更加积极、活跃的互动。同时,我们从多个维度分享了科学研究的创新思维、方法和原则,或许可以启发更多读者,尤其是年轻一代,将科研的匠人精神一代代地传承下去。

此外,我谨代表微软亚洲研究院,向推荐本书的各位朋友、合作伙伴、院友及微软同事表示感谢。我们非常荣幸能够邀请到这些在各自领域享有盛誉的学者,他们以独特的视角和丰富的经验,为读者提供宝贵的阅读推荐。在此,特别感谢(按姓氏首字母排序):北京大学智能学院教授迟惠生,微软原全球资深副总裁、微软亚洲研究院前院长洪小文,康奈尔大学教授、图灵奖得主 John Hopcroft,微软全球资深副总裁、微软研究院院长、微软全球研究与创新孵化负责人 Peter Lee,中国工程院院士潘云鹤,微软全球执行副总裁兼首席技术官 Kevin Scott,香港科技大学校董会主席、微软原全球执行副总裁、微软亚洲研究院原院长沈向洋,中国工程院院士、清华大学智能产业研究院(AIR)院长张亚勤,中国工程院院士郑南宁,比尔及梅琳达·盖茨基金会北京代表处首席代表郑志杰。正是在各方伙伴一直以来的支持下,微软亚洲研究院才能取得长足的发展,特此鸣谢!

2024 年 12 月

目 录

第1章 引领计算新范式 ... 1
- 1.1 深入的科学研究比以往任何时候都更加重要 ... 2
- 1.2 人工智能基础创新的第二增长曲线 ... 8
  - 1.2.1 基础模型是人工智能的第一性原理 ... 10
  - 1.2.2 推理效率是新一代基础模型架构革新的关键驱动力 ... 12
  - 1.2.3 推动多模态大语言模型演进,迈向原生多模态 ... 14
  - 1.2.4 推进通用型人工智能基础研究第二增长曲线 ... 16
- 1.3 大模型时代的计算机系统革新:更大规模、更分布式、更智能化 ... 18
  - 1.3.1 大规模和高效的计算机系统是下一代人工智能发展的基石 ... 19
  - 1.3.2 以智能化为内核,重塑云计算系统 ... 20
  - 1.3.3 分布式系统将是分布式智能的关键基础设施 ... 22
  - 1.3.4 未来的计算机系统将自我演化 ... 23
- 1.4 媒体基础:打开多模态大模型的新思路 ... 24
  - 1.4.1 打破复杂真实世界与抽象语义之间的壁垒 ... 25
  - 1.4.2 神经编解码器构建多媒体的抽象表示 ... 27
  - 1.4.3 探索隐文本语言之外的另一种可能 ... 28
- 1.5 创新智能环境带来无线通信与感知的新视角 ... 30
  - 1.5.1 无线通信逼近理论极限,通信范围成最大挑战 ... 31
  - 1.5.2 突破传统思维,为无线信道构建可调整的智能环境 ... 32

        1.5.3 创造智能环境，实现更易用的无线感知 …… 35
　1.6 大模型时代更需要计算机理论研究 …………………… 39
        1.6.1 计算机理论研究是一门交叉学科 ………… 39
        1.6.2 通过理论研究获得解释 ………………… 40
        1.6.3 AI发展越快，计算机理论研究面临的问题
              越多 …………………………………………… 41
        1.6.4 新的技术方向推动理论研究发展 ………… 42
        1.6.5 大语言模型带来的改变 ………………… 43
        1.6.6 理论研究更需要创新 …………………… 44
　1.7 AI编译器界"工业重金属四部曲" ……………………… 45
        1.7.1 AI编译"夯土机"Rammer：提升硬件并行
              利用率 ………………………………………… 46
        1.7.2 AI编译"压路机"Roller：提高编译效率 … 48
        1.7.3 AI编译"电焊机"Welder：优化全局访存效率 … 49
        1.7.4 AI编译"研磨机"Grinder：实现控制流的
              高效执行 ……………………………………… 51
　1.8 统一化数据库：为大语言模型垂域应用奠定基础 …… 53
        1.8.1 VBase复杂查询系统 …………………… 55
        1.8.2 SPFresh：向量索引的实时就地增量更新 … 57
        1.8.3 OneSparse：稀疏向量索引和稠密向量索引的
              统一化查询 …………………………………… 58
        1.8.4 统一化数据库加速大语言模型的发展和硬件
              创新 …………………………………………… 59
　1.9 跨越模态边界，探索原生多模态大语言模型 ………… 61
        1.9.1 原生多模态大语言模型 ………………… 62
        1.9.2 语言是多模态模型的基础 ……………… 63
        1.9.3 声音与视频模态也可以基于语言模型的方法建模 … 65
        1.9.4 从算法和架构上推动原生多模态大语言模型
              发展 …………………………………………… 66

目录

第 2 章 跨越学科的边界 ········· 69

2.1 大模型在医疗健康领域的应用 ········· 70
- 2.1.1 面向未来的情境研究：大语言模型与科研未来的交汇 ········· 70
- 2.1.2 GPT-4 与医疗未来：人工智能的机遇与挑战 ··· 72
- 2.1.3 人工智能与医疗决策：信任、监管和自我规范 ··· 75
- 2.1.4 微软视野：定义人工智能的未来方向 ········· 76

2.2 AI for Science，憧憬人人都可参与科学发现的未来 ··· 77
- 2.2.1 AI for Science 的三个要素 ········· 78
- 2.2.2 AI for Science 的基座模型要读懂大自然的语言 ········· 80
- 2.2.3 聚焦微观世界的深入探索与应用 ········· 81
- 2.2.4 憧憬人人都可参与科学发现的未来 ········· 83

2.3 当 AI 遇见大脑：电脑与人脑协同"进化" ········· 86
- 2.3.1 人工智能加速理解人脑，提升人脑健康水平 ··· 87
- 2.3.2 从脑启发到创造新的人工智能 ········· 90
- 2.3.3 人工智能与脑科学研究需要跨领域和系统性的研究能力 ········· 93

2.4 人工智能≠机器"人"，激活大语言模型在产业界的巨大潜力 ········· 95
- 2.4.1 大语言模型在产业界潜力无限 ········· 96
- 2.4.2 落地产业界需要克服的四个难题 ········· 97
- 2.4.3 构建产业基础模型：融合通用知识和领域专业知识 ········· 98
- 2.4.4 大语言模型引领产业数字化转型的下一波浪潮 ········· 102

2.5 守护人类健康：人工智能深入医疗创新 ········· 104
- 2.5.1 早发现、早治疗：人工智能辅助疾病诊断与康复训练 ········· 104

  2.5.2 病程预测与个性化治疗：人工智能辅助精准
     医疗 ·· 109
  2.5.3 跨领域合作，释放人工智能价值 ··············· 110

第 3 章 坚守社会责任与价值 ·································· **113**

3.1 人工智能治理如何跟上技术发展的脚步 ·············· 114
  3.1.1 人工智能的治理与未来：机遇、风险与共同
     进化 ·· 115
  3.1.2 国际合作在应对人工智能风险和挑战方面的
     作用 ·· 118
  3.1.3 跨学科合作在人工智能发展中的作用和意义 ··· 119
  3.1.4 如何为未来的人工智能培养跨学科人才 ········ 120

3.2 跨学科合作构建具有社会责任的人工智能 ············ 121
  3.2.1 在更大的影响来临之前早做准备 ················ 122
  3.2.2 为人工智能设定"价值观护栏" ·················· 123
  3.2.3 让 AI 始终处于人类视野之中 ···················· 126
  3.2.4 艰难但必要的跨学科合作 ························· 128
  3.2.5 跨行业、跨学科共同协作，让人工智能主动承担
     社会责任 ·· 129

3.3 价值观罗盘：如何让大模型与人类价值观对齐 ······ 131
  3.3.1 人工智能与人类价值观对齐的四层目标 ········ 132
  3.3.2 价值观对齐的三条路径总结 ······················ 135
  3.3.3 理想的大模型价值观对齐体系应具备三大
     特性 ·· 137
  3.3.4 BaseAlign 算法：在基本价值空间中实现大
     模型对齐 ·· 139

3.4 为"冷门绝学"甲骨文研究插上科技之翼 ············ 145
  3.4.1 甲骨文研究的历史与价值 ························· 146
  3.4.2 Diviner 引领的文化遗产数字化 ·················· 148

目录

   3.5 以科技之力，守护地球家园 ················ 154
      3.5.1 跨学科基础创新，助力实现碳中和目标 ········ 155
      3.5.2 解决真实场景中的现实问题 ················ 156
      3.5.3 节能减排下一步：多技术角度打造绿色低碳
            数据中心 ······························ 159
      3.5.4 共建创新合作平台，共营碳中和发展生态 ····· 159

第4章 培养跨学科人才，文化先行 ············ 163

   4.1 让 AI 渗透每个学科，交叉融合、共同成长 ····· 164
      4.1.1 跨学科合作的重要性 ······················ 166
      4.1.2 人工智能给跨学科创新带来的机遇 ·········· 168
      4.1.3 人工智能与生态学研究的结合 ·············· 169
   4.2 转变思维，以使命和任务驱动培养跨学科人才 ······ 170
      4.2.1 自由研究与使命驱动研究的平衡之道 ········· 172
      4.2.2 变革思维与文化，驱动科学智能发展 ········· 173
      4.2.3 跨地域协作与项目管理 ···················· 174
      4.2.4 跨领域和跨学科研究 ······················ 175
   4.3 打造一流创新环境：协作、开放、可持续 ······· 176
      4.3.1 开放积极：创新与年龄、资历无关 ·········· 177
      4.3.2 透明无碍：打破一切无形的墙 ·············· 179
      4.3.3 多元包容：遵循三个原则，打造独特文化 ····· 180
      4.3.4 转型思维方式：让文化成为创新能源 ········· 183
   4.4 AI系统研究：硬件和软件的"双向奔赴" ········ 187
      4.4.1 从"全栈式"视角看待系统与 AI 研究 ······· 187
      4.4.2 汇溪成流，AI 系统优化 360° 迭代 ·········· 188
      4.4.3 以数据为脉络，赋能百行千业 ·············· 191
   4.5 从生物跨界到计算机，只因"贪心"想做自己 ····· 193
      4.5.1 做实验和写代码，我全都要 ················ 193
      4.5.2 不管有没有用，我全都学 ·················· 194

	4.5.3	遇到机会，就全力以赴 ················ 195
	4.5.4	人生没有最优路径 ·················· 198
	4.5.5	找到自己真正的热爱，勇敢地走下去 ········ 198

4.6　三重跨越：从理论物理、脑科学到人工智能 ·········· 200
  4.6.1　从人工智能与脑科学的交叉研究，探索智能的本质 ·················· 201
  4.6.2　跨学科思维，带来研究新灵感 ········ 204
  4.6.3　跨领域合作：解决实际问题 ········· 206
  4.6.4　从对游戏的钻研，到对科研的坚持 ······ 207

4.7　你相信"无线感知"吗 ················· 208
  4.7.1　遵循内心渴望，来到微软亚洲研究院 ····· 208
  4.7.2　无线感知打开应用新天地 ·········· 209
  4.7.3　想要从事无线感知研究？需要兴趣导向，脑洞大开 ·················· 212

第5章　不断攀升科学匠人之路 ················ 215

5.1　博士之后，下一站在哪儿 ··············· 216
  5.1.1　新一代计算机博士的潜力、挑战与成长路径 ··· 216
  5.1.2　卓越研究员的素质：好奇心、真善美与跨学科创新 ·················· 218
  5.1.3　从理念、组织结构、氛围和制度设计上来支持创新 ·················· 221

5.2　科研到底怎么做，什么是高质量研究 ·········· 224
  5.2.1　为什么我们要进行科学研究 ········· 225
  5.2.2　什么是高质量研究 ·············· 227
  5.2.3　如何能够勇攀科研高峰 ··········· 230

5.3　在研究中，你是否踩过这些工程的"坑" ········ 233
  5.3.1　代码始终是基本功 ·············· 233
  5.3.2　"赶工"时最容易掉进坑里 ········· 235

- 5.3.3 坑踩多了，自然就有了源代码管理 ⋯⋯⋯⋯⋯ 236
- 5.3.4 开发流程管理可以简单，但不能没有 ⋯⋯⋯⋯ 237
- 5.3.5 代码之外，细节同样决定成败 ⋯⋯⋯⋯⋯⋯⋯ 240

5.4 探路"研究员+工程师"模式，推动人工智能与系统协同进化 243
- 5.4.1 微软亚洲研究院（温哥华）：专注特定领域智能的探索 244
- 5.4.2 人工智能与系统协同进化，自动设计 AI 系统 245
- 5.4.3 开展以目标为导向的研究 246
- 5.4.4 从偶发跃迁式突破到持续渐进发展 ⋯⋯⋯⋯⋯ 248

5.5 坚持长期主义，是一个不断说服自己的过程 ⋯⋯⋯⋯250
- 5.5.1 以正确的方式做正确的事 ⋯⋯⋯⋯⋯⋯⋯⋯⋯ 250
- 5.5.2 层层递进研究，持续打磨成果 252
- 5.5.3 自由地选择研究方向 ⋯⋯⋯⋯⋯⋯⋯⋯⋯⋯⋯ 253
- 5.5.4 做研究是一件长久的事 ⋯⋯⋯⋯⋯⋯⋯⋯⋯⋯ 254

5.6 如何抓住时代机遇，做好关键选择 ⋯⋯⋯⋯⋯⋯⋯⋯256
- 5.6.1 变革的时刻 ⋯⋯⋯⋯⋯⋯⋯⋯⋯⋯⋯⋯⋯⋯⋯ 257
- 5.6.2 选择的时刻 ⋯⋯⋯⋯⋯⋯⋯⋯⋯⋯⋯⋯⋯⋯⋯ 258
- 5.6.3 向上的时刻 ⋯⋯⋯⋯⋯⋯⋯⋯⋯⋯⋯⋯⋯⋯⋯ 261

5.7 在世界选择你的瞬间，请积极面对 ⋯⋯⋯⋯⋯⋯⋯ 263
- 5.7.1 做自己喜欢的工作，20 余年不变 ⋯⋯⋯⋯⋯⋯ 264
- 5.7.2 在那个瞬间，世界选择了你，请忘掉所谓的"头衔" 265
- 5.7.3 对待工作和事业，要有欲望 ⋯⋯⋯⋯⋯⋯⋯⋯ 268

参考文献 ⋯⋯⋯⋯⋯⋯⋯⋯⋯⋯⋯⋯⋯⋯⋯⋯⋯⋯⋯⋯ 270

第一章 引领计算新范式

01

1.1
深入的科学研究比以往任何时候都更加重要

2023年6月,正值微软亚洲研究院建院25周年,微软联合创始人比尔·盖茨到访微软亚洲研究院,与微软亚洲研究院院长周礼栋和研究员们进行了一场深入的对话,如图1-1所示。比尔·盖茨不仅分享了他对微软亚洲研究院过往成就及未来发展的看法,还谈到了包括人工智能在内的重要技术的发展趋势,以及创新对医疗、教育和人类社会的影响。

图1-1 微软联合创始人比尔·盖茨到访微软亚洲研究院

周礼栋:非常荣幸能邀请到比尔·盖茨先生与我们一起交流。今年是微软亚洲研究院成立25周年,回顾过去,我们要特别感谢您,因为您在研究院的创建和发展上发挥了关键作用,您也曾亲自参与过研究院很多里程碑式的活动。我们很好奇,当初建立微软亚洲研究院时,您的愿景和期望是什么?

比尔·盖茨:微软公司在发展初期,主要是从业界的研究中受益,例如 IBM 研究实验室、施乐帕克研究中心 (Xerox PARC),以及一些知名的高校。随着我们成长为最大的软件公司,吸引了更多优秀的人才,我们开始思考自己能否做出伟大的研究?

微软研究院做得很好的一点是,通过招聘实习生、赞助项目等方式与计算机科学人才建立联系,真正融入学术界。微软亚洲研究院一直是学术界的伙伴,我们起步比较早,与学术界保持了良好的合作关系,吸纳了许多聪明睿智的人才。我们也有着很好的传承——你已经是微软亚洲研究院第五任院长了。因此,我们始终有优秀的人才致力于技术突破。在微软所有的研究机构中,微软亚洲研究院的发展远远超出了我的预期。如果没有这里的创新研究,微软必应恐怕会面临更加残酷的竞争。

身处人工智能时代,我们需要微软亚洲研究院继续帮助我们引领创新,我们要在更多领域有所作为,不仅仅是大语言模型,还包括各种类型的人工智能,并将这些技术融合起来。今天,深入的科学研究比以往任何时候都更加重要,我对此充满期待(见图 1-2)。

图 1-2 比尔·盖茨与周礼栋对话

周礼栋：您刚刚提到了一些知名的企业研究机构，例如施乐帕克研究中心。在 ALTO 计算机诞生 50 周年之际，他们邀请了 Butler Lampson、Charles Simonyi、Alan Kay[1] 等人分享了个人计算机时代的创新环境和历程。此外，他们还邀请了微软首席科学官 Eric Horvitz 分享了他对微软研究院的看法。Eric 与您一样强调了我们与学术界的合作，以及我们建立了开放的协作环境。

您对新的人工智能有什么看法？它会对企业研究机构的研究模式，对我们研究院的运作方式，以及对我们与高校的合作方式产生怎样的影响？

比尔·盖茨：新的人工智能正在以我们无法想象的方式改变着世界。人们原以为机器人技术，也就是我所说的蓝领人工智能会先出现，然后才是白领人工智能，因为那时我们还不清楚人工智能是如何表达知识和推理的。我曾经说过，很多研究工作只是在扩大猜词模型的规模，我没有预料到这种做法会奏效，甚至产生深远的影响。

2022 年 9 月，OpenAI 和微软团队来我家做客并向我演示最新的人工智能模型 GPT，他们接受了我之前提出的挑战——让人工智能模型通过 AP Biology（大学进阶生物学）并回答一些从未被问过的生物学问题。这是我见过的最令人震惊的事情之一。就像当年我在施乐帕克研究中心看到 Bravo 图形用户界面一样，那个里程碑为我们接下来 15 年的发展设定了目标。

我认为现在进行人工智能研究比以往任何时候都更有必要，很多领域将从人工智能中受益，很多人对人工智能充满了热情，所以人才将非常重要。同时，我们也面临一些计算方面的瓶颈，要更好地运行人工智能模型，就需要在算力上投入更多。我们要更明智地分配有限的资源，从而获得更高的执行效率。这种发展趋势已十分

---

1 Butler Lampson、Charles Simonyi、Alan Kay 三人都是计算机科学领域的杰出人物，他们曾经在施乐帕克研究中心一起工作，参与了许多创新性的项目，对个人计算机和网络的发展有重大贡献。

明显,而且将持续,因此我们还需要更多具备处理前沿问题能力的人才。

周礼栋:您一直专注盖茨基金会的事务,致力于解决社会面临的紧迫问题,例如健康、公平性、贫困等。微软亚洲研究院也希望通过技术的发展来应对可持续发展、健康和文化遗产保护等方面的挑战。那么,您认为有哪些难题,是像微软亚洲研究院这样的企业研究院和盖茨基金会可以通过合作来攻克的?

比尔·盖茨:我现在的工作大致可以分为三部分。第一,是盖茨基金会主要关注的健康领域,例如我们与北京市政府、清华大学联合成立了全球健康药物研发中心(Global Health Drug Discovery Institute, GHDDI)。第二,为了缓解气候问题,我们成立了突破能源(Breakthrough Energy)基金。第三,是为微软的产品提供意见。我必须说,萨提亚[2]让我的这项工作变得既简单又有趣。

自从看过 GPT-4 演示之后,我在第三项工作上投入的时间增加了一倍多。因为这是一个非常好的想法,我们必须快速付诸行动。我想让大模型成为一位"教育导师",不仅能解答数学问题,也能解释错误原因并推导结果。我们都知道,优秀的人类教师不仅可以观察到学生的身体状态是否疲劳,也能以兴趣为导向来启发学生,让学生直观地看到问题,并给出反馈。但是,优秀的教师资源是远远不足的。

在健康领域,医生的资源也十分稀缺,而人工智能可以让一些事情自动化完成。例如,盖茨基金会和合作伙伴希望利用人工智能驱动的超声检查来帮助我们拯救母亲和她们的婴儿。另外,我们还可以利用人工智能发现新药物,等等。

如今,微软的前沿技术与盖茨基金会的目标之间的联系比以往

---

[2] 微软公司董事长兼首席执行官萨提亚·纳德拉(Satya Nadella)。

更加紧密。我们在监测基础医疗系统方面合作，有很多地方缺少基础的软件构件。事实上，下一站我会去尼日利亚，那里的医疗系统很薄弱，有15%的孩子在5岁前就夭折了。在新技术出现的重要时刻，我们应如何为这些贫困地区提供帮助？

微软研究院的 AI for Science 是一个很棒的研究方向，特别是药物发现和医疗建议，尽管这些研究还需要 4~5 年才能产出成果。到那时，非洲地区缺少医生的现象将得到改善，因为人工智能很可能会提供类似人类医生水平的助手。这个想法令人振奋，而且是可以实现的（见图 1-3）。

图 1-3　分享见解中的比尔·盖茨

周礼栋：您一直在关注各种突破性的技术，也预测了很多技术的发展趋势。最近您看到了哪些新的突破性的技术？

比尔·盖茨：是的，这里有两个来自基金会的项目。第一个项目关注对营养的基本理解。在一些贫困国家，营养不良会导致心理或身体的发育缺陷。因此，我们需要理解肠道炎症和微生物群落出现了什么问题，如果能提供大量的优质蛋白质，我们就可以帮助这些孩子。然而，这种方法的成本非常高。因此，对营养的基本理解很重要，基金会必须资助很多这种项目。但对我们来说，主要目标仍然是解决营养不足的问题。

第二个让我们感兴趣的项目是基因编辑。目前，一台基因编辑手术的价格高达 200 万美元，只有很少的人能够负担得起这一费用来治愈镰刀型细胞贫血或艾滋病。我们的目标是将该手术的价格降到 2000 美元，目前已经取得了惊人的进展。

mRNA 也很值得研究。盖茨基金会目前正在与三家 mRNA 公司——Curevac、Moderna 和 BioNTech 合作。BioNTech 是非常好的合作伙伴，我们正在合作研发结核病和疟疾的 mRNA 疫苗。

在气候领域，核聚变能源对于优化能源供给结构非常重要。因此，我们投资了 TerraPower 及其他四家核能公司。核聚变有很大的希望，因为它是一种 24 小时可靠、不受天气影响的绿色能源。如果它能够便宜，那将是一项非常重大的突破。同时，我们也关注很多领域的排放问题，包括钢铁、水泥、直播稻 (direct seeded rice) 等多个方面，以减少碳排放。

在过去的五年中，创新方面的工作进展比我预期得要快，这包括微软的工作、气候工作、全球健康工作等。我们正处于一个复杂的社会环境中，政府部门也需要考虑如何应对人工智能，并帮助人们适应新的形势。

周礼栋：技术创新的步伐正在加速，我们必须把这种加速引向正确的方向，来解决真正的问题。非常感谢您来到中国，来到微软亚洲研究院与我们分享这些见解，谢谢！

1.2
人工智能基础创新的第二增长曲线

> Transformer 模型架构、"语言"模型（即 Next-Token Prediction 或自回归模型）学习范式、规模法则 (Scaling Law)，以及海量的数据和计算资源，共同构成了当前人工智能基础大模型范式迁移的核心技术要素，也将人工智能的基础创新推向了第一增长曲线的顶峰。在探索人工智能基础创新的第二增长曲线时，我们希望直击人工智能第一性原理，通过革新基础模型架构和学习范式，构建能够实现效率与性能呈指数级提升且具备更强涌现能力的人工智能基础模型，为人工智能的未来发展奠定基础。
>
> ——韦福如，微软亚洲研究院全球研究合伙人

从人工智能的发展历程来看，GPT 系列模型（如 ChatGPT 和 GPT-4）的问世无疑是一个重要的里程碑。由此驱动的人工智能应用已经展现出高度的通用性和可用性，并且能够覆盖多个场景和行业——这在人工智能的历史上前所未有。

然而，人工智能的科研工作者们不会满足于此。从某种意义上来说，大语言模型 (Large Language Models, LLMs) 只是人工智能漫长研究道路上一个精彩的"开局"。当我们满怀雄心壮志迈向下一个里程碑时，却发现仅仅依赖现有的技术和模型已经难以应对新的挑战，需要新的突破和创新。

Transformer 模型架构、"语言"模型学习范式、规模法则，以

及海量的数据和计算资源，共同构成了当前人工智能基础大模型范式迁移的核心技术要素。目前，在这套"黄金组合"的基础上，人工智能基础大模型的大部分工作集中在继续增加训练数据量和扩大模型规模上。但我们认为，这套范式并不足以支撑人工智能未来的发展。当我们被束缚在既有的架构中，只追求增量式的创新时，也就意味着我们已经看到了现有技术路径的局限性，人工智能基础创新的第一增长曲线的顶峰已然近在咫尺。

"无论如何增加马车的数量，都无法实现与火车相同的效率。只有将马车换成火车，才能取得十倍速的增长。"对现有成果的简单叠加不能创造第二增长曲线，我们需要在人工智能基础模型的组成要素中，寻找撬动第二增长曲线的驱动力。

因此，在微软亚洲研究院，我们将目光聚焦到了人工智能的第一性原理，从根本出发，构建能够实现人工智能效率与性能十倍甚至百倍提升且具备更强涌现能力的基础模型，探索人工智能走向第二增长曲线的途径，如图1-4所示。

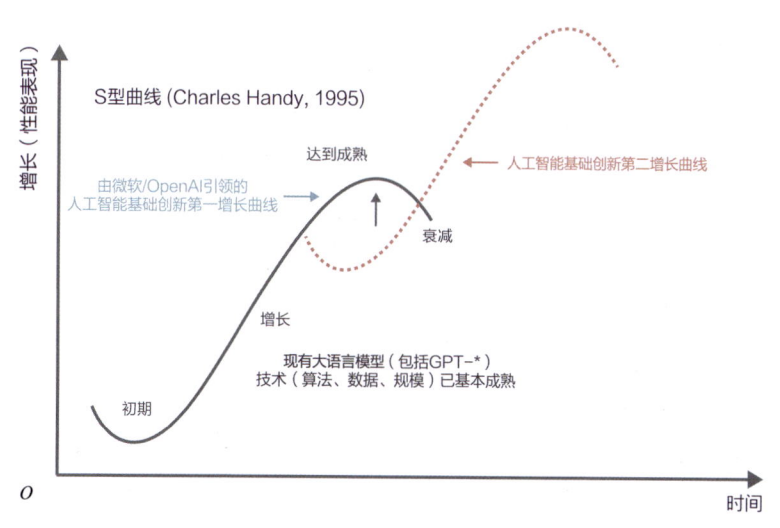

图1-4 人工智能走向第二增长曲线的途径

1.2.1 基础模型是人工智能的第一性原理

如果对人工智能的"组件"进行一次"二维展开",我们认为可以分为以下几部分,如图 1-5 所示。处于顶层的是自主智能体(Autonomous Agent),它的目标是通过自主学习和适应性调整来完成各种任务。底层是智能的科学理论(Science of Intelligence),可以帮助我们理解"智能"(尤其是人工智能)的边界和机理。位于二者之间的部分,我们将其称为基础模型(Foundation Model),以及模型架构(Model Architecture)、数据和学习范式(Learning Paradigm)。在系统、软硬件和基础设施的支持下,基础模型是将科学理论转化为自主智能体的实际行为。

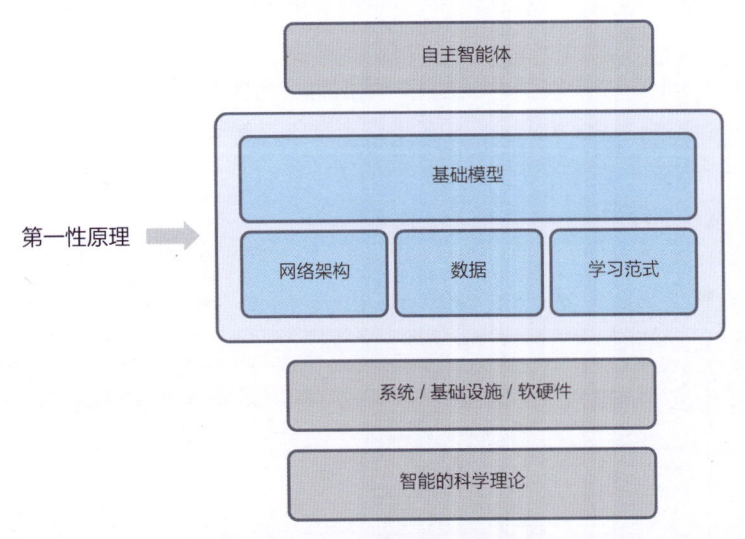

图 1-5 通用人工智能基础研究的组成部分

在勾勒人工智能的蓝图时,基础模型和规模法则无疑是人工智能的第一性原理。其中,模型架构和学习范式是其两大核心算法基础。

对上层而言,基础模型驱动自主智能体的创建,为更多革命性的应用和场景提供动力，就像为上层应用持续供电的发电机。对下层而言，基础模型可以促进智能的科学理论的深入研究。事实上，无论是万亿级参数的大语言模型所展现出的"暴力"美学，还是通过规模法则来寻找关键的物理指标，都应该成为科学研究的一部分。随着智能的科学理论的推进，未来我们或许可以仅通过简洁的公式就能描述和推导出人工智能的规律。

要实现这些目标，我们需要一个强大的基础模型作为核心。对基础模型的重构，为人工智能基础创新的第二增长曲线提供了关键的突破口。

接下来的问题是，我们应该如何改进基础模型？

正如之前所提到的，现有的"黄金组合"依旧是基础模型的技术基础，但是我们需要更加根本和基础的研究突破以引领未来人工智能基础模型的构建和开发。我们期望通过对这种组合进行根本性的变革，使其成为引领未来人工智能训练范式的基石，让基础模型能真正成为人类社会的基础设施。而新一代的基础模型应当具备两大特质——强大和高效。其中，"强大"体现在其性能、泛化能力和抵抗幻觉等方面的表现出色，"高效"则指低成本、高效率和低能耗。

目前，已有的大语言模型通过不断增加数据量与算力规模，或者说通过规模法则已经在一定程度上解决了第一个问题，但这是以成本、效率为代价来实现的。为了突破这些局限，我们推出了如 RetNet 和 BitNet[1] 等旨在取代 Transformer 的新型模型架构。同时，我们持续推动多模态大语言模型 (Multimodal Large Language Model, MLLM) 的演进，并探索新的学习范式，"三管齐下"构建全新的基础模型，为人工智能的未来发展奠定坚实的基础。

1.2.2 推理效率是新一代基础模型架构革新的关键驱动力

模型架构是人工智能模型的骨干,只有其足够完善,才能保证上层的学习算法和模型训练高效地运行。目前,Transformer 架构被广泛应用于大语言模型,其并行训练的特点显著提高了模型的性能,成功弥补了循环神经网络架构在长程依赖建模方面的不足。与此同时,它对提高推理效率方面提出了巨大挑战。

根据大语言模型的发展趋势,如果继续在 Transformer 架构上训练模型,就会发现,现有的计算能力将难以满足下一阶段人工智能发展的需求。

这就明确了一个问题——推理效率已经成为现有模型架构演进的瓶颈,也是推动未来模型架构变革的关键驱动力。提高推理效率不仅意味着降低成本,更代表可以将基础模型真正变成像水和电一样的基础设施和资源,使每个人都能方便地获取和使用。

我们推出的一种新型基础模型架构 Retentive Network (RetNet)[2],成功突破了所谓的"不可能三角"难题,实现了帕累托(Pareto)优化,如图 1-6 所示。也就是说,RetNet 在保持良好的扩展性能和并行训练的同时,实现了低成本部署和高效率推理。我们的实验还证实,RetNet 的推理成本与模型序列长度无关,这表示无论是处理长文本序列,还是长图像序列,抑或是更长的音视频序列,RetNet 都可以保持稳定的推理效率。这些优势让 RetNet 成为继 Transformer 之后大语言模型网络架构的有力继承者。

另外,随着模型规模的不断扩展,计算能耗问题也日益凸显,成为当前模型架构中限制人工智能发展的另一大障碍。我们推出的 BitNet 则有效缓解了这个问题。

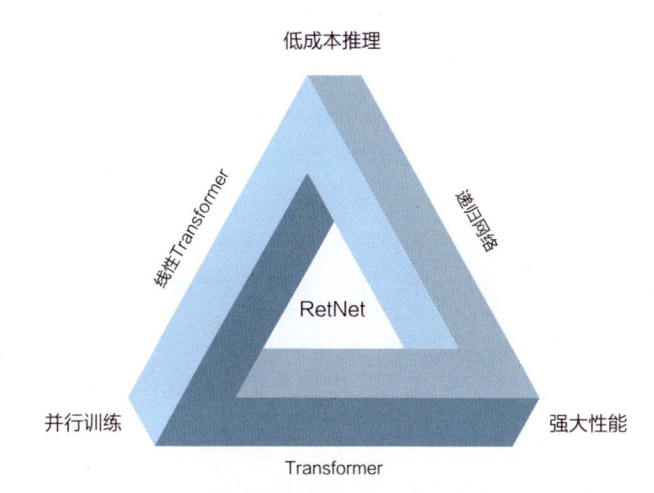

图 1-6 模型网络架构之"不可能三角"难题

BitNet 是第一个支持训练 1 比特大语言模型（1-bit LLM）的新型模型结构，具有较强的可扩展性和稳定性，能够显著地降低大语言模型的训练和推理成本。与最先进的 8 比特量化方法和全精度 Transformer 基线相比，BitNet 在大幅降低内存占用和计算能耗的同时，表现出了极具竞争力的性能。此外，BitNet 拥有与全精度 Transformer 相似的规模法则，在保持效率和性能优势的同时，还可以更加高效地将其能力扩展到更大的语言模型上，从而使 1 比特大语言模型成为可能。之后，我们进一步把 BitNet 扩展到了 1 比特大语言模型的一个重要特例，即 BitNet b1.58，也就是大语言模型的每个参数是三值 {−1, 0, 1}，并且首次实现了参数量大于或等于 30 亿时，BitNet b1.58 可匹配全精度（如 FP16 或者 BF16）在预训练（比如困惑度）和下游任务上的性能。

如果说 RetNet 从平行推理效能的角度革新了模型架构，那么 BitNet 则从正交的角度提升了推理效率。这二者的结合，以及融合其他提升模型效率的技术，例如混合专家（Mixture of Expert, MoE）模型和稀疏注意力（Sparse Attention）机制，将成为未来基础模型架构的基础。

实际上,模型架构的革新也可以催生新的人工智能硬件和系统。例如,在 BitNet(包括 BitNet b1.58)或者 1 比特大语言模型中,网络的基本计算单元主要是加法,几乎没有浮点数矩阵的乘法,而现有的硬件主要针对浮点数乘法进行优化,我们的研究为设计未来的 AI 硬件和系统提供了前所未有的机会和机遇。

1.2.3 推动多模态大语言模型演进,迈向原生多模态

未来基础模型的一个重要特征就是拥有多模态能力,即融合文本、图像、语音、视频等多种不同的输入和输出,让基础模型像人类一样能听会看、能说会画。这也是未来人工智能发展的必然方向。

在这种背景下,我们针对多模态大语言模型 Kosmos 展开了一系列研究。其中,Kosmos-1[3] 能够按照人类的推理模式,处理文本、图像、语音和视频等任务,构建了全能型人工智能的雏形。Kosmos-2[4] 进一步加强了感知与语言之间的对齐,它不仅能够用语言描述图像,还能识别图像中的实体,展示了多模态大语言模型的细粒度(Grounding)对齐能力。这种能力为具身智能(Embodied AI)奠定了基础,展示了多模态模型在语言、感知、行动和物理世界中实现大规模融合的可能性。

在 Kosmos-2 的基础上,我们又推出了 Kosmos-2.5[5]。这一版本为多模态大语言模型赋予了通用的识字能力,使其能够解读文本密集的图像,为智能文档处理和机器人流程自动化等应用提供技术基础。在接下来的 Kosmos-3 中,我们将在基础模型架构革新和创新学习范式的双重驱动下,进一步推动人工智能基础模型的发展。

此外，语音无疑是未来多模态大语言模型的核心能力之一。因此，我们还推出了语音多模态大语言模型 VALL-E，并支持零样本文本的语音合成。只需短短 3 秒的语音提示样本，VALL-E 就能将输入的文本用与输入的提示语音相似的声音朗读出来。如图 1-7 所示，VALL-E 首先通过 Neural Codec 语言模型将连续的语音输入转化为离散的 Token（词元），从而可以统一训练语音 - 文本语言模型。与传统的非基于回归任务训练的语音模型不同，VALL-E 是直接基于语言模型训练而成的。通过将语音合成转化为一个语言模型任务，进一步促进了语言和语音两种模态的融合。

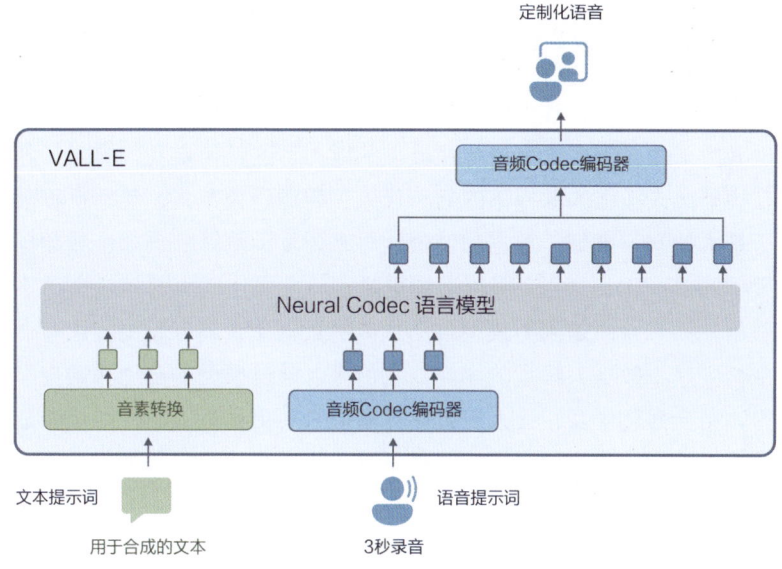

图 1-7　多模态大语言模型 VALL-E

Kosmos 系列模型和 VALL-E 都是我们在多模态大语言模型方面的早期探索，我们让大语言模型具备了基本的多模态感知和生成的能力。但是，这还远远不够，我们认为未来的多模态大语言模型和人工智能基础模型要迈向多模态原生（Multimodal Native），以实现真正的多模态推理、跨模态迁移及新的涌现能力。

1.2.4 推进通用型人工智能基础研究第二增长曲线

除了不断推进基础模型架构和多模态大语言模型的创新,我们还需要在基础研究上有更多的颠覆性突破。我们相信目前大语言模型应用中的成本、长序列建模/长期记忆(Long-term Memory)、复杂推理和规划、幻觉及安全等问题也需要从根本性的角度出发才能得到解决。

首先,对于大语言模型学习的理论框架和根本原理,现有的工作大多数以实验和经验为主,未来的基础创新需要从更加根本和理论的角度推进。目前,已经有一些基于压缩的工作,我们相信在不远的未来有可能看到有重大突破性的进展。

另外,大语言模型的发展使我们可以在很多任务上实现或者超过人类(如数据生产者或标注员)的能力,这就需要我们探索一种在模型比人类强的前提下的新一代人工智能研究范式,包括且不限于基本的学习框架、数据和监督信号来源及评测等。例如合成数据(Synthetic Data)会变得越来越重要,一方面是因为数据会变得不够用,另一方面是因为模型自动生成的数据质量越来越高。还有一个机会是小数据大模型的学习,我们可以通过模型的自动探索与学习,结合强化学习,让人工智能的学习方式更接近人类,即从少量数据中就能实现高效学习。这也是进一步通过规模化算力(Scaling Compute)提升智能的可行方向之一。

最后,越来越多的研究工作表明,未来人工智能的模型、系统基础设施和硬件的发展会有更多联合创新、共同演进的机会。

在对人工智能的漫长探索中,我们正站在一个前所未有的历史节点。现在我们可能正处于人工智能领域的"牛顿前夜(Pre-Newton)",面临着诸多未知和挑战;同样地,我们也有很多的机会,每次的探索和突破都预示着未来无限的可能性。希望借由我们的研究，人们能够更深入地洞悉基础模型和通用型人工智能的理论和技术的发展趋势，揭示关于未来人工智能的"真理"。

我们相信，人工智能今后必将更加全面地融入我们的日常生活，改变我们工作、生活和交流的方式，并帮助人类解决最有挑战性和最为重要的难题，甚至给人类社会带来深刻的影响。接下来的5~10年是人工智能最值得期待和激动人心的阶段，微软亚洲研究院也将继续专注推动人工智能基础研究的突破和创新应用的普及，让其成为促进人类社会发展和进步的强大动力。

本文作者

韦福如

韦福如博士现任微软亚洲研究院全球研究合伙人，领导团队从事基础模型、自然语言处理、语音处理和多模态人工智能等领域的研究，致力于推进通用型人工智能的基础研究和创新。韦福如博士还担任西安交通大学和中国科技大学兼职博士生导师、香港中文大学教育部-微软重点实验室联合主任。

韦福如博士在顶级会议和期刊上发表了200多篇研究论文，引用超过50000次，H-Index 为100，并获得 AAAI 2021 年最佳论文提名奖及 KDD 2018 年最佳学生论文奖。

韦福如博士分别于2004年和2009年获得武汉大学学士学位和博士学位。2017年，他因对自然语言处理的贡献入选《麻省理工技术评论》中国35岁以下创新者年度榜单（MIT TR35 China）。

1.3
大模型时代的计算机系统革新：
更大规模、更分布式、更智能化

> 大模型的不断涌现和下一代人工智能需求的迅速增长，促使我们加速对传统计算机系统的革新。同时，构建于大规模高性能计算机系统之上的现代人工智能技术也为未来计算机系统的研究带来无限的机遇。创新超级计算机系统、重塑云计算、重构分布式系统，将是实现计算机系统自我革新的三个重要方向。

——杨懋，微软亚洲研究院副院长

在计算机科学的诸多细分领域之中，计算机系统研究可能是最兼具"古典"与"摩登"特质的研究方向。说它古典，是因为计算机系统的雏形可以追溯到古代的算盘、算筹、数据表等计算工具，其发展远远早于软硬件、云计算、人工智能等技术；说它摩登，是因为大数据、云计算等现代技术促进了计算机系统的不断进化。传统计算机系统研究领域的成果，如分布式系统理论和实践、编译优化、异构计算等，已在当今的大模型时代大放异彩。同时，以大规模 GPU 集群为代表的高性能计算机系统也推动人工智能实现了质的飞跃。

然而，随着人工智能技术更新迭代速度的加快，我们也愈发清晰地看到传统计算机系统面临着新的挑战：当前的 GPU 集群在规模和效率上，已经难以满足新一代人工智能模型的训练和服务需求，而现有的云计算和移动计算系统平台也需要从服务传统的计算任务向服务智能应用转变。

面对这一系列挑战，我们意识到构建在大规模高性能计算机系统之上的现代人工智能技术，将为计算机系统的研究带来无限的机遇。因此，计算机系统的革新也势必从这三个方向展开：构建超大规模计算机系统以支持未来人工智能的发展；重塑云计算系统这一重要的IT基础平台；设计前沿的分布式系统以满足更广泛的分布式智能需求，如图1-8所示。

图 1-8 计算机系统的革新方向

1.3.1 大规模和高效的计算机系统是下一代人工智能发展的基石

强化学习领域的创始人之一 Rich Sutton 曾说过："从70年的人工智能研究中可以总结出的最重要的经验是，最大化利用计算能力是最有效，也是最有优势的方法。从长远来看，唯一重要的事情就是利用好算力。"

超级计算机系统作为当前最有效的计算力"源力"，是现代人工智能成功的重要基石。然而，在基于超级计算机系统构建大规模GPU集群的过程中，系统的可靠性、通信效率和总体性能优化成为制约大模型训练性能上限的关键问题。因此，我们需要创造一个更高性能、更高效率的基础架构和系统，以推动下一代人工智能的发展。

在过去五年中，我们从体系结构、网络通信、编译优化和上层系统软件等多个角度开展了计算机系统的创新研究，为人工智能基础架构的演化提供了有力支持。例如，我们推出了能够跨多个加速器执行集体通信算法的微软集体通信库 MSCCL，以及有助于开发大规模深度神经网络模型的高性能混合专家库 Tutel。这些研究成果为包括大语言模型训练及推理在内的各种人工智能任务提供了高效的支持。

超级计算机系统不能仅依靠传统系统方法来实现革新，也要利用人工智能实现创新和演进。这也是微软亚洲研究院正在探索的研究方向，我们认为人工智能的新能力将为解决传统计算机系统问题提供新视角，包括更智能和高效地优化复杂系统的性能，更快速和智能地诊断问题，以及更便捷地部署和管理。

人工智能与系统结合将为计算系统设计带来新的范式。从芯片设计、体系结构创新、编译优化到分布式系统设计，人工智能可以成为系统研究者的智能助手，甚至承担大部分工作。在人工智能的协助下，系统研究者可以将更多精力用于更大规模系统的整体设计、关键模块和接口的抽象，以及系统整体的演进路线。例如，对于人工智能编译系统的设计，我们推出了 Welder、Grinder 等编译器，可以更专注模型结构、编译系统和底层硬件之间的关系和抽象，而更多具体的编译优化搜索算法和实现可以由人工智能辅助完成。这些新的系统研究范式将成为构建更大规模和更高效率的人工智能基础架构的基石。

1.3.2 以智能化为内核，重塑云计算系统

"操作系统管理着计算机的资源、进程及所有的硬件和软件。

计算机的操作系统让用户在不需要了解计算机语言的情况下与计算机交互。"这是我们对计算机系统的最初理解。

但是，随着以 GPU、HBM、高速互联网络为代表的分离式 (Disaggregation) 服务器架构逐渐取代传统以 CPU 为中心的服务器架构，智能体 (AI Agent) 和大模型成为云计算平台的主流服务，深度学习算法逐渐替代传统服务核心算法，云计算这个始于 21 世纪初的最重要的 IT 基础系统也需要重塑。

传统云计算领域的研究方向，如虚拟机 (Virtual Machine, VM)、微服务 (Micro-services)、计算存储分离、弹性计算等，在人工智能时代下需要被重新定义和发展。虚拟化技术需要在分离式架构的背景下重新设计；微服务及其相关云计算模块需要为智能体和大语言模型构建高效且可靠的服务平台；数据隐私和安全需要成为云计算系统创新的核心要素。所有这些变革创新都要服务于云计算系统的智能化 (Cloud + AI)。

在过去的几年中，我们在体系结构方面围绕分离式架构展开了研究，在系统软件方面以大语言模型和智能体为核心，提出了诸多构想，推出了多项创新技术。这些技术将在未来的云计算平台中发挥重要作用。

云计算自身的变革也为云计算平台上的数据库系统、大数据系统、搜索和广告系统、科学计算等大规模系统带来新的机遇。一方面，大规模异构计算系统在云端的普及为传统大规模系统提供了新的计算平台；另一方面，深度学习特别是大语言模型的发展为传统大规模系统的内在算法设计和实现提供了崭新的思路。以搜索系统为例，我们基于异构计算系统和深度学习方法对搜索系统进行了创新，从 Web Scale 的矢量搜索系统 SPANN[6] 到最新的 Neural index 索引系统 MEVI[7]，这些创新不仅极大地提升了搜索和广告系统的性能，也为未来信息检索系统提供了新的范式。类似的创新也发生在数据库系统、科学计算系统等领域。

云计算系统为人工智能的发展提供了保障，其自身和构建其上的大规模系统服务也受益于人工智能技术，从而实现持续演进。未来的云计算平台也将成为新一代人工智能基础架构的关键组成部分。

1.3.3　分布式系统将是分布式智能的关键基础设施

"人类的智能不单单存在于人类的头脑中，还广泛分布在整个物理世界、社会活动和符号体系中，这就是——分布式智能。"美国认知科学家 Roy Pea 在 1993 年发表的论文 "Distributed Cognition: Toward a New Foundation for the Study of Learning" 中提出了分布式智能（Distributed Cognition）的概念，这为我们提供了一种新的视角来理解人工智能系统与社会和环境的相互作用。

目前，大模型的技术链条，从训练到推理都依赖云计算中心。但我们相信，智能广泛存在于分布式环境中，未来的智能计算也必然存在于任意的分布式环境中。

人类和物理世界的交互、基于符号系统的交流，都是智力活动的体现。未来，这些智力活动应该能被大模型更好地感知和学习，人们也可以在任意终端更实时地获取人工智能模型的能力。这种泛在的相互感知和不断演进的能力，将是未来分布式系统研究的重点之一。

那么，如何支持智能技术在更分布式的场景下发展？我们需要考虑在由云端、边缘端和设备端组成的广泛计算平台中，如何更好地进行人工智能计算。除了传统的模型稀疏化、压缩等优化模型推理性能的技术，更为关键的是要解决大模型等算法在边缘端运行时遇到的问题，如实时性和可靠性等。为此，我们推出了 PIT[8]、MoFQ[9] 等多种移动端模型量化、稀疏化及运行时优化的技术。

另外，对于边缘计算平台和设备，硬件和推理算法的创新也至关重要，这将从根本上革新端侧的推理方式，例如利用基于查找表（Lookup Table）等全新的计算范式来提高端侧推理效率，包括 LUT-NN[10] 等技术。

我们还与多个不同的机器学习团队紧密合作，使学习算法可以更好地从任意信号（Signals）中捕捉智能。除了传统的多模态模型，我们也在寻找更简洁和内在一致的模型结构和学习算法，可以从任意信号中学习。我们也在探索更优的模型结构和算法，这些模型应当更稀疏、更高效，且具有良好的可扩展性，能够有效地支持自学习和实时更新。

未来，智能将融入广泛的分布式环境中，而创新的分布式系统将是分布式智能的关键基础设施，也是人类社会获得更实时、更可靠的人工智能交互能力的前提。

1.3.4　未来的计算机系统将自我演化

未来的计算机系统研究将是一个持续自我革新的过程。这不仅意味着计算机系统需要不断进化来满足未来人工智能发展的需求，也意味着计算机系统本身将更加智能，并具备自我演化的能力。

过去几年的变革创新让我们窥见了些许未来的样貌。然而，从基础架构、云计算平台到分布式智能化，人工智能时代的计算机系统研究领域，还有很多新的可能等待我们去探索。当然，我坚信那些更智能、更强大的助手和工具，一定会在未来的研究道路上给我们带来新的惊喜。

本文作者

杨懋

杨懋博士现任微软亚洲研究院副院长,领导微软亚洲研究院在计算机系统和网络领域的研究工作。

杨懋博士于2006年加入微软亚洲研究院,主要从事分布式系统、搜索引擎系统和深度学习系统的研究、设计与实现。同时领导团队在计算机系统、计算机安全、计算机网络、异构计算、边缘计算和系统算法等方向进行关键技术研究。团队及个人在OSDI、SOSP、NSDI、SIGCOMM、ATC等计算机系统和网络的顶级会议上持续发表多篇论文。团队在研究的同时注重与实际计算机和网络系统的演进相结合,与Azure云计算、Bing搜索引擎系统、Windows操作系统、SQL Server数据库系统及多个开源社区密切合作。杨懋博士还是中国科学技术大学博士生导师。

杨懋博士拥有北京大学计算机体系结构专业博士学位及哈尔滨工业大学硕士和学士学位。

1.4

媒体基础:打开多模态大模型的新思路

> 我们希望人工智能能够像人类一样,从现实世界的视频、音频等媒介中获得知识和智能。为了实现这一目标,我们需要将复杂且含有噪声的现实世界,转化为能够捕获世界本质信息和动态变化的抽象表示。微软亚洲研究院正在探索多媒体与人工智能的协同发展,从对媒体基础(Media Foundation)的创新研究中找到新的突破口,这种探索将为多模态大模型的研究带来新的思路。
>
> ——吕岩,微软亚洲研究院全球研究合伙人

第 1 章
引领计算新范式

自 1956 年达特茅斯会议提出"人工智能"一词，人类足足用了近 70 年的时间，才积累了足够的技术和资源促成人工智能的爆发。而当我们跨过"临界点"时，大语言模型在自然语言理解、语音识别、图像生成等方面展现出的一系列巨大进步令人目不暇接。随着 ChatGPT、DALL-E 等应用的出现，我们看到人工智能开始展现出更复杂的能力，例如观察、学习和理解真实世界，并进一步实现推理和创造。

如今，我们对人工智能有了更高的期待。我们不仅希望人工智能能够创作，也希望它能像人类一样，通过各种渠道从真实世界中获取知识，实现成长。然而，人工智能与人类的认知水平还有很大的差距：人脑能够接收和解析物理世界的绝大多数现象，如视频、声音、语言和文字等，并将其抽象为可保存和积累的信息、知识或技能。而能完成通用任务的多模态人工智能模型，却还处在蹒跚学步的阶段。

我们希望人工智能能够从现实世界的数据中进行学习和迭代。然而，如何在复杂且充满噪声的真实世界和人工智能所处的抽象语义世界之间架起桥梁呢？是否可以为不同类型的媒体信息构建与自然语言平行的、另一种可被人工智能学习理解的语言？我认为这是非常值得探索的方向。微软亚洲研究院正致力于从神经编解码器 (Neural Codec) 入手，构建一个全面的媒体基础 (Media Foundation) 框架，通过提取真实世界中不同媒体内容的表征，形成可被人工智能理解的语义，从而弥合真实世界与抽象语义之间的鸿沟，为多模态人工智能研究开启一扇新的大门。

1.4.1 打破复杂真实世界与抽象语义之间的壁垒

人类之所以能成为无出其右的卓越"学习者"，是因为人类能通过视觉、听觉、触觉和语言等多种方式来观察物理世界并与之互动，从中汲取广泛的技能和知识，从而不断提高智能水平。我们希望能将人类的这种特征"复制"到人工智能身上，使其能够从丰富的真实世界的数据中学习和迭代。

目前，绝大多数人工智能大模型的基座模型都建立在大语言模型之上，通过抽象、紧凑的文本表达来获取对世界的认知。虽然人们陆续研发出针对不同媒体形式的预训练模型，但它们并不能充分反映真实世界的动态变化。**来自物理世界的视频和音频信号是复杂且充满噪声的，我们需要找到一种有效的方法，将其转换为能够捕获真实世界本质信息和动态变化的抽象表示。**

微软亚洲研究院一直在探索与大语言模型平行的人工智能发展之路。多媒体研究立足于捕捉、压缩、解释、重构和生成各种模态的媒体中的丰富信息，如图像、视频、音频和文本等，并自然而然地将复杂且嘈杂的真实世界转化为一种抽象表示。我们希望这种抽象表示具有三方面的特性：富有语义、紧凑的大小和信息的完整保留。如果能在该领域有所突破，是否就可以在视频、音频等多媒体信号和抽象且语义化的人工智能模型之间搭建桥梁？

于是我们产生了这种想法：建立一个全面的媒体基础框架，通过神经编解码器，将不同模态的媒体信号转换为紧凑且语义化的媒体表征标记，从而构建真实世界及其动态变化的抽象表示，如图 1-9 所示。

我们构想的媒体基础框架由两个组件组成：在线的媒体表征标记和离线的基座模型。其中，媒体表征标记可以动态地将多媒体信息转换为紧凑抽象的语义表示，以供人工智能观察现实世界并与之交互。而基座模型可以由现实世界中提取的媒体表征标记来离线构建，并运用离线学习的知识预测动态变化。无论用于人工智能学习的是语言文本，还是音频或视频，尽可能实现无损的压缩都是其智能的源泉。

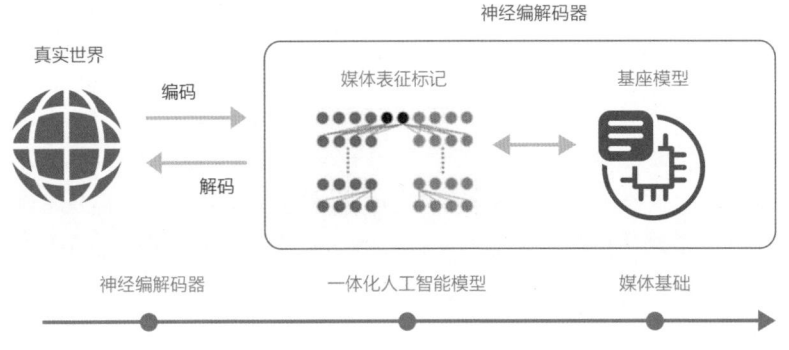

图 1-9 媒体基础框架

1.4.2 神经编解码器构建多媒体的抽象表示

从更广泛的意义上讲，整个媒体基础框架可被视为一种神经编解码器。对此，我们设计了三个阶段的发展计划：首先，训练初始的编码器和解码器模型，学习每种模态的媒体表征；其次，为每种模态构建基座模型，并进一步优化编码器和解码器；最后，学习包括自然语言在内的跨模态关联，并构建最终的多模态基座模型。媒体表征标记与多模态基座模型一起构成了媒体基础，并为我们迈向多模态人工智能之路提供了一种新的思路。

如前所述，抽象的语义表示更加紧凑和简洁，而视频和音频信号却复杂且含有噪声，我们的媒体基础框架是否能够将真实世界的动态变化进行高效且尽可能无损的压缩？至此前我们所看到的多媒体编解码器难以胜任这项工作。因此，我们认为当务之急是开发一个新的神经编解码器框架，用于高效构建视频、音频及其动态变化的抽象表示。

在过去的几年里，微软亚洲研究院一直致力于开发高效的神经音频/视频编解码器，并取得了令人兴奋的进展。在利用深度学习颠覆传统编解码器架构的同时，我们也实现了更低的计算成本及更优的性能。我们开发的神经编解码器的性能不仅超越了传统的编解码器，也显著优于现有的其他神经编解码器。

在神经音频编解码器[11]方面，我们首次实现了256bit/s的高质量语音信号压缩，并在256 bit/s的极低比特率下，通过信息瓶颈实现了解耦的抽象语义表征学习。其意义不仅在于多媒体技术层面——通过这种创新，我们能够利用捕捉到的音频表征来实现各种音频和语音任务，例如语音转换或语音到语音的翻译。

此外，我们还开发了DCVC-DC (Deep Contextual Video Compression-Diverse Contexts)神经视频编解码器[12]。它可以将传统编解码中通过人工设计的规则和算法，转换为深度学习模型，这些模型能够自动学习视频数据的压缩表示，有效利用不同的上下文来大幅提高视频压缩率，这使它在性能上超越了此前所有的视频编解码器。由于构建全面、协同的媒体基础对神经视频编解码器带来全新的挑战，我们正在对DCVC-DC进行深度改造。

1.4.3　探索隐文本语言之外的另一种可能

我们开发的神经编解码器通过从根本上改变对隐空间中的对象、动作、情绪或概念等不同类型信息的建模方式，让模型实现更高的压缩比。对于多模态大模型，通过神经编解码器可以将视觉、语言和声音等信息转换为隐空间的神经表达——类似于自然语言处理中的抽象和紧凑的语义表征，但这些神经表达更符合自然规律，不局限于对自然语言顺序的简单描述，能够支持更广泛的应用。

我们的探索验证了通过视频和音频构建全新的媒体基础的可行性，这为开发人工智能带来全新的视角。虽然自然语言已被证明是构建人工智能的有效方法，但如果我们总是试图将复杂的多媒体信号转化成文本语言或与之关联,那么不仅操作过于烦琐,还会限制人工智能的全面发展。相比之下,构建基于神经编解码器的媒体基础的思路可能更加有效。

当然,虽然媒体基础和自然语言模型实现多模态大模型的方式不同,但它们对于人工智能的发展都有不可替代的价值。我们不妨将人工智能学习的多媒体表征看作与自然语言并行的另一种"语言",这样,大型多模态模型也可以被视为"大型多媒体语言模型"。**我相信,神经编解码器的发展将成为媒体基础演进的巨大推动力,其包含的媒体基础模型与大语言模型将共同构建未来的多模态大模型,真正实现我们所期待的全方位、协同的多模态媒体基础与融合,从而更好地释放人工智能的潜力。**

目前,我们仍在努力探索神经编解码器在隐空间中对多媒体信息的更多建模方法,将全面、协同、融合的媒体基础作为我们的设想和判断,任何一个切入点都充满了无限可能。如果我们的这一设想能够为人工智能的进步带来一些灵感,那我们已经足以感到欣慰和自豪了!

本文作者

吕岩

吕岩博士,微软亚洲研究院全球研究合伙人、多媒体计算方向负责人,领导团队从事多媒体通信、计算机视觉、语音增强、多模态信息融合、用户界面虚拟化及云计算等方向的关键技术研究。

自 2004 年加入微软亚洲研究院以来,吕岩博士和团队的多项科研成果和原型系统已转化至 Windows、Office、Teams、Xbox 等关键产品中。近年来,吕岩博士致力于推动基于神经网络的端到端多媒体处理与通信框架和多模态智能交互系统的研究突破。吕岩博士在多媒体领域发表学术论文 100 余篇,获得

美国专利授权30余项，有多项技术被MPEG-4、H.264、H.265和AOM AV-1等国际标准和工业标准采用，曾获国家技术发明二等奖。

1.5
创新智能环境带来无线通信与感知的新视角

> 在人工智能时代，无线技术不仅是通信工具，还将成为人工智能发展和应用的"数据桥梁"和"第六感官"。然而，无线技术也面临着理论和实践的双重挑战，尤其是受到通信范围和感知能力的限制。为了突破这一瓶颈，我们提出了一个全新的研究方向——为无线信道构建可调整的智能环境。这一创新将提升无线通信和感知的性能与范围，创造更广泛的智能应用场景，推动社会朝着更加智能化的未来迈进。
>
> ——邱锂力，微软亚洲研究院副院长

清晨醒来，立即伸手去拿手机已经成了很多人的习惯。手机和各种无线通信终端如今正在"包办"我们与世界的沟通交互。无论身处何地，只要有无线信号，我们就能即刻了解全世界的新闻趣事，享受线上音乐带来的"情绪按摩"，观看各种精彩的视频和直播，与亲朋好友进行交流沟通……这一切，都有赖于无线技术为人与人、人与物之间架起的沟通桥梁。

现在，无线技术也正在成为人类跨进人工智能时代的一把钥匙。我们都相信人工智能的发展将极大地影响人类社会的发展方向,要释放其更大的潜能,既离不开人工智能模型本身的发展,也离不开相关领域的创新。这其中,无线技术无疑是最为关键的领域之一。

在许多人工智能应用场景中,无线通信技术发挥着数据桥梁的作用。IoT 设备或智能终端生成的数据,需要强大、稳定的无线通信传输到云端的计算资源,才能被实时处理和分析;当需要更丰富的数据来训练人工智能模型时,无线感知则能够揭示视觉、语音、文字之外的现象,为人工智能提供更多元的数据类型,如视野外、穿过障碍物的透视、像呼吸心跳那样的微小移动,以及材料检测等。

为了突破无线技术快速发展后遇到的理论瓶颈,微软亚洲研究院正致力于一项全新的研究——为无线信道创造可调整的智能环境,并已获得了极具实用价值的成果。 相信这一课题以及我们对无线通信和感知的其他研究,将有助于更多从业者开阔视野,探索无线技术在人工智能及其他场景中的应用,使之成为引领科技和社会发展的又一部强劲引擎。

1.5.1　无线通信逼近理论极限,通信范围成最大挑战

无论我们多么期待更多人工智能应用的落地,都无法忽视强大且覆盖广泛的无线通信是实现这一目标必要且无可替代的前提。作为云端计算服务器和边缘设备之间不可或缺的数据纽带,学术界对其愿景是总能让终端应用实时获得云端的分析和响应。然而,依靠现有的无线通信技术还不足以实现这一愿景。**其中,通信范围不足是亟待解决的首要问题。**

香农(Shannon)公式告诉我们,通信速率取决于发射和接收设备及其之间的无线通道,速率随着发射和接收天线的数目和质

量增加而提升。回顾过往的一次次里程碑式的技术创新，都是在这一理论指导下实现的。例如 4G 时代的 MIMO（多发多收），5G 时代的毫米波及大规模 MIMO。微软亚洲研究院也做了不少探索和创新，如用压缩感知来估计无线通道以支持大规模 MIMO 编解码、分布式 MIMO 系统、节能 MIMO、高速运动时的无线通道预测等。

在下面的香农公式中，C 表示信道容量，B 表示信道带宽，S/N 表示信噪比。

$$C = B \log_2 \left(1 + \frac{S}{N}\right)$$

正如香农公式所描述的，高速率需要大带宽。高频率有更大的带宽，但频率越高，也意味着信号衰减越快，通信覆盖范围越小。最简单的应对方法自然是提高发送/接收基础设施的密度，例如设置更多的基站。但这无疑会降低无线通信的经济性，增加其部署成本。这一问题在 4G 及以前的无线通信部署中尚不明显，但步入 5G 时代后，提升频率来获取带宽与通信范围缩小之间的矛盾愈发突出，甚至已经对普及 5G 的进度造成影响，更遑论未来以太赫兹为发展方向的 6G 通信。

显然，如果我们不能以创新的方法突破这一瓶颈，无线通信就将长期受制于通信范围和部署成本之间的零和博弈。这不仅会给人工智能的广泛应用带来技术上的阻碍，还会使弥合数字鸿沟的行动止步不前。

1.5.2 突破传统思维，为无线信道构建可调整的智能环境

以往我们对无线通信的改进都立足于"收"、"发"两端，但如果重新审视整个无线通信系统，会发现除了发射机和接收机，无线

系统还受到无线信道的制约——这在香农公式中也有所体现。

按照传统思维，我们总是将无线信道视为由当前环境给定，是无法改变的。但现在我们意识到，"环境"或许是突破无线通信瓶颈的关键。于是我们产生了这样一个对未来的设想：调整环境更好地支持无线通信和感知！

至于实现方式，我们的考虑是在发射机和接收机之间布置一些低成本、无需电源的结构，然后根据应用需求来改变无线信道，从而为无线信号创造可调整的智能环境。例如，在适当的位置设置反射面将无线信号反射至原先无法覆盖的区域，但普通表面需要严格遵循传统的反射定律和折射定律，对环境的调控很有限。给定一个环境经常无法找到合适的反射面或折射面来覆盖盲区。

超表面是实现这一设想的关键，它可以不遵循传统的反射定律和折射定律，对信号有更灵活的调控能力，可以改变出射波的方向，产生负折射率和完美透镜等神奇的现象。超表面由很多亚波长尺寸的单元组成，这些微小结构通过电磁波产生局部的电磁响应，从而影响电磁波的传播特性。我们通过设计单元结构以及它们的排列方式来实现对电磁波的精确控制。

我们开发了一款新型被动超表面，它没有功耗，成本低，支持高带宽、高透射和360°相位调制。被动超表面最大的问题在于一旦制作完成即定型，无法动态调整出射波，考虑到在使用场景中接收端或发射端经常会移动，这成为一个严重的缺陷。为了解决这个问题，我们进一步研究与实践，将被动超表面与小型相控阵天线结合，使其在保持被动超表面其他优点的同时，具备动态调整能力。

这种创新可以用于很多场景，例如 Wi-Fi 或蜂窝网络。我们可以将其用于低轨道 (Low Earth Orbit, LEO) 卫星通信领域[13]，以缩小数字鸿沟。你可能很难想象，在 2023 年，全球仍有多达三分之一的人口因为地处偏远、难以负担通信设施成本等原因没有接入互联网。虽然 LEO 通信提高无线网络覆盖范围的可行性已被验证，但其地面站的建设成本对于一些地区来说依然难以承受。而现在，我们的技术可以用于制造低成本的地面站，仅用小天线阵列就可以实现高信噪比。如图 1-10 所示，将小型地面站收发天线系统部署在地面，在高楼模拟卫星收发。经过验证，我们设计的超表面能将信噪比提高 6.8~45 倍。

图 1-10　小型地面站收发天线系统

这种创新也可以用于解决毫米波全覆盖的问题。例如，毫米波通信范围有限且容易受障碍物遮挡，不少地方会有盲区。针对这种问题，我们开发出了新的算法和系统，可以自动设计一个或多个毫米波超表面及其摆放位置，从而实现全覆盖。该方案包括首个支持超表面的波束追踪模拟器，旨在解决超表面对环境影响的建模问题。这种模拟器可在 3 分钟内模拟上亿条波束。针对联合优化问题，我们提出了新型毫米波超表面宏观及微观设计，通过联合优化多个超表面来提升整个网络的性能。同时，我们使用低成本的超表面进行部署，也取得了令人瞩目的性能提升。例如，将接收信号强度的中位数提高了 11dB，在盲区中提高了 20dB 以上。

经过初步探索，我们已经认识到了通过超表面研究改造智能环境给无线通信所带来的全新潜力。改变出射波方向只是超表面的众多"本领"之一，除了支持无线通信，它在无线感知领域也大有可为。

1.5.3 创造智能环境，实现更易用的无线感知

无线电信号不仅可以用于传输"现成"的数据，还可以感知并生成全新的数据，即无线感知（Wireless Sensing）。无线感知和无线通信的物理架构层基本一致，信号处理原理也相通。无线感知源于无线通信的发展，如今也在反哺无线通信。例如，通过精准定位信号接收体的位置，就可以集中传输信号能量，扩大传播距离；再例如，MIMO 这种多进多出的天线技术，可通过感知周围环境进行建模，并优化参数，从而在既定环境中实现最高效率。对于前面提到的通信范围难题，无线感知同样有很大的用武之地，在未来 6G 的研发中，无线感知几乎是必不可少的要素。

无线感知的作用远不止于支持通信。在我看来，无线感知有潜力成为改造人类生产、生活方式的颠覆性技术之一。试想，如果医生借助无线感知来获取病人的生理指标，那么病人就无须承受被插入各种监测设备的痛苦；又或者我们将无线感知技术应用于野生动物保护，那么就可以免去捕捉动物再植入传感器的麻烦。在一些场景中，无线感知技术已被广泛应用。例如机场、车站及重要场合中必不可少的安检设备，医疗领域常用的 X-Ray（X 射线）和核磁共振成像（Magnetic Resonance Imaging，MRI）。

无线感知极大地延伸了人类感官，激发了我们对其未来应用的无尽想象。例如，将其应用于智慧农业，了解农作物的生长状况，通过更有效地优化浇水、施肥和农药播撒过程来提高农作物产量；再例如，将其应用于食品安全和质量监测，无接触地检测食品是否出现变质、成分是否符合描述、添加剂是否符合要求，等等。

无线感知还能有力推动人工智能的发展和应用，它能为大模型提供远超人类感官范畴的数据类型，帮助人工智能用更多方式去学习和了解真实世界，并为未来的机器人提供更强大的传感器，使之更精准地与环境互动。

近几年，对无线感知的研究和应用都在明显提速。一个显著的变化在于，过去无线感知需要使用非常昂贵的设备，而随着技术的进步，无线感知的普及门槛正在降低。有时我们只需要使用普通的设备，就能实现高精度的追踪和成像。几年前，我们开发了一种可以**利用普通手机的内置扬声器和麦克风实现毫米级定位及声波成像的无线感知技术**，如图 1-11 所示。相较于通过摄像头实现类似功能，声波不仅更加节能，能够更好地保护隐私，还具有一定穿透障碍物的能力，易用性和适用性都更好。

图 1-11 手机基于声波感知示意图

以往的无线感知技术也是通过提升发射和接收设备的性能和天线数量来提高感知精度的，但会增加设备的硬件和计算成本、体积和能耗。既然无线感知与无线通信同源，那么构建智能环境的设想是否也有用武之地？答案是肯定的。首先，超表面有助于提高感知距离和精准度；其次，超表面能把普通环境中感知不到的微小特征转变成更易感知的特征。这都有助于降低无线感知部署的难度，推

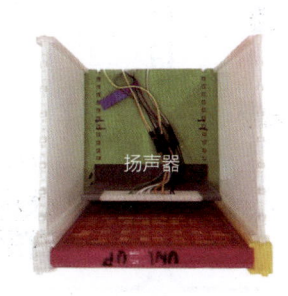

动其走向广泛应用[14],如图 1-12 所示。

前视图　　　内部视图

图 1-12　声音超表面

声学成像便是一个很好的例证,它因为具有在遮挡、不同照明条件和隐私敏感环境下工作的能力而备受关注,但现有的声学成像方法需要大型收发器阵列或需要设备移动,不仅成本高昂,而且在许多场景中也难以应用。正因如此,我们为低成本设备开发了一种新型声学成像系统[15],只需要少量的扬声器和麦克风,且无须移动任何设备,即可利用 3D 打印的被动声学超表面显著增加测量数据的多样性,从而实现成像。

具体来说,我们联合设计了发射信号、收发器的波束成形权重、声音超表面和成像算法,以端到端的方式最小化成像重建误差。我们还进一步开发了一种方案,可以根据收发信号设备与目标的距离动态调整成像分辨率,并实现了一个系统原型,大量实验显示该系统在广泛的场景中能产生高质量的图像,如图 1-13 所示。

给无线通信和感知创造新的智能环境,为我们开启了新的探索维度和无限可能性。我相信,将人工智能技术与应用场景相融合,有助于我们实现智能化、高效和可靠的无线通信和感知系统,从而推动诸如自动驾驶、智能医疗、工业自动化、智能家居等领域的创新,引领人类社会步入全新的智能未来!

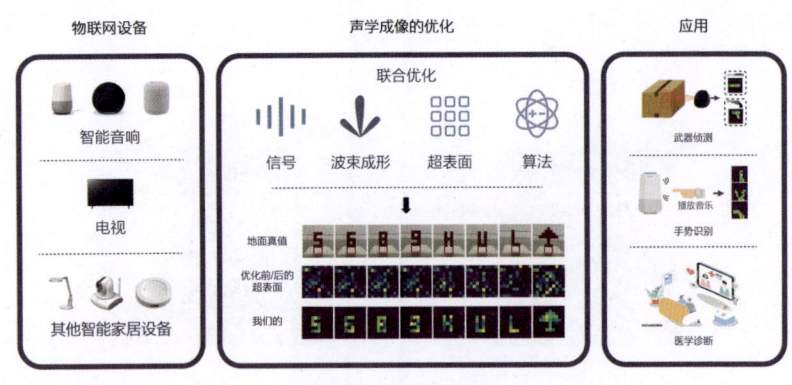

图 1-13 声学成像架构

本文作者

邱锂力

邱锂力博士，现任微软亚洲研究院副院长，主要负责微软亚洲研究院（上海）的研究工作，以及与产学研各界的合作。

邱锂力博士是无线及移动网络领域的国际顶级专家，曾在 2001—2004 年任微软雷德蒙研究院系统和网络组研究员。2005 年，她加入美国得克萨斯大学奥斯汀分校（UT Austin）任计算机系助理教授，之后因其在互联网和无线网络领域的卓越成就被晋升为终身正教授、博士生导师。

邱锂力博士是 IEEE Fellow、ACM Fellow 和 NAI Fellow。同时，她还担任国际计算机学会无线及移动系统专委（ACM SIGMOBILE）的主席。邱锂力博士曾获得 ACM 杰出科学家（ACM Distinguished Scientist）、美国国家科学基金会杰出青年学者奖（NSF CAREER award）等多项荣誉。

邱锂力博士生长于上海，在美国康奈尔大学先后获得计算机硕士及博士学位。

1.6
大模型时代更需要计算机理论研究

> 大语言模型的横空出世引发了很多变革,第一次让普通大众切身感受到人工智能的实用性。从理论研究看,对于人工智能这个黑盒子,我们更习惯于问一些问题,例如它为什么如此强大?它的能力边界在哪里?有什么是它不能做的?在这样一个快速发展的时代,可以更好地解释和促进人工智能发展的计算机科学理论,显得越发重要。
>
> ——陈卫,微软亚洲研究院首席研究员

1.6.1 计算机理论研究是一门交叉学科

计算机理论是一个横向概念,它以数学为基础和工具来研究计算机科学的各方面。在传统的计算机科学中,算法理论、复杂性理论等理论是操作系统、编译原理、网页搜索、图形学等领域的指导基础。随着计算机技术的不断发展,理论方向又延伸出了深度学习理论、数据驱动优化理论等。

计算机科学理论是一门交叉学科。首先,它以数学为基础,需要用严格的数学概念和方法对计算进行建模和分析,数学中的代数、分析、概率论、统计学等都是重要的工具。其次,它涉及物理学的很多方面,包括涌现、相变理论等。我研究多年的网络科学也是计算机理论的一个分支，而网络科学本身也是一门交叉学科，其研究对象——网络形态，不仅指人的社交网络，也包括神经网络、交通网络、蛋白质互动网络等。此外，随着人工智能技术的发展，理论研究还要纳入心理学、社会学等社会科学，将更趋于综合性。

我从事计算机理论研究20余年，始终对这一领域充满热爱，因为我可以通过自己的分析能力来推导、发现新的算法和理论，从而证明技术的可行性，更好地认识世界和改造世界。

1.6.2 通过理论研究获得解释

大语言模型的横空出世带来很多变革，也第一次让普通大众切身感受到人工智能的实用性。从理论研究看，对于人工智能这个黑盒子，我们更习惯于问一些问题，例如它为什么如此强大？它的能力边界在哪里？有什么是它不能做的？

目前来看，数学计算和推理是大语言模型的弱项。以加法为例，大语言模型从左向右地概率预测每位数，而人类从右向左计算，思路是相反的。即使模型明确知道加法规则，其内部的生成也不会按照规则运行，这就是概率生成模型的能力边界。

微软亚洲研究院理论中心聚焦研究大语言模型的规划能力。规划能力是人类智能的重要组成部分，从安排工作学习计划、旅行行程，到数学推理，我们都在不断地根据目标设定和我们的现有选项进行规划。从一些实证研究上看，大语言模型也具有一定的规划能力，但它有哪些局限，规划机制是什么，能力边界在哪里，尚不清晰。为此，我们成立了网络中规划的自回归学习（Autoregressive Learning for Planning In Networks，ALPINE）项目组[16]。在这个项目组中，理论中心的研究员、学生和其他研究组的研究员、学术界人士密切合作，共同研究、探讨大语言模型的规划能力和内在机理。我们首先将规划抽象为网络中的路径查找能力，然后通过研究大语言模型在学习和预测路径上的能力，揭示它是如何实现路径规划，并发现它有哪些局限性。目前，我们已经得出了第一批以理论分析驱动的，有实验验证的成果，并将其预印本发表在 arXiv 上，为理解大语言模型的规划能力带来新的视角和启发。我们将在这方面继续深入研究，希望可以为理解和改进大语言模型的规划能力带来更多实质性的帮助，从而为全面理解大语言模型的能力打开突破口。

大语言模型还有一个重要特点——"涌现"行为。例如，在四则运算上，对于两位数以内的运算，初始模型的准确率较高，但对于三四位或更多位数的运算，就需要将模型参数变多、训练变长才可以，这就是模型的涌现行为。

我们也在探寻这种涌现是否有理论能够解释。一个可能的理论是网络模型，其实涌现行为在网络科学、物理学中经常出现，此前，网络科学方面的研究让我们对网络中的涌现行为有比较深入的理解。我们在考虑通过让大语言模型和网络科学建立联系来研究其内在的涌现特性。简单来说，大语言模型的生成可以看作一个网络，输入一个词，生成下一个词，两个词就连接成一条边，然后生成下一个词，再连接一条边，由于每条边都是概率生成的，并不绝对，所以网络不太稳定。而在网络科学中，一旦引入概率就有可能出现涌现行为。

1.6.3 AI 发展越快，计算机理论研究面临的问题越多

计算机理论研究面临的问题很多，涌现行为就是其中很重要的一个，除此以外，还包括大语言模型的能力边界、性能效率和参数规模的关系。例如，GPT-3 拥有 1750 亿个参数，那么是否模型越大，性能效率就越高？二者之间应该取得一个平衡。不可否认，增

加参数和数据可以提升模型能力,也可能出现涌现行为,但是人脑的工作原理不是这样的。

《思考,快与慢》(Thinking, Fast and Slow)一书将人类思考模式分为快思考和慢思考两个系统,即"系统1"和"系统2"。"系统1"是常用的、依赖直觉的、无意识思考系统,"系统2"则是需要主动控制的、有意识进行的思考系统。现在的大语言模型更像"系统1",能够凭直觉生成下一个字符,这是它强大的地方,但也是它的弱势所在,因为它只能生成一次,没有回溯能力,缺乏更系统的、有控制的推理和分析能力,这就是模型的限制。

因此,从理论上讲,一个关键的问题是:是否需要引入"系统2"的结构与现有类似"系统1"的大语言模型合作,以提高人工智能的能力?还是只需要进一步扩展模型的规模和训练数据,就能提高大语言模型的性能?我们认为,人工智能模型只基于语言模型和单向预测是不够的,新一代模型应将"系统2"的分析推理能力作为其核心组成部分。

1.6.4 新的技术方向推动理论研究发展

微软亚洲研究院理论中心会根据最新的人工智能发展趋势来动态调整研究策略,研究员可以从各种方向进行探索。

目前,理论中心主要的研究方向包括:数据驱动优化理论——如今的大模型是由数据驱动的,然而数据是时刻变化的,所以需要将传统优化理论与数据结合,从数据角度优化;深度学习理论——提升人工智能的可解释性、鲁棒性;可信计算;隐私保护等。在2007年之前,计算机领域并没有针对隐私保护的理论,直到微软研究院提出了差分隐私理论,随后,这一理论被推广到数据库、云计算等隐私保护场景。这是理论研究对计算机科学研究具有指导意义的一个典型例证。

微软亚洲研究院理论中心的研究主要集中在新的技术方向上，同时扎根于传统的理论基础。大语言模型出现后，我们需要更新的理论，这些理论仍处在摸索的阶段。科学研究在起步阶段通常具有应用研究发展较快、理论支持相对滞后的特点，而当技术发展到一定程度时，就会出现很多问题，例如深度学习的可解释性和运行机制，这时就需要理论指导，就像经典的算法理论一直在指导计算机科学的发展一样。如果我们不清楚大语言模型的运行机制和能力边界，就将其应用到生产生活的各领域，那么必然会埋下隐患。因此，我们始终认为理论是计算机科学及相关科学非常重要的基础，在当今大语言模型似乎要一统天下的情况下，理论研究和支持显得尤为关键。

1.6.5 大语言模型带来的改变

大语言模型确实将人工智能推向了新的阶段，改变了原来的研究方法，也让研究者们站在了同一条起跑线上。微软研究院的 Sebastien Bubeck 团队提出了通用人工智能物理学（Physics of AGI）的概念。现在的大语言模型更像一个黑盒子，对它的研究方式更像对物理现象的探索，需要通过实验来总结规律。这与历史上对天体运行规律的研究如出一辙：开普勒通过观测数据找出天体运行的若干经验定律，牛顿在理论上有所突破，提出万有引力定律，最终借助微积分工具，成功解释开普勒的经验定律。

Bubeck 团队对大语言模型进行了实证研究，抽象出代数系统来验证大语言模型核心架构 Transformer 的能力，并提供了一定的理论指导[17]。微软亚洲研究院理论中心正在研究大语言模型的规划能力，也可以将其视为把大语言模型看作物理系统的实证研究，以及对其基于梯度优化的内在学习机制的研究。我们希望通过这些研究来逐步了解大语言模型的理论基础。

1.6.6 理论研究更需要创新

理论研究人才除了要具备较强的基于数学的分析和推理能力，还要具备较高的综合能力，并具备交叉学科的背景。从事理论研究需要有开阔的思路、博采众长，不能只局限于数学或计算机科学中的某个方面。同时，研究者要主动思考，善于发现新问题，尤其是对于当下的人工智能和大语言模型，它们没有固定模式，对它们的研究不能遵从已有的范式，更需要创新精神。

目前，许多学生具有的是竞赛式思维，只要有明确的问题，他们总会找到解决方法。但在研究领域，没有人告诉他们问题是什么。例如，我们所研究的规划能力和涌现行为并不是具体的问题，需要科研人员自己去判断能否将其转化成数学问题。然而，如何培养这类人才也是值得思考的问题。当人工智能发展到如今这个程度，一方面，如何将人工智能作为辅助工具；另一方面，如何充分培养并激发人的创造力，使人工智能和人类相互促进，成为培养新一代学生和科研人员的重要课题。

本文作者

陈卫

陈卫博士，微软亚洲研究院首席研究员及理论中心主任，在清华大学、上海交通大学、深圳大学、香港科技大学（深圳）等高校任兼职教授。他是国际计算机学会会士（ACM Fellow）、电气电子工程师学会会士（IEEE Fellow），也是中国计算机学会理论计算机科学专委会常务委员及大数据专委委员。他的主要研究方向包括社交和信息网络、在线学习、强化学习、大模型基础和分布式计算等。

陈卫博士在社交网络建模、影响力最大化、组合在线学习等多个方向做

出了很多具有开创性和影响力的工作,他撰写的论文多次获得会议最佳论文、10 年最有影响力论文等奖项,总被引次数逾 17000 次。陈卫博士曾被 Elsevier 连续评为高被引学者,也被斯坦福大学评为世界 2% 顶级科学家。

陈卫博士于清华大学取得学士和硕士学位,于康奈尔大学取得博士学位。

1.7

AI 编译器界"工业重金属四部曲"

> 人工智能模型所部署的计算机硬件架构越来越多样化,这不仅需要更快更强的硬件设施,对编译器这个传统利器也提出了新的要求。为了满足人工智能模型和加速硬件迅速发展的需求,微软亚洲研究院与海内外合作者展开研究,设计和构建具有高度灵活性、高效性、可扩展的 AI 编译器架构,提出了一套包含 Rammer[18]、Roller[19]、Welder[20]、Grinder[21] 四款 AI 编译器的系统性解决方案,成功解决了提升硬件并行利用率、提高编译效率、优化全局访存效率、控制流高效执行等难题。
>
> ——薛继龙,微软亚洲研究院前首席研究员

编译是程序开发的重要步骤,即将高级语言编写的源代码转换为计算机硬件可执行的机器码,而编译器就是实现这一过程的特殊应用程序。人工智能技术和大模型无疑是当今计算机领域的担当,其自身的特性也对编译器提出了新的要求。

从最初的 RNN、CNN 到 Transformer,人工智能的主流模型架构

在不断变化,这意味着上层的应用程序也在随之改变。同时,底层加速器硬件(如 GPU、NPU 等)也在快速迭代更新,有些硬件设计甚至颠覆了之前的架构。要想让新的人工智能模型更好地运行在新的芯片等计算机硬件上,就需要全新的 AI 编译器。

微软亚洲研究院的研究员和国内外合作者围绕着 AI 编译器的核心问题展开了一系列研究,并陆续推出了 AI 编译界的"工业重金属四部曲"——Rammer、Roller、Welder、Grinder,为当前主流的人工智能模型和硬件编译提供了系统性的解决方案,如图 1-14 所示。

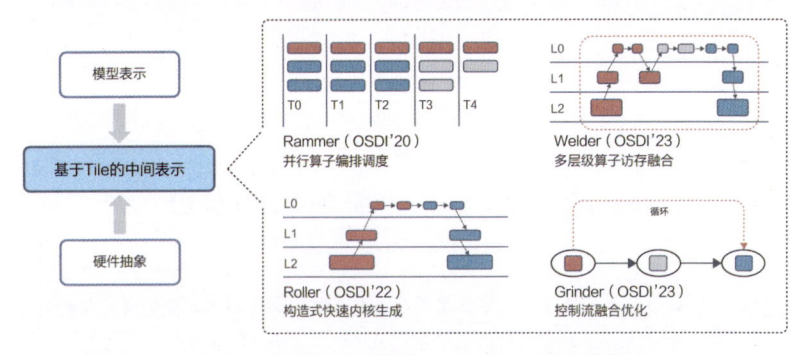

图 1-14 基于统一切块抽象的四个核心 AI 编译技术

1.7.1 AI 编译"夯土机"Rammer:提升硬件并行利用率

深度神经网络(Deep Neural Network,DNN)是当前图像分类、自然语言处理等人工智能任务中广泛采用的方法,CPU、GPU、FPGA 和专门设计的 DNN 加速器等被用来实现高效的 DNN 计算。影响 DNN 计算效率的关键因素之一是调度,它决定各种计算任务在目标硬件上执行的顺序。现有的 DNN 框架和编译器通常将数据流图(Data Flow Graph)中的 DNN 算子视为不透明的库函数,将它们调度到加速器上单独执行,并依赖另一层调度器(通常在硬件中实现)来利用算子的并行特性。这样的两层方法会显著增加调度的开销,并且通常不能充分利用硬件资源。

为此，微软亚洲研究院提出了一种新的 DNN 编译器 Rammer，它可以优化 DNN 工作负载在大规模并行加速器上的执行，如图 1-15 所示。我们可以将 AI 编译时的调度空间想象成一个二维空间，并将计算任务看作可以被拆分成不同大小和形状的"砖块"，调度的目的就是在二维空间的计算单元上将这些"砖块"像垒墙一样紧密排列起来，最大程度地利用计算单元，减少空闲空间。Rammer 的作用是，当 DNN"砖块"被放置在芯片的不同计算单元上时，将其压实，犹如这个二维空间中的"夯土机"。

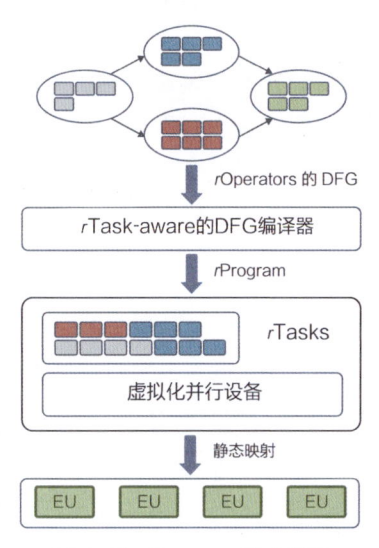

图 1-15　Rammer 技术框架

换言之，Rammer 在编译时为 DNN 生成了有效的静态时空调度，最大限度地减少了调度开销。同时，通过为计算任务和硬件加速器提出的几个新的、与硬件无关的抽象，使 Rammer 获得了更丰富的调度空间，实现了算子间和算子内的协同调度，从而可以全面利用并行性。这些新颖且具有启发性的方法，让 Rammer 可以更好地探索空间并找到有效的调度，大幅提高硬件利用率。

研究员们在 NVIDIA GPU、AMD GPU 和 Graphcore IPU 等多个硬件后端对 Rammer 进行了测试。实验表明，Rammer 在 NVIDIA 和 AMD GPU 上的性能显著优于 XLA 和 TVM 等最先进的编译器，加速比高达 20.1 倍。与 NVIDIA 的专有 DNN 推理库 TensorRT 相比，性能提升了 3.1 倍。

1.7.2　AI 编译"压路机"Roller：提高编译效率

计算机芯片上不仅有并行计算单元，还有多层内存，大的计算任务需要逐层向上传递，并在这个过程中被切分成更小的"砖块"，最终交给最上层的处理器执行。这其中的难点在于如何把大的"砖块"铺满内存空间，进而更好地利用内存并提高效率。目前已有的方法是通过机器学习进行搜索，寻找更好的"砖块"切分策略，但是这通常需要数千个搜索步骤，每个步骤都要在加速器中评估，所以这会花费大量的时间，编译一个完整模型甚至需要几天或几周。

研究员们认为，在已知计算逻辑和各内存层的参数，也就是已知软件和硬件信息的情况下，其实完全可以估算出"砖块"的最佳切割方案和大小，从而实现更快的编译。这也是 Roller 的设计思路，它相当于一台压路机，在考虑内存特性的前提下，像铺地板一样把高维的张量数据平铺到二维的内存中，找到最优的切块大小。同时，它封装了与底层加速器的硬件特性一致的张量形状，通过限制形状选择来实现高效编译，如图 1-16 所示。

对 6 种主流 DNN 模型和 119 种常用 DNN 算子的评估表明，Roller 可以在几秒内生成高度优化的内核，尤其是对于大型昂贵的自定义算子。最终，Roller 在编译时间上比现有的编译器实现了三个数量级的改进。Roller 生成的内核性能与包括 DNN 库在内的最先进的张量编译器的性能相当，有些算子甚至表现更好。与此同时，Roller 被用于微软内部开发的自定义 DNN 内核上，显著缩短了开发周期，验证了其卓越性能。

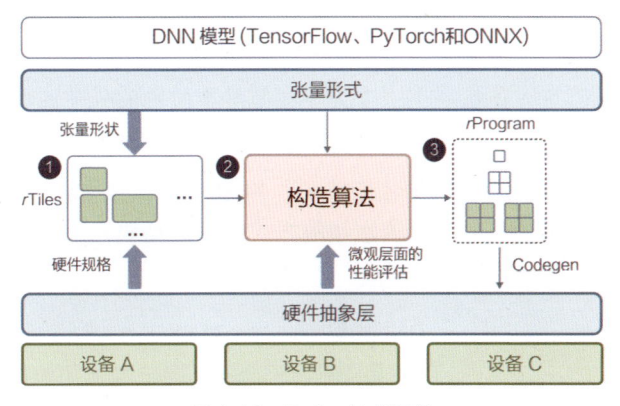

图 1-16　Roller 技术框架

1.7.3　AI 编译"电焊机"Welder：优化全局访存效率

现代 DNN 模型对高速内存的要求变得越来越高，在分析了一些最新的 DNN 模型后，研究员们发现当前大部分 DNN 计算的瓶颈在于 GPU 的访存，例如，模型对内存带宽利用率高达 96.7%，但计算核的平均利用率只有 51.6%，随着硬件与 DNN 模型的不断发展，二者的差距还会继续增加。尤其是当前的人工智能模型需要处理高保真度的数据，如更大的图像、更长的句子、更高清的图形，这些数据在计算中占用了更多的内存带宽。同时，更高效的专有计算核（如 TensorCore）也进一步增加了内存压力。

为了解决内存问题，研究员们提出了 Welder 深度学习编译器，全面优化由通用算子组成的端到端 DNN 模型的内存访问效率。其实，DNN 模型可以看作由多个算子连成的一张图，整个计算过程涉及多个阶段，即数据需要流过不同的算子。如果每个阶段都需要将张量切分成块，先搬运到处理器上计算，再搬运回内存，就会造成很大的搬运开销。由于整个计算过程包含多个流程，所以还可以将这个过程想象成逐层向上搬运"砖块"的场景：第一个"工人"将"砖块"拿上去加工然后放回去，第二个"工人"拿上去雕刻然后放回去，接下来是第三个、第四个……其中的搬运开销不言而喻。那么，是否可以让第一个"工人"在顶层完成一部分子任务后，将砖块直接交给下一个"工人"继续处理，然后将多项任务通过"电焊"拼接起来，实现流水化作业呢？Welder扮演了电焊机的角色，通过连接不同的算子，以流水线的方式处理数据块，大大减少了访存量，提升了计算效率，如图1-17所示。

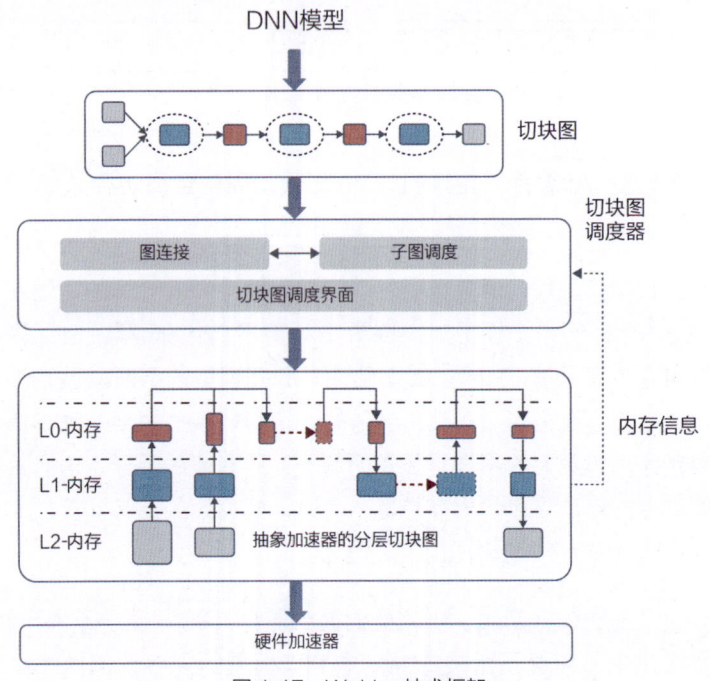

图1-17 Welder技术框架

对10个主流DNN模型（包括用于各种任务的经典模型和最新模型，如视觉、自然语言处理、3D图形等）的评估表明，Welder在NVIDIA和AMD的GPU上的性能都显著超越了现有的主流框架和编译器，如PyTorch、ONNXRuntime和Ansor，速度提升分别达到21.4

倍、8.7 倍和 2.8 倍。Welder 的自动优化甚至超过了 TensorRT 和 Faster Transformer，最高可实现 3.0 倍和 1.7 倍的加速。此外，当在 TensorCore 等具有更高效的计算核心的硬件上运行这些模型时，其性能有了更大的提升，凸显了内存优化对未来人工智能加速器的重要性。

1.7.4 AI 编译"研磨机"Grinder：实现控制流的高效执行

在计算程序中，为了处理数据块的搬运过程，需要引入一些更复杂的控制逻辑，即人工智能程序数据流之外的控制流，它可以循环遍历句子中的每个单词，或者根据输入的信息动态决定执行哪部分程序。当前的编译器大多是解决数据流问题的，对控制流的支持并不高效，导致控制流较多的模型无法充分利用加速器的性能。研究员们认为，可以通过将控制流和数据流切分重组进行更高效的优化，并推出了 Grinder[3]。Grinder 就像一台便携的研磨切割机，将数据流切分成不同规模的并行计算块，并将控制流融入数据流，让控制流能够在加速器上高效执行，如图 1-18 所示。

Grinder 可以在硬件加速器上优化控制流和数据流的执行过程，并通过一种新的抽象统一控制流和数据流的人工智能模型的表示，这就允许 Grinder 向较低级别的硬件并行性暴露，以便重新调度控制流的整体调度空间。Grinder 使用启发式策略找到了有效的调度方案，且能够自动地将控制流移动到设备内核中，实现了跨控制流边界的优化。实验表明，Grinder 可以将控制流密集的 DNN 模型加速 8.2 倍，是目前针对控制流的 DNN 框架和编译器中速度最快的。

基于同一套抽象和统一的中间表示层（Intermediate Representation，IR），这四款 AI 编译器解决了当前 AI 编译器面临的不同问题——并行、编译效率、内存、控制流，构成了一套完整的编译

---

3 Grinder 为项目名称，论文中系统名称为 Cocktailer[21]。

解决方案。在研究的进程中，微软亚洲研究院的编译原型系统已经为 Office、Bing、Xbox 等微软产品的部署和模型优化提供了帮助，同时在微软新型算子的定制和优化中发挥了作用。

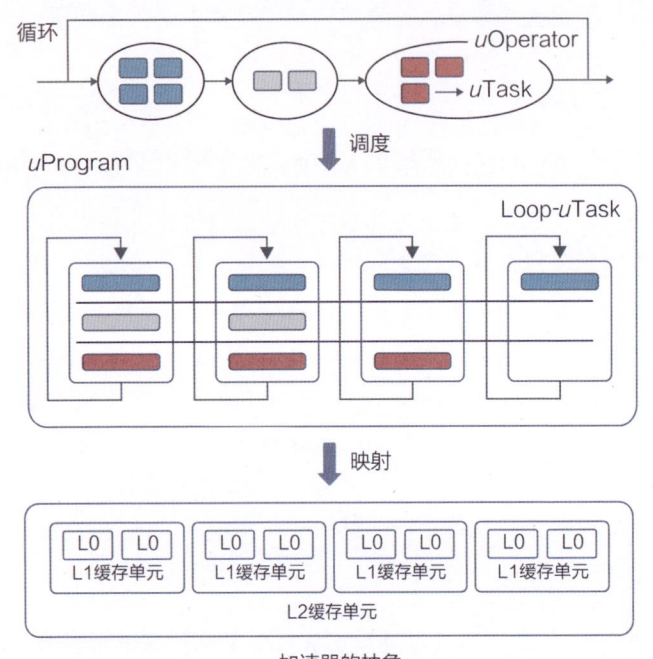

图 1-18 Grinder 技术框架

在大模型成为主流的今天，人工智能模型对效率、算力有了更高的要求，AI 编译器在这个过程中扮演着至关重要的角色。一方面，它需要针对硬件资源进行极致的算子融合、定制和优化；另一方面，它也需要对新型大规模硬件架构进行系统编译支持，如片上网络互联（NoC）的芯片、混合内存架构等，甚至通过白盒编译方法指导硬件定制。微软亚洲研究院提出的这套 AI 编译器已被证明能够大幅提升 AI 编译的效率，可以更好地助力人工智能模型的训练和部署。同时，大语言模型的发展也为 AI 编译带来机遇，大语言模型本身或许就可以帮助我们实现优化和编译。

本文作者

薛继龙

薛继龙博士，主要研究方向为深度学习编译框架、人工智能硬件加速器的优化、面向新型计算负载的系统设计等。相关成果多次发表在OSDI、SOSP、NSDI、ATC等顶级国际学术会议上。近几年主要负责领导AI编译器项目，包括NNFusion、Rammer、Roller、Welder等，部分成果应用于微软Xbox、微软必应（Bing）搜索等产品。薛继龙于2011年获得西安电子科技大学学士学位，于2016年获得北京大学博士学位，2016—2024年在微软亚洲研究院任职。

1.8
统一化数据库：为大语言模型垂域应用奠定基础

检索增强生成（Retrieval-Augmented Generation，RAG）技术在减少大语言模型生成幻觉和虚构信息方面效果显著，同时能够及时更新知识，逐渐成为大语言模型系统的主流架构之一。随着RAG技术的广泛应用，其核心组件——向量数据库，也开始受到越来越多的关注，成为大语言模型中不可或缺的外挂知识库。

然而，向量数据库与传统关系数据库有着显著区别，这给数据的统一管理、查询和更新带来诸多不便。为此，微软亚洲研究院开发了VBase[22]复杂数据库查询系统，为统一化数据库奠定了基础，并推出了有助于向量索引实时更新的SPFresh[23]方案，以及可以对稀疏向量索引与稠密向量索引统一化查询的OneSparse[24]系统。

——陈琪，微软亚洲研究院（温哥华）首席研究员如今，大语言模型已成为内容创作、语言理解和智能对话等领域的关键技术，但这些模型都是基于固定训练数据中观察到的规律和模式生成回答的，可能产生幻觉和虚构信息，并在实时的知识更新方面存在困难。检索增强生成技术可以将最新的外挂知识库与大语言模型有机结合，把相关的精确知识放入上下文中，引导回答的生成过程，提高大语言模型的性能与可靠性。

RAG 的核心组件之———向量数据库，在存储、查询等机制上与传统的关系数据库存在显著区别。这给日益丰富和不同模态知识的统一管理带来挑战。在这种背景下，微软亚洲研究院系统与网络组的研究员们认为，**能够有效管理丰富属性和模态的外部知识的统一化数据库，将成为大语言模型广泛应用和可靠性保证的关键。**

随着大语言模型能力的不断增强，文字、图像、视频等各种形式的数据都可以通过机器学习技术编码成高维向量，将知识的细节属性，如图片的类型、用户的偏好等，转换为不同维度的数据。但是，多样化的知识表示方式给复杂向量数据和标量数据的有效管理带来挑战，在这些混合信息中实现高效且准确的查询也变得更加困难。这就需要一种统一化的数据库来管理这些外部知识，为大语言模型提供更坚实的知识支持。

如图 1-19 所示，以医疗辅助诊断场景为例，医生可能需要在患者记录数据库中进行如下查询：在 60 岁以上的患者中，X 光图像类似的患者患有不同疾病的概率是多少？这样的操作不仅需要从标量数据库中查询年龄、性别、诊断结果等数据，也需要从向量数据库中查询 X 光图像和实验室结果等数据。由于两种数据库的存储和查询机制截然不同，所以只有通过更高级的标量 - 向量混合数据分析技术，才可以将向量数据库与传统数据库有效统一。

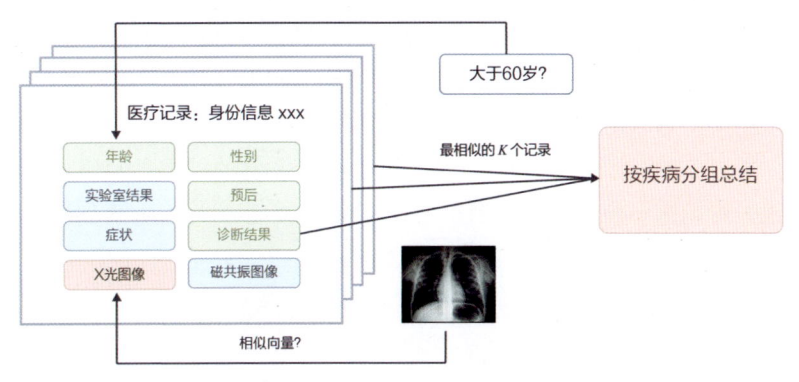

图 1-19　未来的统一化数据库

1.8.1　VBase 复杂查询系统

向量数据库与标量数据库具有不同的索引扫描模式，缺乏统一的基础，这是构建统一化数据库首先要解决的问题。

标量数据库索引基于数值顺序构建，索引扫描具有严格的单调性（strict monotonicity），这也是关系数据库能够高效执行查询的原因。例如，在购物平台上搜索价格 100~200 元的衣服，系统会从价格 100 元的开始扫描，一旦价格超过 200 元，查询就会终止。

相比之下，向量索引是基于高维空间中的接近性构建的，索引遍历无法遵循严格的顺序，因此不具有单调性，如图 1-20 所示。向量索引仅为查询提供近似的空间导航，以近似地接近最近的子空间。为了实现提前终止，向量索引扫描过程依赖 Top-K 查询算法返回最近 K 个结果来构建临时有序索引，以进行后续的过滤等操作。换言之，由于没有明确有序的起点和终点，在高维向量空间中寻找与目标距离最近的且满足过滤条件的向量时，尽管可以利用临时索引来提前终止执行，但效率很低。

假设用户有一张衣服的图片，想要在购物平台上找到相似且价格低于 200 元的商品，传统的方法是先进行大规模的相似性查询，然后根据价格进行过滤。例如，为了找到最相似且价格合适的前 10 个结果，可以先将候选项设定为 1000 个，然后通过价格逐一筛选，如果在 1000 个候选项中找到了 10 个符合条件的结果，则停止搜索，否则进一步将搜索范围扩大到 2000 个或者 3000 个，直到满足要求。

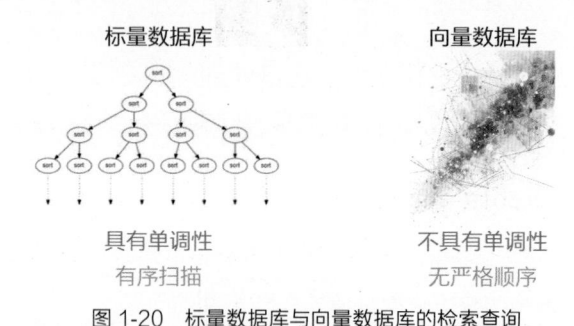

标量数据库　　　　　　　向量数据库

具有单调性　　　　　　　不具有单调性
有序扫描　　　　　　　　无严格顺序

图 1-20　标量数据库与向量数据库的检索查询

这种方法的核心思想是将向量数据的检索结果转换成遵循严格单调性的标量数据库，再进行标量查询。Top-K 算法被用于收集 K 个最接近的向量结果，并根据与目标向量的距离对结果进行排序，从而创建一个具有单调性的临时索引，然后对这个临时索引进行数据库过滤。

这种方法的问题在于，无法保证返回的 K 个结果能满足最终的过滤查询需求。为了解决此问题，要么执行更广泛的相似性查询，返回更多的 K；要么在 K 不足时，重复执行 Top-K 查询，但这两种做法都会导致次优的查询性能。

研究员们通过大量分析发现，向量索引查询提前终止并不需要严格的单调性，而是表现出一种放松单调性（Relaxed Monotonicity），标量索引只是这种放松单调性的特殊情况。

基于这一发现，微软亚洲研究院开发了 VBase 复杂查询系统，该系统为向量索引和标量索引的高效扫描提供了统一化基石，使各类索引的扫描遵循相同的接口和提前终止条件。该系统使向量数据库在执行复杂查询时的性能提升了 10~1000 倍，同时提高了查询的准确度。

VBase 使构建能够执行各类复杂关系型向量和标量混合查询的统一化数据库成为可能。目前，基于 VBase 系统，一个开源数据库平台成功构建了自己的多模态向量数据库。

1.8.2　SPFresh：向量索引的实时就地增量更新

以向量数据库检索为基础的 RAG 技术显著提高了大语言模型生成结果的准确性。但这种优势的实现有一个关键前提：向量数据库中的数据需要持续更新，也就是说向量索引需要即时更新。对于具有成百上千个维度的向量来说，更新并非易事——重构向量索引的时间成本需要以天计算。

标量数据库通常使用 B 树或 B+ 树方法，通过二分查找定位到指定位置后直接插入信息进行更新。然而，向量数据库的更新要复杂得多。

以目前流行的细粒度基于图的向量索引和粗粒度基于集群的向量索引为例。细粒度基于图的向量索引插入或删除向量时，需要进行大规模的图扫描以找到适当的距离进行插入，这对计算资源的要求非常高，删除不当还会导致性能和准确性下降。在粗粒度基于集群的向量索引更新中，虽然插入或删除向量只涉及对分区的修改，成本较低，但随着分区更新的累积，数据分布会变得不平衡，从而影响查询延时和准确性，使索引质量下降。

现有的向量索引更新方法依赖周期性的全局重建，这种方法的速度慢且资源消耗大。尽管重建后性能和准确性会立即得到刷新，但在两次重建之间，性能和准确性会下降。此外，全局重建成本非常高，其所需的资源是传统索引的 10 倍以上，甚至超过索引服务。

为解决这些问题，研究员们提出了 SPFresh 方案，该方案首次实现了向量索引的实时就地增量更新，为统一化数据库的更新提供了一种高效的方法。SPFresh 的核心是 LIRE——一种轻量级的增量重平衡协议，用于分割向量分区并重新分配分区中的向量数据以适应数据分布的变化，如图 1-21 所示。LIRE 通过仅在分区边界处重新分配向量，实现了低资源消耗的向量更新。

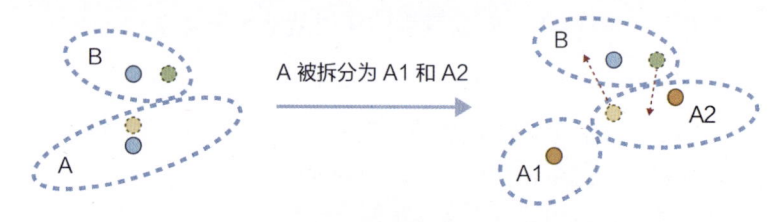

图 1-21　分割向量分区需要重新分配向量数据

与已有的周期性索引重建方法相比，SPFresh 能够大大降低索引重建所需的资源成本，并且能够保持高召回率、低延时和高查询吞吐量，及时有效地适应数据分布的动态变化。

1.8.3　OneSparse：稀疏向量索引和稠密向量索引的统一化查询

向量数据库被广泛用于自然语言处理、信息检索、推荐系统等领域，为处理非结构化数据提供了高效的解决方案。然而，向量数据的编码方式多种多样，稀疏向量和稠密向量各有优势，适用于不同类型的任务。例如，稀疏向量适用于关键字匹配任务，而稠密向量更适合提取语义信息。因此，在实际应用中，多索引混合查询被广泛采用，尤其是在混合数据集中，通过稀疏特征和稠密特征的协同过滤技术来查找相似项的方法已被证明能够有效提升查询结果的精确度。

向量索引的遍历方式特殊，多个向量索引之间的交集无法直接下推，这导致多索引联合检索面临挑战。为此，研究员们提出了稀疏向量索引和稠密向量索引统一化技术 OneSparse，它能够执行多索引混合查询，并实时生成最优的表格合并计划，以实现快速的索引间交集和索引内并集。

OneSparse 将稀疏索引和稠密索引统一为一个倒序排列的索引，并根据文档 ID 重新排列所有发布列表，这样在进行语义匹配和关键词匹配的复杂查询时，也能高效执行。OneSparse 相关技术已成功应用于微软必应搜索和推广搜索中，其架构示意图如图 1-22 所示。

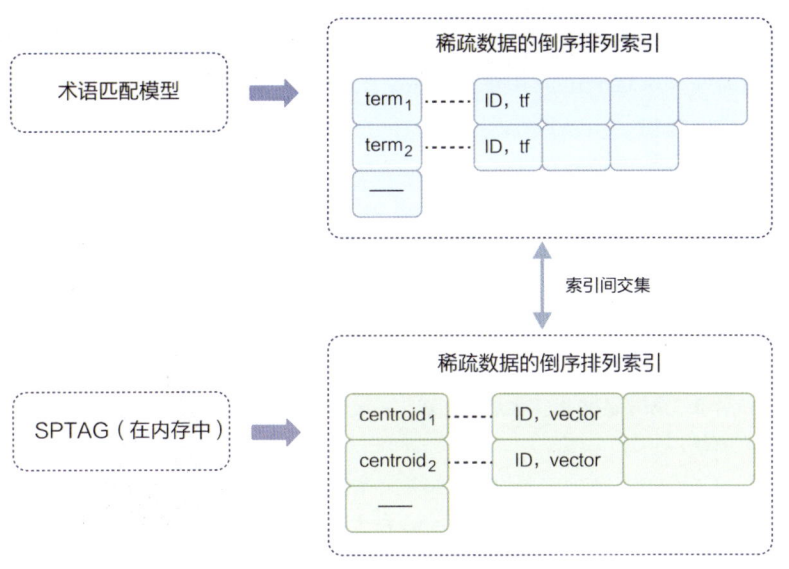

图 1-22　OneSparse 架构示意图

1.8.4　统一化数据库加速大语言模型的发展和硬件创新

早在 2018 年，微软亚洲研究院就开始了对向量数据系统的深入研究，因为我们意识到向量化将成为深度学习应用的基石。我们陆续开发了 SPTAG 和 SPANN[6] 技术，成功解决了向量索引的泛化和可扩展性问题，并将其应用于微软必应搜索，实现了世界上最大规模的向量语义搜索系统。

近年来，微软亚洲研究院持续深耕向量数据库技术，在放松单调性和 LIRE 协议轻量级更新方法的基础上，构建了一个统一化数据库系统 MSVBASE，并已在 GitHub 上开源。MSVBASE 系统可用于多模态数据的语义分析，为开发人员研究和利用 RAG 机制，设计更复杂的 RAG 检索查询提供了强大的工具。RAG 技术不仅能够执行基于 Top-K 的向量查询，还能够利用更多高维向量数据和属性进行检索，得到更精确的查询结果。

在知识大规模增长的今天，统一化数据库对多模态数据在模型的训练和推理中的应用至关重要，它优化了知识传递过程，为大语言模型提供了丰富的语料资源，同时推动了底层硬件的创新，为数据增强型人工智能奠定了基础。

本文作者

陈琪

陈琪博士目前是微软亚洲研究院（温哥华）首席研究员。她的研究兴趣包括分布式系统、云计算、向量数据库、深度学习算法和人工智能系统。

她于 2010 年和 2016 年分别在北京大学信息科学技术学院获得学士和博士学位，博士期间曾获得国家奖学金、谷歌 Anita Borg 奖学金，以及北京市优秀毕业生。

她在 OSDI、SOSP、ATC、EuroSys、NeurIPS 等系统领域和人工智能领域的国际顶级会议中发表了多篇学术论文，曾获得 OSDI 2020 最佳论文奖和 NeurIPS 2022 杰出论文奖，部分成果已被应用于微软必应（Bing）搜索、微软 Office 和微软云平台 Azure 中。

1.9 跨越模态边界，探索原生多模态大语言模型

> 当前，多模态模型大致分为两类，一类是专用多模态模型，如文本生成图像、文本生成视频等；另一类是通用型多模态大语言模型，这类模型的目标是让人工智能具备自然语言理解和生成、图像识别，以及语音和视频的交互能力。而微软亚洲研究院又给出了一个新的选择——原生多模态大语言模型，它能够更深入地理解物理世界并进行多模态推理和跨模态迁移，其在不同模态的数据学习中涌现出了新的能力。
>
> ——韦福如，微软亚洲研究院全球研究合伙人

随着人工智能技术的持续发展，大语言模型已经从单一模态向多模态演化，多模态模型的应用也逐渐进入人们的视野。然而，终端用户接触到的多模态模型还不是多模态模型的"完全体"。目前，多模态模型主要有三种实现方式。

1）多模态接口。在系统层开发统一的用户界面，具备多种模态数据输入和输出的能力，在实现时，通过调用不同模态的模型或API，在终端实现多模态能力。

2）多模态对齐与融合。在技术框架层首先将语言模型、视觉模型、声音模型等连接，让这些模型独立学习，并使用不同模态的数据进行训练。然后将拼接好的模型在跨模态数据上预训练，并在

不同任务数据上微调。

3）原生多模态大语言模型。从训练阶段开始，模型就利用大量不同模态的数据进行预训练。通过在技术上实现紧密的耦合，模型不仅可以在输入端和输出端实现多模态，而且具备强大的多模态推理能力和跨模态迁移能力。通常来说，这类模型被认为是真正的多模态模型。

1.9.1 原生多模态大语言模型

在微软亚洲研究院看来，真正的原生多模态大语言模型不仅要在输入端、输出端支持多模态，还必须是具有实现多模态推理和跨模态迁移能力的端到端模型。除此之外，基于多模态数据原生训练的每种单模态能力，都应该超越只在单一模态数据上训练的模型的性能。更重要的是，在利用不同模态数据学习的过程中，模型应该能够涌现出新的能力。

沿着这个思路，微软亚洲研究院先后研发了多模态大语言模型Kosmos-1、Kosmos-2和Kosmos-2.5。现在，在这些研究工作的基础上，研究员们持续探索原生多模态大语言模型，希望能够在输入端和输出端都实现对原生多模态数据的支持，从而更深入地理解物理世界，并进行多模态推理和跨模态迁移。

Kosmos的不断发展得益于前代模型的研究成果。

- Kosmos-1实现了语言与感知的对齐，为大语言模型支持多模态任务奠定了基础。

- Kosmos-2引入了细粒度对齐能力，增强了模型的空间想象力，解锁了多模态大语言模型的细粒度理解和推理能力。

- Kosmos-2.5通过统一框架处理文本密集图像的多模态阅读和

理解任务，为文本丰富图像的应用提供了通用接口。

1.9.2 语言是多模态模型的基础

语言是所有多模态模型的基础。在人工智能和计算机科学领域，我们的目标是让机器理解人类的语言，而不是迫使人类学习机器的语言。所以，从模型的最终应用形态来看，语言是最直接的交互方式。此外，语言及文本具有独特的优势，能够促进模型上下文理解、指令遵从及推理能力的训练，这是其他单一模态数据难以提供的。

基于这些思考，微软亚洲研究院在 Kosmos 项目的早期研究中，就将语言模型原生支持多模态数据作为目标。Kosmos-1 实现了大语言模型与感知能力的对齐，使 Kosmos-1 模型能够原生支持语言、感知 - 语言和视觉任务，涵盖了广泛的感知密集型任务，包括视觉对话、简单数学方程求解、OCR，以及带描述的零样本图像分类等。

与此同时，Kosmos-1 在大语言模型推理能力的基础上，可以进行非语言推理。研究员们根据瑞文推理测验（Raven's Progressive Matrices）建立了 IQ 测试基准，评估 Kosmos-1 模型在非语言任务上的推理能力。结果表明，Kosmos-1 能够感知非语言上下文中的抽象概念模式，并可以从多个选项中推导出序列的下一个元素。这标志着 Kosmos-1 可有效地完成部分零样本瑞文推理测验。

Kosmos-2 采用与 Kosmos-1 相同的模型架构，并引入了细粒度对齐能力，赋予模型"空间想象力"。Kosmos-2 允许用户直接将图像中的对象或区域作为输入，无须输入详细的文本描述，模型便能够理解该图像区域及其空间位置。细粒度对齐能力还使模型能够以视觉答案（例如边界框）的形式进行回应，并将生成的自由形式文本响应中的名词短语和指代表达链接到图像区域，有效解决了指代歧义问题，从而提供了更准确、信息丰富且全面的答案。

Kosmos-2.5 在 Kosmos-2 的基础上，进一步增强了对文本密集图像的多模态阅读和理解能力，包括信息提取、布局检测和分析、视觉问答、截图理解、用户界面自动化（UI Automation）等。Kosmos-2.5 能够无缝处理视觉数据和文本数据，深入洞察图像中的文本内容，并生成结构化的文本描述，从而全面理解文本密集图像。

Kosmos-2.5 由一个预训练视觉编码器和一个与重采样器模块连接的语言解码器组成，通过统一的框架，它可以处理两个紧密协作的任务，如图 1-23 所示。第一个任务是根据文本密集图像生成具有空间感知的文本块，即同时生成文本块的内容与其在文本密集图像中对应的坐标框。第二个任务是以 Markdown 格式生成结构化的文本输出，同时捕捉各种样式和结构。Kosmos-2.5 将 ViT（Vision Transformer）的视觉编码器与基于 Transformer 架构的解码器结合，并通过一个重采样器将它们连接起来，实现了高效的多模态数据处理。

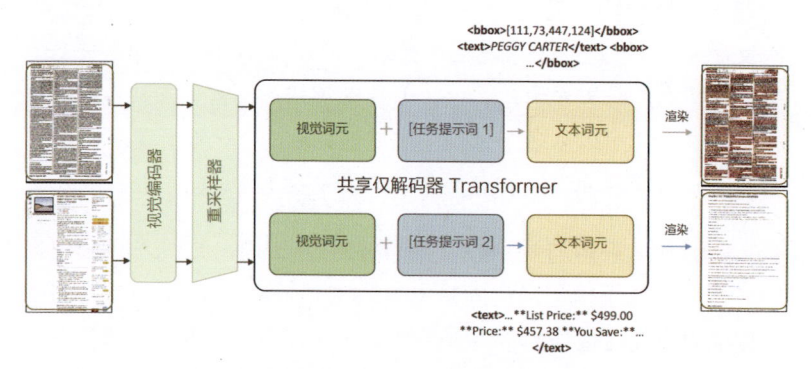

图 1-23　Kosmos-2.5 模型架构示意图

这种统一的模型接口显著简化了下游任务的训练过程，并使模型能够在现实世界的应用中有效遵循指令。

1.9.3 声音与视频模态也可以基于语言模型的方法建模

尽管声音和视频是连续信号，但它们也可以被转换为类似文字的离散词元，这样声音模型就可以与语言模型无缝融合。微软亚洲研究院基于语言建模的方法设计了文本到语音（Text to Speech, TTS）合成框架 VALL-E，首次实现了零样本文本合成语音。

作为一个神经编解码语言模型，VALL-E 利用神经音频编解码模型的离散代码表示声音，并基于离散代码将 TTS 视为一个条件语言建模任务，而非传统的连续信号回归。与以往的语音合成流程，如音素→梅尔频谱图→波形不同，VALL-E 的处理流程是音素→离散代码→波形。VALL-E 基于目标文本对应的音素和用户声学提示生成离散的音频编解码代码，这些代码被解码后可以得到对应文本内容的声音，并且具有和用户声学提示一样的音色。

VALL-E 还展现出了类似于文本语言模型的上下文学习能力。仅需一段 3 秒的语音作为声学提示，VALL-E 就能合成高质量的个性化语音。目前，升级版的 VALL-E X 支持包括英文、德文在内的多种语言的 TTS 合成。

在原生多模态数据的学习过程中，VALL-E X 模型展示了一种新的、有趣的能力：即便没有经过专门数据训练，VALL-E X 也能合成不同口音的语音，例如具有英伦、日韩口音的英语，或者外国人说汉语时的特殊腔调。值得一提的是，为了确保模型的安全性，研究员们还给 VALL-E 多模态语音模型添加了水印功能，以确保输入的声音数据得到本人授权，防止滥用。

视频是融合不同模态数据的最佳数据类型，它包含文字、图像、声音等元素，并且天然是流式数据。视频能够提供最丰富的数据，帮助模型学习物理世界的规律，因此，无论是从训练学习的角度，还是从最终能力的角度来看，视频都是多模态模型不可或缺的要素。

1.9.4　从算法和架构上推动原生多模态大语言模型发展

多模态大语言模型的发展将经历两个主要阶段。在第一个阶段，大语言模型调用其他模型或服务实现多模态的输入或者输出。例如，当读取图片内容时，调用 OCR 功能提取文本信息或者利用 ASR 模型把语音转换成文本，进而作为大语言模型的输入，这将使多模态大语言模型在输入端具备视觉和听觉能力，然而这个阶段通常不包含多模态推理。同样地，通过调用文本到图像、文本到语音或文本到视频的模型，也能在输出端生成不同模态的内容。

在第二个阶段，模型需要实现多模态融合和推理。例如，当谈到"如何将大象装入冰箱"时，模型需要像人脑一样自然地联想并用到不同模态的相关知识（例如大象和冰箱的概念）和步骤（把一个物体放入冰箱的流程）。

要实现原生多模态大语言模型的终极形态，还需要解决几个关键问题：首先，需要决定模型输入端和输出端数据的表示方式，其本质是离散数据（例如文本）和连续数据（例如图像和语音）的统一建模、表示和学习。是直接使用原始图像或视频等数据以保留尽可能多的信息，还是将连续数据转换成离散的词元以实现不同模态数据类似自然语言的统一表示和学习？其次，如何有效地融合不同模态的数据？这需要设计新的模型架构，以防模型在理解和整合不同源信息时发生冲突。最后，也是最具挑战性的问题，如何构建支持多模态原生的学习目标和范式？例如，一个开放的问题是如何统一大语言模型和扩散模型（Diffusion Model）来实现深度多模态对齐、推理和跨模态迁移，并促进新的能力涌现。我们相信未来这些方面都会取得重大的研究成果。

对于这些问题,微软亚洲研究院将持续探索。研究员们正积极应对技术和算法方面的挑战,希望能够为原生多模态模型的研究和开发做出贡献。

注:本节提及的人工智能技术均为科研层面的探索性和实验性成果,旨在利用人工智能技术为人类社会带来更多的可能性和价值。微软亚洲研究院在进行这些研究的同时,严格执行微软负责任的人工智能流程,并遵循公平、包容、可靠性与安全性、透明、隐私与保障、负责的原则。

本文作者

韦福如

韦福如博士现任微软亚洲研究院全球研究合伙人,领导团队从事基础模型、自然语言处理、语音处理和多模态人工智能等领域的研究,致力于推进通用型人工智能的基础研究和创新。他还担任西安交通大学和中国科技大学兼职博士生导师、香港中文大学教育部-微软重点实验室联合主任。

韦福如博士在顶级会议和期刊上发表了 200 多篇研究论文,引用超过 50000 次,H-Index 为 100,并获得 AAAI 2021 年最佳论文提名奖及 KDD 2018 最佳学生论文奖。

韦福如博士分别于 2004 年和 2009 年获得武汉大学学士学位和博士学位。2017 年,他因对自然语言处理的贡献入选《麻省理工技术评论》中国 35 岁以下创新者年度榜单(MIT TR35 China)。

第 2 章 跨越学科的边界

2.1

大模型在医疗健康领域的应用

2023 年 3 月,OpenAI 推出了大语言模型 GPT-4,其在推理、解决问题和语言等方面的能力较 GPT-3.5 都有了显著提升,使发展长达数十年的人工智能进入了一个新阶段。微软全球资深副总裁、微软研究院院长、微软全球研究与创新孵化负责人 Peter Lee 是微软内部最早使用 GPT-4 进行评估和实验的成员之一。在微软研究院的 AI 前沿系列播客节目中,Peter Lee 与微软研究院副总裁、微软杰出首席科学家 Ashley Llorens 进行了一次深度对话,表达了他对于大模型在医疗健康领域应用潜力和挑战的看法,以及在大语言模型潮流的引领下,微软研究院对未来计算的研究规划。

2.1.1 面向未来的情境研究:大语言模型与科研未来的交汇

Ashley Llorens:通过科学研究为社会创造更多机遇和价值,并为社会带来更深远的影响是我们共同的目标。你一直关注情境研究(research in context),在 GPT-4 等大语言模型引领人工智能潮流的当下,你有何新的看法?

Peter Lee:情境研究是一个非常重要的课题。如果你知道未来某个时刻世界的样子,那么会对今天的工作产生怎样的影响?举个例子,科学家们相信 10 年之后我们将在很大程度上解决癌症问题,但随着人口老龄化加剧,与年龄相关的神经系统疾病患病数量将大大增加。如果我们现在就意识到神经系统疾病在未来的重要性,并增加投入,那么将使未来的状况大有改观。然而,如今的医学研究更聚焦于癌症,而非神经系统疾病。

这种变化意味着我们是否需要调整科研方向?当然,科学研究仍是面向未来的,但它既要展望未来十年,也要着眼现实世界,即情境研究。现在看来,通用人工智能超越人类智能似乎是不可避免的,甚至在未来 5~10 年就会发生。这对科研的影响可能比癌症和神经系统疾病更具颠覆性。

我经历过五次技术变革。第一次是 20 世纪 80 年代后期,我在卡内基梅隆大学担任助理教授,当时许多顶尖大学的计算机科学系都在 3D 计算机图形学领域做出了优秀的研究成果,例如光线追踪 (ray tracing)、辐射度 (radiosity)、硅结构 (silicon architectures) 等,SIGGRAPH 大会每年都会吸引来自全球的数百名科研人员展示自己的成果。到 20 世纪 90 年代初,有些初创公司开始采用这些创新想法,试图将 3D 计算机图形技术变为现实,这其中的一家就是英伟达 (NVIDIA)。最终,3D 计算机图形学技术应用融入人们的日常生活,这是计算机科学基础研究取得的一次巨大成功,以至于今天我们已经无法想象口袋中没有 GPU 或手机的日子。这种变革在对研究产生积极影响的同时,也具有颠覆性。

当某些领域的技术融入人们的日常生活时,它就超越了基础研究的范畴。同样的情况还包括编译器设计(这是我自己的研究领域)、无线网络、超文本和超链接文档,以及操作系统等。这些技术已经成为我们生活中不可或缺的一部分,代表计算机科学的伟大成就。而今天,我们正处于向大语言模型的过渡阶段。

Ashley Llorens:你认为这次技术变革是否在本质上与以往后台 (background) 技术有所不同?你提到我们每天出门时口袋里都装着"GPU",但我不是这样想的,或许我对我的手机有某种拟人化的情感。可以肯定的是，语言模型是一种具有前台效应（foreground effect）的技术，我想知道，你在其中是否看到了不同之处？

Peter Lee：我认为，这次技术变革对研究机构、学术界、领域内的研究人员来说没有什么不同。但技术的消费者和使用者对于这次技术变革的感受确实有很大不同。与同样从学术研究走入现实的触控可扩缩放技术相比，大语言模型的影响可能会更深远。

这又带来一个大问题，当我们与大语言模型交互时，即使知道它没有感情、情绪或知觉，但仍然不由自主地这么想，这是固有的思维模式。就像我们产生视觉幻象时，理智上深知这是幻觉，大脑却无法摆脱它，这种思维模式引导我们将系统拟人化，也因此让它们走到了前台。

2.1.2　GPT-4 与医疗未来：人工智能的机遇与挑战

Ashley Llorens：接下来我们把话题转向你在医疗健康领域的工作以及在微软的历程。你曾说过，将前沿的人工智能技术引入医疗健康系统面临诸多挑战，那么，在 GPT-4 和大规模人工智能模型迅速发展的背景下，人工智能在医疗健康领域的应用是否会有不同？

Peter Lee：GPT-4 是否真的会给医疗健康领域带来变化还需要检验。我们曾经对计算机技术在改善医疗健康领域或促进医学进步方面的潜力持乐观态度，但一次次失望而归。

作为计算机科研人员，我们看到了医疗健康领域的一些问题，例如读取放射图像、测量肿瘤生长、鉴别诊断选项和治疗方案排序，我们认为自己知道如何用计算机科学解决这些问题。医学界也在关注着计算机科学研究和技术的发展，他们对人工智能、机器学习和云计算印象深刻。来自两个领域的乐观情绪最终导致了过度的期望。将计算机技术整合到医疗健康和医学工作流程中面临的最大挑战，是如何确保安全性，并发挥计算机技术的最大效能，而这是非常困难的。

另外，在医学实际应用中，诊断和治疗往往发生在充满不确定性的环境中，这使机器学习涉及很多混杂因素。由于医学是建立在对因果关系的精确理解和推理之上的，因此这些混杂因素至关重要，但现在机器学习里最好的工具本质上是相关性的机器（correlation machines）。相关性和因果关系是不同的，例如，当探究吸烟是否会致癌时，考虑混杂因素的影响并了解其中存在的因果关系是非常重要的。

谈到 GPT-4，我第一次见到它是 OpenAI 的人员演示代号为 Davinci 3 的 GPT-4 早期版本，并让它回答 AP Biology（大学进阶生物学）的问题。在这次测试中，我认为它得了最高分 5 分。AP Biology 的试题通常是选择题，该系统能够使用自然语言对其选择的答案做出解释，让我吃惊的是，它在解释中使用了"因为"这个词。

例如，它会说：我认为答案是 C，因为当你从这个角度看问题时，会引发其他生物学问题，因此我们可以排除答案 A、B 和 E，又因为 XXX，排除答案 D。它给出的原因和结果是一致的，我们都不清楚为什么一个大语言模型会具有因果分析能力。

这只是 GPT-4 百分之一的能力，它似乎解决了一些阻碍机器智能融入医疗健康和医学领域的难题，例如推理、解释能力。除此之外，GPT-4 具有出色的泛化能力，这让我们对其在医学领域的应用前景更加乐观，认为它可能带来不同的未来。

同时，我们不必将关注点完全放在临床应用上。GPT-4 擅长填写表格，知道如何申请医保报销的事先授权，可以减轻医生的行政性负担。虽然这些工作不会影响攸关生死的诊断或治疗决策，但它们同样是微软的重要业务。我们有充分的理由相信，与 OpenAI 的合作能够带来颠覆性的改变。

Ashley Llorens：每一项新技术的出现都伴随着相关的机遇和风险。这些新型的人工智能模型和系统与以往的技术有着根本的不同，它们不仅仅学习特定功能的映射。然而，即便是如此强大的机器学习也有很多悬而未决的问题。你如何看待通用技术为医疗健康领域所带来的机遇和风险？

Peter Lee：我认为有一件事引起了媒体不必要的关注，那就是系统出现的幻觉（hallucination）或脱轨现象。这是 GPT-4 和其他类似系统有时会遇到的问题，它们会编造一些信息。随着 GPT-4 的稳步发展，它产生的幻觉越来越少。我们也了解到，这种现象似乎与 GPT-4 的创造力有关，它能做出明智的、有根据的猜测，能进行智能的推测。

这是第一个可以回答没有已知问题答案的人工智能系统。而问题是，我们能完全相信它所给出的答案吗？GPT-4 具有局限性，尤其在数学问题中。它很擅长解基本的微分方程和微积分，但在统计方面会犯基础性错误。我在哈佛医学院的同事就遇到过这样的情况，在一个标准皮尔逊相关的数学问题上，它似乎总忘记对一个数据项求平方。更有趣的是，当你指出 GPT-4 的错误时，它的第一反应是："不，我没犯错，是你错了。"随着系统的不断改进，现在这种指责用户犯错误的情况不会再出现了。

另一个更大的问题与"负责任的人工智能"有关，这一直是计算机科学领域的重要研究课题，但我想这个词现在有可能不再合适了，我们可以称之为"社会性的人工智能"（Societal AI），或使用其他术语。这不是正确与错误的问题，也不仅仅是出于担心它会被误用而产生有害的信息，而是监管层面面临的更大问题，例如，工作岗位流失、新的数字鸿沟，以及富人和穷人获得这些工具的权利差异。这些亟待解决的问题也将直接影响人工智能在医疗健康领域的应用。

2.1.3 人工智能与医疗决策：信任、监管和自我规范

Ashley Llorens：信任问题是多方面的，既包括机构层面的信任，也包括个人做出决策时的信任。医疗健康人员在面对这些技术时需要做出艰难的抉择，例如，在工作流程中，何时何地以及是否使用人工智能技术。你如何看待医疗健康专业人员做出的此类决定？这些技术在实际应用时存在哪些障碍？努力的方向又是什么？

Peter Lee：关于 GPT-4 及同类技术的应用范围及监管问题，目前有很多讨论。美国食品和药品监督管理局（FDA）有权监管医疗设备。有一类医疗设备叫作软件即医疗设备（Software as a Medical Device，SaMD），在过去四五年中，大家讨论最多的是如何监管基于机器学习或人工智能的 SaMD。渐渐地，FDA 越来越多地批准基于机器学习的医疗设备。在我看来，FDA 和美国已经逐渐建立起一个公平的框架，用于验证基于机器学习的医疗设备在临床应用中的效果。但这些新兴框架不适用于 GPT-4，这意味着用这些方法对 GPT-4 进行临床验证没有意义。

你可能会有这样的疑问：这件事应该被监管吗？如果要监管，应该怎么做？这相当于把医生的大脑放在一个盒子里。如果请你验证一位脊柱外科医生的大脑，你会怎么做？应该采用什么样的框架？监管机构可能会做出反应并采取一些措施，但我认为这将是错误的，至少在目前，监管的对象应该是人，而不是机器。

现在的问题是，医生、护士、接待员、保险理赔员，以及所有相关人员，他们应该遵循的指导方针是什么。制定这些决策不是监

管机构的事情,而是医学界的事情。医学界甚至应该通过医疗许可制度和其他认证来强制执行这些决策。这就是我们今天的处境,人类要对自己的行为负责,进行自我监管并规范自己的行为。

2.1.4 微软视野:定义人工智能的未来方向

Ashley Llorens:根据你的观点,所有围绕社会重要性框架的思考都在试图追赶上一代技术,而尚未聚焦于新技术。在这种情况下,你认为计算机研究的下一步应该是什么?

Peter Lee:我们的目标是把技术转化为生活中的基础设施之间的纽带。微软研究院处于一个非常有趣的位置,既是研究的贡献者,又是微软公司的一部分。作为变革的一部分,微软研究院已经确定了5个人工智能的研究方向。

第1个方向是人工智能在社会中的作用和影响,包括负责任的人工智能等。

第2个方向是通用人工智能运作的理论基础。计算机科学理论一直是机器学习中重要的主线,这些理论对理解大语言模型的基本功能、边界和趋势至关重要。即便你不需要理解那些困难的数学定理,但它们仍然是通用人工智能的基础。

第3个方向是应用层面的。在微软研究院内部,我们称它为副驾驶(Copilot)。我们期望让它成为你的伙伴,辅助你高效、高质地完成任务。

第4个方向是AI for Science,我们在这方面做了很多工作。有越来越多的证据表明,大型人工智能系统可以提供更新的方法,促进物理学、天文学、化学和生物学等方面的科学发现。

第5个方向是核心基础,我们称之为模型创新。我们发布了新的模型架构 Kosmos，用于进行多模态机器学习、分类和识别交互。我们还创新性地提出了 VALL-E，它能通过 3 秒的语音样本确定并复刻人类语音。未来，这些创新性模型还将不断涌现。

从长远来看，如果微软、OpenAI 等公司获得成功，那么大语言模型将会真正成为生活基础设施工业化的一部分。我预计，大语言模型的研究将在未来十年开始消退，与此同时，我们将在网络安全、隐私保护、物理科学等方面开启全新的视野。可以肯定的是，人工智能正处于一个特殊时期，尤其是在以上 5 个方向上。

2.2

AI for Science，憧憬人人都可参与科学发现的未来

> AI for Science 预示着一种全新的科学发现范式。通过构建统一的科学基座模型，AI for Science 将消除不同科学领域之间的壁垒，实现通过一个模型解决众多科学难题的目标。它还有望推动更加普及的科学探索范式，通过与基座模型交互，让每个人都能参与到科学发现的过程中。为了实现这些愿景，我们必须让科学基座模型超越人类语言的限制，去学习、理解大自然的语言。
>
> ——刘铁岩，微软研究院科学智能中心前杰出首席科学家

今天的人工智能技术在很多任务上的表现已经可以媲美人类，特别是在认知、感知等层面。然而，我们对人工智能的长远愿景绝

不局限于复刻人类已有的知识和技能——我们更期待人工智能可以帮助人类探索未知领域，加速我们认识世界和改造世界的进程。

科学进步是推动现代人类社会发展的核心动力。因此，具备科学发现的能力，无疑是人工智能发展的必然方向之一。图灵奖获得者 Jim Gray 在《科学发现的四个范式》一书中将科学发现分为四个范式：千年前的经验科学、百年前的理论科学、几十年前的计算科学，以及十几年前的数据科学。而 AI for Science 是对前四种范式的有机结合和升华，我们称之为科学发现的"第五范式"，并不吝寄予其更大的期望。

2022 年，微软研究院成立了科学智能中心 (Microsoft Research AI for Science)，我有幸作为该团队的创始成员之一，与世界各地的顶尖专家共同探索这个跨领域的开创性课题。经过两年的努力，我们在 AI for Science 的研究上取得了一系列令人振奋的成果。更重要的是，这个过程在不断刷新我们对 AI for Science 的理解。

我想分享一个深刻的感受：我们必须正视科学发现的艰巨性。我们决不能简单地认为只要高举 AI 的大锤，就可以轻易攻克科学发现的难题。AI for Science 的健康发展，需要我们秉承格外严谨和审慎的态度，对科学发现保持敬畏之心，在深入理解科学规律的基础上，对现有的 AI 工具进行改造，甚至发明全新的 AI 理论和算法。只有这样，才有可能让 AI 真正加速科学发现的进程，改变科学发现的格局。

2.2.1　AI for Science 的三个要素

作为一个新兴领域，AI for Science 尚未有公认的定义。在我看来，AI for Science 并不等于"在科学研究过程中使用一些 AI 技术"。我们所追求的 AI for Science 是一个更加系统和深入的概念，

AI要深度融入科学研究的各环节,从数据处理到仿真模拟,再到实验研究,并发现新的科学规律。AI要成为科学研究的核心技术,要为科学发现雪中送炭,而不是锦上添花。

我认为,AI for Science应该包含三个要素:利用合成数据、构建科学基座模型、实现科学研究的闭环。

1. 利用合成数据

在自然科学领域,有很多科学规律可以指导我们通过计算生成合成数据,例如通过求解薛定谔方程获得电子结构和分子体系的微观属性,通过求解纳维-斯托克斯方程获得流体的速度和压力场。而这些合成数据的生成不受实验条件的限制,只需要足够的计算资源。利用合成数据训练的人工智能模型,可以更加直接且高效地求解科学方程,进而生成更多的合成数据。这种合成数据的飞轮效应,能够让人工智能模型实现自我演化,更快、更有效地学习和提高自身能力,从而更深入地理解科学的本质,拓展科学的边界。

2. 构建科学基座模型

AI for Science应当遵循类似GPT等大语言模型的设计思路,用一种通用技术来解决广泛的科学问题。在过去的科学研究中,人们通常认为隔行如隔山,不同领域的科学问题需要用不同的方法解决。而我们的客观世界实际上是由一些"简单通用"的底层规律支配的,例如,无论是不规则的无机小分子、周期性的晶体材料,还是蛋白质、DNA等生物大分子,都遵循薛定谔方程所描述的科学规律。这种科学规律的共通性为我们整合所有科学领域、任务和模态,构建统一的科学基座模型奠定了基础。科学基座模型可以帮助我们找到复杂现象背后的规律和内在联系,在不同学科知识的碰撞中产生"1+1>2"的效果,从方法论层面影响科学发现。此外,科学基座模型还要从各种科学文献中学习人类历史上积累的科学知识及推理能力,并在此基础上实现人类语言和科学语言的衔接,使普通人也能通过语言与基座模型交互,从而降低科学发现的专业门槛,让人人都能成为"爱因斯坦",推动科学发现的"平权"。

3. 实现科学研究的闭环

科学发现是一个大胆假设、小心求证的过程,后者通常依赖实验室工作。为了实现科学发现的全链条,AI for Science 必须与真实世界形成闭环,不能仅仅局限于数字世界。近年来,实验室自动化已成为科学探索的新趋势,人工智能是这些自动化实验室的"大脑",指导机械臂精准操作,进行自动化合成与实验,实现从理论到实验验证的完整闭环。试想一下,如果利用科学基座模型提出新的科学假说、进行计算仿真,再通过自动化实验室来验证,并将结果反馈给基座模型修正假说、反复迭代——以上过程能够 7×24 小时运行,那么人类的科学发现能力将发生根本性的改变。

2.2.2 AI for Science 的基座模型要读懂大自然的语言

微软研究院科学智能中心自成立之初,就将科学基座模型作为主要的研究项目,并且明确了科学基座模型的发展方向——科学基座模型必须突破人类语言的局限,能够学习和理解科学概念、科学实体、科学规律,掌握支配万事万物的大自然的语言。

目前,市面上的科学基座模型可以分为两个类别,一类针对特定的垂直子领域,如蛋白质、DNA、单细胞等,进行设计和训练;另一类在 GPT 等大语言模型的基础上进行改造或适配,以应用于科学领域。前者只见树木,不见森林,聚焦在一个小的垂直领域,无法学到普遍的科学规律,离掌握大自然的语言相去甚远;后者则对人类语言过度依赖,人类语言作为一种基于统计的、线性、符号化的表达方式，难以完整地描述自然界的多样性和复杂性。

大自然语言是一种高维度、多模态、科学严谨的表达。首先，自然界中的物质世界是高维度、多尺度的，不同维度和尺度之间的关系受到深层科学规律的制约，这些规律无法简单地用人类语言的字符序列表示。其次，自然界存在不同的模态，例如复杂的声光电现象、波粒二象性、时空的相互转化等，蕴含着无法用人类语言充分描述的深刻奥秘。再次，人类语言会受到个体认知和社会文化等因素的影响，存在偏倚和误差。而科学探索追求的是严谨及普适性，大自然的语言是客观存在且不受人为因素影响的。我们只有构建能够处理高维、多模态数据的科学基座模型，并将科学规律巧妙地融入模型的构建和训练过程中，才能将科学规律外推到模型未曾见过的客观世界，让模型真正学习和掌握大自然的语言。

2.2.3 聚焦微观世界的深入探索与应用

面向微观世界和宏观世界的研究是 AI for Science 的两个重要方向。由于人类已经充分掌握微观世界的科学规律，理论完备，也有很多直接或间接的实验手段，因此 AI for Science 在微观领域大展身手具有充分的理论和实践基础。针对宏观世界，虽然人类还没有完全掌握其背后的物理规律，但也积累了大量数据，AI for Science 可以利用这些数据，进行规律挖掘和预测，如天气预报、气候变化研究等。

目前，微软研究院科学智能中心的 AI for Science 研究更专注微观世界，并将相关的研究项目分为三个层次，如图 2-1 所示：基础层是**科学基座模型**；中间层是**科学仿真工具**（如电子结构预测、分子动力学模拟等）；应用层则**解决各领域的重大科学问题**（如材料设计、药物开发等）。

```
应用层    [ 解决各领域的重大科学问题 ]

中间层    [ 科学仿真工具 ]

基础层    [ 科学基座模型 ]
```

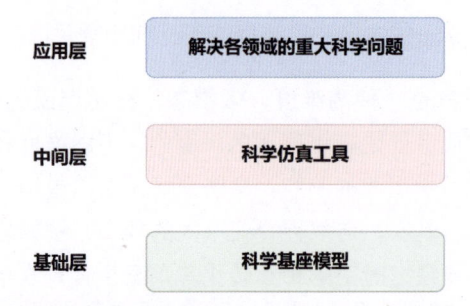

图 2-1 微软研究院科学智能中心 AI for Science 研究的三个层次

在基础层，我们致力于设计和训练科学基座模型。 经过深入研究，我们已经取得了一些突破性进展，开发出了基座模型的一些重要子模块，这些子模块在分子科学的关键领域展示出令人振奋的能力。例如，已在 NeurIPS 上发表的 Graphormer 模型是科学基座模型的结构编码器，它对分子结构的理解有非常独到的能力，在第一届 OGB-LSC 分子建模比赛和 OC20 催化剂设计开放挑战赛中力压群雄，获得冠军；BioGPT[25] 模型作为科学基座模型的序列解码器的一部分，是第一个在 Pubmed QA 任务上超过人类专家水平的 AI 模型；而发表于《自然-机器智能》(Nature Machine Intelligence) 的用于分子结构平衡分布预测的深度学习框架 Distributional Graphormer[26] 则是科学基座模型的结构解码器，它能够对分子的动态统计特性进行端到端的建模，在物质的微观分子结构和宏观物化属性之间搭建起桥梁。

在中间层，我们的研究重点包括电子结构预测、分子动力学模拟等，这些方向为理解和预测分子行为提供了关键信息。 在电子结构预测方面，发表于《自然-计算科学》(Nature Computational Science) 的 M-OFDFT[27] 技术可以利用 AI 方法将传统 DFT（密度泛函理论）的复杂度明显降低。同时，我们在 GPU 加速、并行计算等方面进行了深入探索，进一步提高了 DFT 的计算效率，成功将 DFT 计算拓展到更大尺度的分子体系，该技术已在微软 Azure 云平台上发布。在分子动力学模拟方面，我们开发了机器学习力场 ViSNet[28]，它可以针对蛋白质等生物大分子给出精准的能量和力场的预测，相关研究成果作为编辑精选文章发表在《自然 - 通讯》(Nature Communications) 杂志上，并且获得了首届全球 AI 药物设计大赛的冠军。

中间层的 AI 模型和科学基座模型有着很强的依赖关系，它们会在科学基座模型的通用建模能力的基础上融入领域数据和洞察，通过模型微调或知识蒸馏，在特定领域提高精度或效率。

在应用层，我们特别关注制药和材料领域的重大科学问题。这是当前与 AI for Science 研究最契合，而且市场需求最大的领域。在此方向上我们也取得了令人鼓舞的成果，例如能够加速发现和设计更新颖、更稳定的材料的 MatterSim[29] 和 MatterGen[30] 模型；能够根据指定靶点，自动设计候选药物的 TamGen[31] 模型。尤其是基于 TamGen 模型，我们与全球健康药物研发中心（GHDDI）和盖茨基金会进行了深入合作，为肺结核和冠状病毒等肆虐全球的传染病设计出了全新的高效候选药物，实验室合成和酶抑制试验表明，这些候选药物表现优异，与已知的先导化合物相比，生物活性提高了近 10 倍，为治愈相关疾病做出了有益的探索。除此之外，我们也研究科学智能体并关注实验室自动化，希望能够早日实现科学发现的自动化，助力人类文明以更快的节奏发展。我们还十分关注负责任的 AI for Science，利用法律、道德和社会规范为 AI for Science 的研究保驾护航。

2.2.4 憧憬人人都可参与科学发现的未来

AI for Science 的发展将为科学发现带来无限的可能性，为人类探索自然提供更丰富的方法和工具。利用 AI for Science，计算机模拟的精度将无限接近现实世界实验的精度，将科学研究的质量和效率提升至全新高度,引领科学探索进入新的阶段。

更重要的是,科学基座模型的引入有望使科学发现得到普及,科学探索将不再是专业领域科学家们的"特权",任何对科学发现抱有热情的人,都将能够通过语言与大模型交互,验证他们的奇思妙想。这将激励更多人参与解决诸如医疗健康、新材料发现、可持续发展等社会性问题,前所未有地汇聚全人类的智慧来造福世界。

当然,我们也必须清醒地认识到,AI for Science 的发展并非一蹴而就,需要长期的投入和研究,并攻克一些前所未有的难题。**作为一个高度跨学科的研究领域,AI for Science 对交叉领域人才的需求非常迫切。** AI for Science 的研究者需要在计算机或自然科学领域具有很深的造诣,并且对交叉学科相互融合具备广阔的视野和开放的心态,对其他领域研究的难度和复杂性保持充分的理解与尊重。

算力和数据同样给 AI for Science 研究带来极大的挑战。 自然科学数据的多样性和复杂度都远超语言数据,深入研究科学智能所需的算力和数据量也将呈指数级增长,大大超过现有的大语言模型所使用的算力和数据量。

此外,构建完整的 AI for Science 研究闭环也并非易事。正如之前提到的,研究闭环不仅关系到验证假说的有效性,也是衡量人工智能在科学发现中的效率和质量的关键。**但传统的实验室方法论难以支持 AI for Science 的发展,我们需要全新的实践方法论**,例如设计全新的实验方案和自动化流程。

尽管 AI for Science 作为新兴的科学发现范式还面临着许多未知的挑战,但我们目前所取得的进展预示着它将为人类带来无尽的可能性。在 AI for Science 研究中不乏令人望而却步的难题,但也正是这些难题激发了我们探索和创新的热情。微软研究院将继续

第 2 章
跨越学科的边界

怀揣极大的热忱投身这个领域,并乐于与那些对 AI for Science 秉持严谨态度和长远愿景的各领域专家学者合作,共同推动 AI for Science 成为人类认识世界和改造世界的变革性力量。

> **本文作者**
>
> 刘铁岩
>
> 刘铁岩博士,国际电气电子工程师学会会士(IEEE Fellow)、国际计算机学会会士(ACM Fellow)、亚太人工智能学会(AAIA)会士。先后被聘为卡内基梅隆大学、清华大学、香港科技大学、中国科技大学、南开大学、华中科技大学兼职教授、诺丁汉大学荣誉教授。
>
> 刘铁岩博士的先锋性研究促进了机器学习与信息检索之间的融合,他被公认为"排序学习"领域的代表人物。近年来,他在深度学习、强化学习、工业智能、科学智能等方面颇有建树,在顶级国际会议和期刊上发表论文数百篇,被引用数万次。他曾担任 WWW/WebConf、SIGIR、NeurIPS、ICLR、ICML、IJCAI、AAAI、KDD 等十余个国际顶级学术会议的大会主席、程序委员会主席或(资深)领域主席,并任包括 ACM TOIS、ACM TWEB、IEEE TPAMI 在内的知名国际期刊副主编。
>
> 刘铁岩博士毕业于清华大学,先后获得电子工程系学士、硕士及博士学位。2003 年至 2024 年先后任职于微软亚洲研究院及微软研究院科学智能中心。

2.3
当 AI 遇见大脑：电脑与人脑协同"进化"

> 人脑是世界上最复杂的物体之一，虽然我们对人脑的研究已经持续了上千年，但仍然有许多未解之谜。我们希望通过跨领域研究，用人工智能技术来帮助神经科学家更好地理解大脑。这种理解有助于探索脑部疾病的机理，提升人脑健康水平，并从大脑汲取的灵感有望启发我们设计出更聪明的人工智能。
>
> ——李东胜，微软亚洲研究院（上海）首席研究员

比尔·盖茨曾坦言，他最害怕的事情之一就是他的大脑停止工作，这也说出了很多人的心声。大脑是人类生命的核心，是智慧之源，我们的肢体运动、思想、情感、记忆、创造力等都依赖大脑的神奇活动。

然而，人类脑健康的现状并不乐观。《柳叶刀》杂志 2016 年发布的全球疾病负担研究（Global Burden of Disease Study，GBD）显示，1997—2016 年，每年约有 900 万人死于脑部疾病。医学界流行一句话：只要活得够久，大脑总会出现问题。特别是随着人口老龄化的加剧，脑部疾病的发病率持续上升。毋庸置疑，理解人脑和改善人脑健康状况变得日益重要。

由人类智慧孕育的人工智能是否能为人脑健康做些什么？答案是肯定的。例如，由于新生儿大脑发育不成熟，脑电波数据存在个

体差异和大量噪声,导致基于脑电波的新生儿癫痫检测成为医学界的世界级难题。针对这个问题,我们与上海交通大学合作,运用人工智能技术显著提高了检测的准确性[32],与目前最先进的方法相比,AUPRC(精确率-召回率曲线下的面积)提升超过30%,证明了人工智能与脑科学跨领域研究的必要性和可行性。

在此前一系列成功实践的基础上,微软亚洲研究院开始拓展并深化人工智能与脑科学的跨学科交叉研究,借助人工智能技术让科学家和医学专家更好地理解大脑,提升人脑健康水平,更有效地保护大脑,并从大脑的结构和活动中获得灵感,启发我们设计更好的人工智能。

2.3.1 人工智能加速理解人脑,提升人脑健康水平

人脑是世界上最复杂、最神秘的结构之一。人类对人脑的研究可以追溯到四千多年前,古埃及时期人们就开始解剖人脑、了解人脑构造,但直到今天,仍然有许多未解之谜。最近几百年,人类开始从现代科学的角度理解人脑,并探索出一些关键的研究方向和有效的工具,如脑电信号、基因、血液循环等。因此,我们将人工智能与这三方面的研究结合起来,帮助人类理解大脑,进而对大脑采取更有效的保护措施。

1. 帮助医生更好地理解脑电信号

人类脑电波(Electroencephalogram,EEG)于1924年首次被记录,之后人们逐渐认识到大脑信号的变化与大脑活动密切相关,通过分析脑电信号变化,可以诊断出相关的脑部病症。然而,脑电图的解读非常困难,因为脑电信号经过大脑组织、头皮、头骨等层层反射,信号之间相互干扰,会产生很大的噪声,即使专业医疗技师也需要学习多年。对几分钟的脑电图进行解读往往要花费一小时

的时间，耗时耗力，因此相关专业医疗技师非常稀缺。

现有的利用人工智能来解读脑电图的方法通常是针对单一问题的，即一个模型只能解决一个问题，如表 2-1 所示。然而，医生在判断病变的产生原因时需要对脑电信号进行综合分析，因此这种"一对一"的专属模型在实际应用中存在很大的局限性。

表 2-1　大脑信号波动与相关的大脑活动示例

脑电波	形态变化	脑部活动	脑部疾病
Gamma		大规模脑活动与认知	癫痫、阿尔茨海默病
Beta		眼睛睁开时	帕金森症
Alpha		眼睛闭合时	睡眠失调、白日梦
Theta		学习、记忆与空间导航	精神障碍、神经发育障碍
Delta		深度睡眠时	睡眠失调、帕金森病

表格源自维基百科。

近年来，大语言模型正展现出越来越强大的生成和推理能力，但在医学领域中直接应用大语言模型还存在一些壁垒。大语言模型的输入长度有限，作为高频数据的脑电信号，即使是 10 分钟的采样数据，也远远超过了大语言模型能够处理的序列长度。为了解决这个问题，我们训练了首个跨数据集的脑电基础模型[33]，可以对任何脑电数据进行分析，实现了"一对多"的脑电理解[34]。

基于这个基础模型，我们还开发了 AI Neurologist 系统，可辅助临床和科研场景下的脑电信号分析工作。AI Neurologist 系统不仅提高了医护人员和神经科学家的工作效率，还将医生的判断准确率由原来的 75% 提高至 90%。目前，我们已经在 GitHub 上开源了脑电信号基础模型，也期望有更多关注医疗领域的研究人员与我们一同探索运用人工智能保护人脑健康的更多可能。

2. 推动超声定位显微镜技术走向临床

大脑活动与血液循环存在紧密的耦合性，尤其是在脑部活动增加时，大脑对能量的需求更大，这时就需要血液输送更多的氧气和营养。由于存在这种"神经-血管耦合"效应，因此精准地了解脑部的血液循环有助于我们更好地理解脑部神经活动。

传统的血液循环检测主要依赖计算机断层扫描（Computed Tomography，CT）、磁共振成像（Magnetic Resonance Imaging，MRI）等技术，但这些技术价格昂贵且分辨率较低，只能观测到尺度在数百微米级的毛细血管。现在还有一种前沿的超声定位显微镜技术可以将分辨率从毫米级提升至十微米级，但它对帧率的要求非常高，每秒需要采集1000个图像并形成视频。而在实际临床应用中，每秒只能采集100帧或者更少。此外，超声定位显微镜技术对抖动异常敏感，心脏跳动或呼吸等微小的运动都会对检测结果产生影响，这也使超声定位显微镜技术难以走向临床应用。

事实上，在血液循环检测方面，人工智能模型也很难有的放矢，因为传统的机器学习训练和推理基于预测值与正确值之间的不断匹配和试错。也就是说，我们需要知道正确答案，才能不断训练模型，使输出结果逐渐趋近正确答案。然而，人脑血液流向的复杂性使正确答案无法被预知，它因人而异、因时而异，导致机器学习难以确定学习目标。

针对这些问题，我们将人工智能与超声定位显微镜技术结合，设计了一系列创新的方法。目前，这种解决方案已经能够在真实医疗场景中实现对毛细血管的精确追踪，有望推动超声定位显微镜技术从实验室走向临床应用，帮助医生更好地了解大脑的血液循环情况。而且，相较于 CT 检测，超声检测的成本更低，除了能以更高的精度检测脑部血液循环情况，由于它对人体没有伤害，还能被用于孕妇等需要避免辐射的群体。

3. 仅需一块 GPU 即可训练基因表达预测模型

在更深层次上，人脑的演化和各种脑部疾病的发生在很大程度上与基因有关。基因是理解脑部异常机理的基础因素。然而，基因序列非常庞大，达到了数十亿个，目前最有效的基因表达预测模型之一 Enformer 对计算资源的要求极高，需要 64 块专用 TPU 才能训练和运行，这是一般的生物或医学实验室无法负担的。

对此，我们提出了一种全新的基因表达预测模型，其训练过程仅需要一块 GPU 即可完成。更重要的是，这个模型的准确性和预测范围都显著优于 Enformer，为理解复杂脑部疾病机理带来可能。利用这个预训练模型，我们可以分析与脑部疾病相关的异常基因表达，例如将帕金森病人与健康人的基因表达进行对比，找出异常基因或突变基因，帮助医生明确进一步研究的方向。

2.3.2　从脑启发到创造新的人工智能

人工智能的终极目标是实现类脑智能，即让机器模仿人类大脑处理信息，实现更高的智能水平。多层感知机 (Multilayer Perceptron，MLP) 最初就是受到了人脑神经元学说的启发，而很多深度学习技术也源于对人脑的模仿，例如强化学习源自人脑多巴胺的奖励机制 (Reward and dopamine)，卷积神经网络的灵感来自人脑视觉皮层结构 (Visual cortex structure)，注意力机制则借鉴了人脑认知注意力的研究，如图 2-2 所示。

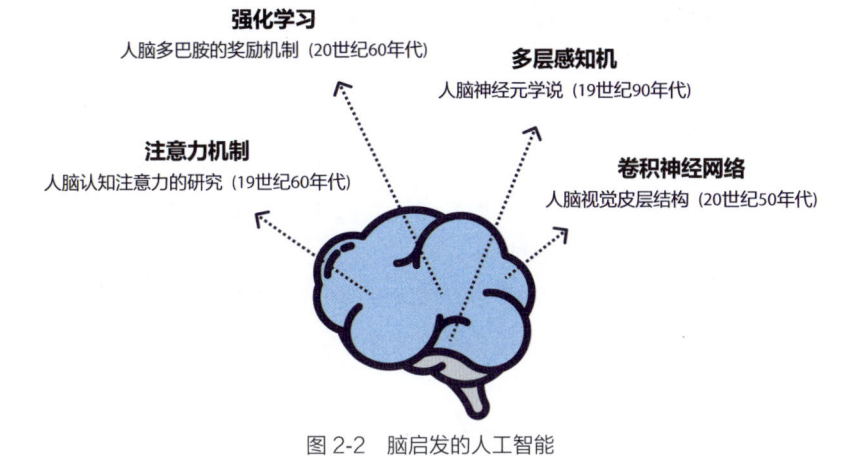

强化学习
人脑多巴胺的奖励机制（20世纪60年代）

多层感知机
人脑神经元学说（19世纪90年代）

注意力机制
人脑认知注意力的研究（19世纪60年代）

卷积神经网络
人脑视觉皮层结构（20世纪50年代）

图 2-2 脑启发的人工智能

人工智能的设计和优化目标与人脑不完全相同，也无须完全复制人脑的功能，但人脑的很多机制可以用来提升人工智能技术。这种融合脑科学和人工智能的研究路径为未来人工智能的发展提供了有益的参考。我认为，其中有四个方面展示出了较大的潜力，包括人脑的节能性、表达能力、泛化能力，以及善于利用工具的特性。

1. 人工智能应该如人脑一样向节能方向演化

尽管当前大语言模型的能力已经超出了人们的预期，但是其训练和运行的功耗非常高，而且随着模型规模的不断扩大，能耗也成正比增长。如果这种趋势持续下去，那么多年后我们将无法为大语言模型运行提供足够的电力。与此不同，人脑是朝着更节能的方向进化的。据估计，人脑的功耗仅为 10~20W，而具有相同算力的超级计算机的功耗却是 21MW，比人脑高出 100 万倍。

因此，模拟人脑的计算和通信方式，被认为是解决当前人工智能行业能耗问题的一条可行途径。我们已经在一些时序分析的任务上进行了初步探索，通过模仿人脑中稀疏的编码和计算方式，可以在不损失模型精度的条件下将特征处理的能耗降低到原来的五分之一，这个方向的研究创新将有助于推动人工智能技术向可持续的方向迈进。

2. 统一人脑神经元信号传输机制，提高人工智能表达能力

神经科学研究发现，人脑神经元通过各种连接模式相互作用来处理信息，其中有四种类型最为常见，即前馈、双向、横向和反馈，如图 2-3 所示。现有的人工智能神经网络通常仅包含其中的一两种类型，例如多层感知器只包含前馈激励，并不能把其他模式都集成到一种神经网络中。

前馈　　　双向　　　横向　　　反馈

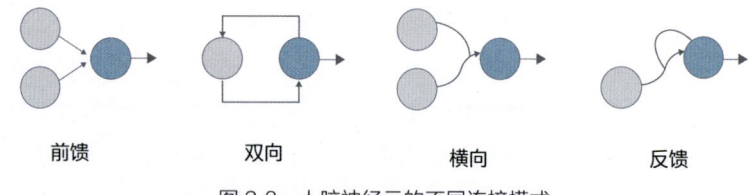

图 2-3　人脑神经元的不同连接模式

在这个研究方向上，我们提出了一种创新的回路神经网络 CircuitNet[35]，可以统一实现人脑中的前向、后向、抑制、促进等信号传输机制。在函数逼近、时序分析、图像识别、强化学习四种任务上与多层感知机、CNN、RNN、Transformer 神经网络的对比表明，CircuitNet 能够以更少的参数实现更好的效果。CircuitNet 回路神经网络与脑部神经元处理信息的模式更为接近，为机器学习提供了一种新的基础架构。

3. 模拟人类行为，提高人工智能泛化能力

人类在学习某项知识时，并不需要阅读世界上所有的相关书籍，而是具有融会贯通的能力。为了实现高水平推理，如今最先进的大语言模型在训练时学习了世界上几乎所有公开的数据。这种"举一隅不以三隅反"的学习方式不利于培养模型的泛化能力，也

阻碍了模型向具身人工智能（Embodied AI）方向的发展。

通过模拟人类行为的特点，我们首次将习惯行为（Habitual Behavior）和目标导向行为（Goal-directed Behavior）统一建模[36]，让智能体可以在不需要训练的情况下实现两类行为的灵活切换。这种方法将会让人工智能具有更高的灵活性和更强的泛化能力，为实现具身人工智能提供新的方向。

4. 大语言模型还需具备使用其他模型和工具的能力

人脑在执行任务时不仅会思考，还会控制身体并利用工具。我们希望大语言模型也可以使用工具，即通过调度现有的人工智能模型完成更复杂的任务。在这个方向上，我们也进行了初步尝试，提出了首个利用大语言模型连接开源社区中各种人工智能模型解决复杂任务的框架 JARVIS。

除了上述研究方向，还有一条技术路线是通过神经拟态芯片来模拟人脑的神经元结构。在现在的计算机架构——冯·诺依曼结构中，计算与存储是分离的，而这与人脑计算和存储一体化的架构有明显差异。神经拟态芯片可以通过与生物类似的处理方式，实现更接近人脑工作方式的计算，所以也被看作实现通用人工智能的可行路径。

2.3.3 人工智能与脑科学研究需要跨领域和系统性的研究能力

人工智能已经展现出重塑众多行业的潜力，但在每个行业中都面临独特的挑战，解决问题的关键在于跨学科的合作研究。脑科学涉及生理学、解剖学、生物学、物理学、化学、计算机科学及数学等多个学科，因此，在人工智能与脑科学的研究中，跨领域和系统性的研究能力是实现创新突破的必要条件。

为了探索人工智能与脑科学跨领域研究的更多可能性，微软亚洲研究院与上海交通大学成立的联合实验室于 2021 年开始了相关研究，并与该领域的医生展开了三方合作。在此过程中，我们摸索出了"自学 - 组团学习 - 专家交流"的合作模式，从而推动跨领域研究的创新。以新生儿癫痫检测合作为例，我们首先自学了医学专业书籍，深入了解脑电图的相关知识；然后与具有神经科学和人工智能交叉学科背景的同事一起参加在线公开课，共同研讨学习，初步了解大脑的运行机制；在此基础之上，我们与医疗领域的专家学者和医生深入沟通，将脑部研究的问题转化为人工智能问题。这种方法不仅可以更准确地找到脑科学研究中的痛点，有针对性地提出解决方案，也有助于计算机科研人员提出改进人工智能的新思路。

人工智能与脑科学之间的交叉研究有着悠久的历史，二者的结合不仅推动了科技的创新，也深化了人类自身对大脑奥秘的理解。未来，我们将进一步加强跨学科融合，推动脑科学研究与医学的进步，同时为人工智能技术的发展开辟新的道路。我们也期待有更多的伙伴与我们合作，确保这些技术的进步可以惠及全人类。

本文作者

李东胜

李东胜博士，微软亚洲研究院（上海）首席研究员，主要研究方向为机器学习和脑科学 -AI 交互计算。近年来，李东胜博士在相关领域的知名期刊和会议中发表论文 100 余篇，出版专著 1 部，申请国际专利 10 余项。

李东胜博士 2007 年本科毕业于中国科学技术大学，2012 年博士毕业于复旦大学。2019 年，他被复旦大学计算机学院聘为客座教授、行业博士生导师。目前，他还担任中国计算机学会协同计算专业委员会执委和上海计算机学会计算机视觉专业委员会副主任。

2.4
人工智能≠机器"人",激活大语言模型在产业界的巨大潜力

> 大语言模型在产业界具有巨大的应用潜力,但一些企业和机构只将它应用在智能客服、对话机器人,或者文字、图片生成等方面。事实上,大语言模型拥有强大的推理、生成和泛化能力,适用于产业界中最具商业价值的任务,如精准预测和控制、高效优化决策,以及智能化、可交互的工业模拟等。
>
> ——边江,微软亚洲研究院资深首席研究员

随着大语言模型的发展,很多企业和机构对其在生产力场景中的应用表现出了极大热情。不过,我们也观察到这样一种现象:很多产业从业者似乎更关注人工智能接近"人"的一面——像人类一样对话、写作、创作,以及拥有接近人类的感知能力。例如,很多企业在引入大语言模型时,首选场景都倾向于智能客服、对话机器人等"类人"岗位。毫无疑问,这种倾向源于对大语言模型理解和应用的局限,并不能让它在产业界发挥出应有的潜力。

存在这些局限有其必然性,因为大语言模型与生产场景的融合还缺乏成熟且普遍的先例。如果把人工智能看作一种"生产工具",那么它的应用就类似"先有工具再发掘用途",而人类历史上可能从未有过这种不针对特定需求,却有着广泛用途但又存在不确定性的

工具。

此外，由于不同产业存在丰富和复杂的场景，适用于产业界相应场景的基础模型与通常意义上的大语言模型也不尽相同。这就需要对大语言模型进行同步创新，在更多产业中充分发挥大语言模型的能力，实现人工智能与应用场景相匹配。我们不妨首先从摆脱思维局限开始，不要将人工智能等同于机器"人"，然后重新审视并改变现有的业务流程和业务架构，梳理出适应人工智能时代的人与大语言模型的合作模式。

2.4.1　大语言模型在产业界潜力无限

大语言模型是具有通用的数据表示能力、知识理解能力和推理能力的人工智能模型，可以在不同的领域和场景中自然迁移，并快速适应新的环境。与此同时，产业界的数字化平台在经过多年的发展后，已经积累了大量的行业数据，为大语言模型提供了丰富和适用于特定场景的知识和信息——这让大语言模型有了融入产业场景的基础。

在应用价值方面，大语言模型强大的推理能力能够帮助使用者更好地理解数据，从海量的数据中提取有价值的信息，发现数据之间的关联和规律，从而提供更深刻的洞察和更有效的建议。这种优势可以在产业领域的预测、决策、模拟等场景中发挥关键作用。

大语言模型的另一个优势是泛化能力。在大语言模型出现之前，每个行业都需要使用特定数据来训练一个专属的人工智能模型，但难以大规模复用，限制了人工智能的商业价值。基于全世界通用知识训练的大语言模型极大地提升了模型的泛化能力，让产业界不再需要为每个场景训练专属的模型。

大语言模型还可以和生成式人工智能结合，提升工业仿真和智能模拟的准确性、真实性与可交互性，促进数字孪生的实现。工业仿真和模拟都是对真实世界的还原和测试，涉及众多复杂的角色和环境。传统人工智能模型难以支撑大规模仿真，模拟时往往会简化真实情况，或忽略重要的极端事件，影响了模拟和仿真的质量和真实性。生成式人工智能大模型能够支持更广泛的场景，在深入学习特定领域专业知识的基础上，建立特定数据维度分布与真实事件的映射，实现接近现实世界的模拟，更好地辅助完成工业预测与决策任务，达到工业应用标准。

2.4.2 落地产业界需要克服的四个难题

在产业界，最重要也最有商业价值的任务包括精准预测和控制、高效优化决策，以及智能化、可交互的工业模拟等复杂任务。这些也是传统企业应该重点关注的应用方向。然而，通过对现有的GPT等大语言模型的评测，并结合产业领域的实际情况，我们发现大语言模型与真实产业需求还存在明显的差距，只有解决若干难题，才能使其在产业界发挥更大的作用。

首先，我们缺乏一个能够从纷繁的领域数据中理解复杂领域知识，且可以基于领域知识来构建智能体的通用框架。不同的领域具有各自丰富且复杂的数据，例如物流行业中的海关信息、跨国政策，医药行业中的美国食品和药品监督管理局药物审查文档，法律行业中的各类法规文档等。构建基于领域知识的智能体需要更通用的框架，从这些数据中提炼出重要的领域知识，发现数据和知识之间的隐含关联关系，并对它们进行有效的组织和管理。

其次，在文本数据之外，大语言模型对结构化数据的处理和理解能力较弱。目前的大语言模型最擅长的还是纯文本内容的生成和创作，部分模型也能处理图像、语音等数据。但是，工业场景中的数据往往是数值型、结构化的，如健康监测指标、电池充放电信号、金融信用行为等时序数据或表格数据。现有的大语言模型还没有针对这类数据进行特定的设计和优化，不能充分理解并处理这些数据，因此很难精准地完成基于这类数据的预测和分类任务。

再次，从应用层面来看，大语言模型的决策能力不够稳定和可靠。能源、物流、金融、健康等关键产业场景中最重要的往往是决策类任务，包括物流路径优化、能耗设备控制、投资策略制定、医疗资源调度等，这些任务往往涉及多个变量和约束，特别是当面对动态变化的环境时，大语言模型还没有完全适应这些复杂的任务，无法直接在产业领域应用。

最后，我们缺乏对一些特定领域的基础数据的洞察，以及构建特定领域基础模型的方法和经验。很多特定领域的核心信息并不是单纯的文本，因此它们的基础数据也不再是文本中的字和词，而是包含独特的语义结构和关系的新型基础数据，例如金融投资行业中的交易订单信息，生物医药行业中的分子结构信息等，相关领域的核心知识往往隐含在这类基础数据中，需要更深入和更细致的分析。只有在此基础上构建特定领域的基础模型，才能更有效地挖掘和释放数据的潜力。

2.4.3 构建产业基础模型：融合通用知识和领域专业知识

为了推动大语言模型在产业界更快地落地和应用，可以着重从以下几个方面入手。

首先，我们可以利用丰富和复杂的产业领域数据，构建更通用、高效和实用的检索增强生成框架，适配各垂直领域，提炼出重要的领域知识，发现数据和知识之间的隐含关联关系，并对它们进行有效的组织和管理，如图 2-4 所示。

第 2 章
跨越学科的边界

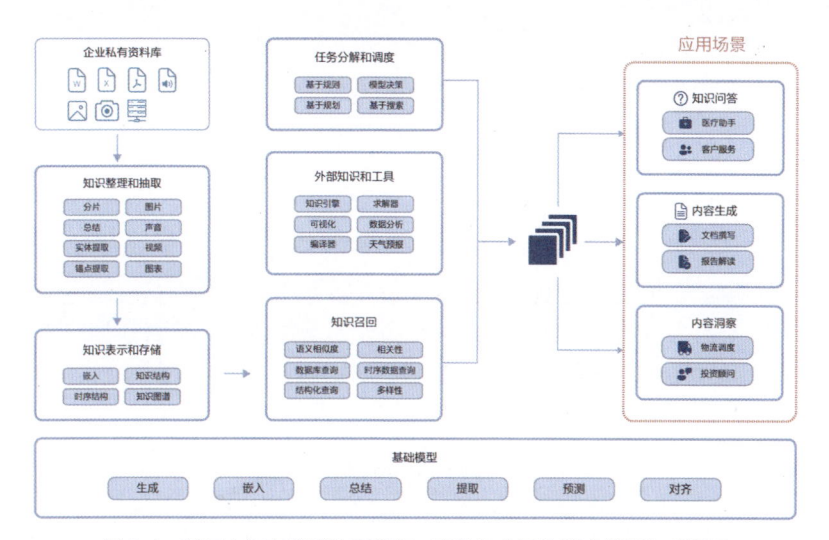

图 2-4 基于大语言模型的更通用、高效和实用的检索增强生成框架

其次，基于工业场景中重要的数值数据和相应的结构化依赖，构建适合产业化的基础模型，通过有效融合通用知识和时序数据或表格数据中的领域知识，更有效地解决产业中的预测、分类等任务，如图 2-5 所示。

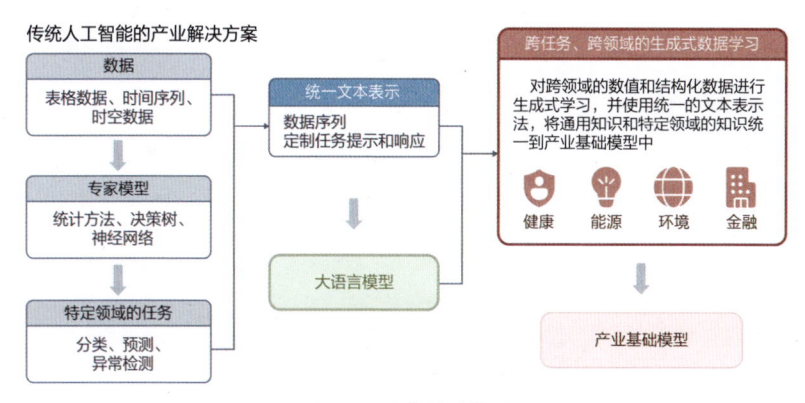

图 2-5 产业基础模型

目前我们正在着重探索的另一个方向是利用大语言模型已具备的强大的生成、泛化和迁移能力，提高产业决策的质量和效率。在

这方面，我们在探索两种路径，一是将大语言模型作为智能体，二是让大语言模型辅助强化学习智能体。

1. 将大语言模型作为智能体

我们可以利用大语言模型的先验知识，结合离线强化学习(Offline Reinforcement Learning)，通过持续收集新的领域知识并不断微调，促进智能体的进化，提高作为智能体的大语言模型的决策能力，使其能够专注处理产业领域的任务，如图 2-6 所示。

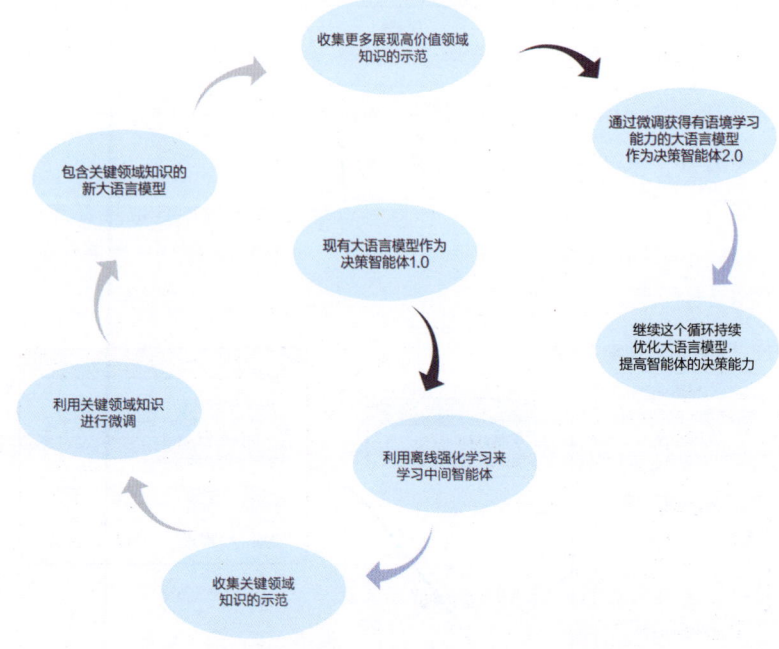

图 2-6　协同大语言模型与离线强化学习构建决策智能体

经过优化的大语言模型可以在多种产业场景中发挥作用。例如，在方程式赛车中，大语言模型能够优化赛车的轮胎维修策略，根据赛车轮胎的损耗和维修成本，找到最佳的进站维修时间，以缩短赛程、提高赛车排名；在化工企业的产品调度中，大语言模型可以大幅提高产品存储与生产过程中管线协同的效率，从而提高生产执行效率；另外，基于大语言模型的泛化能力与鲁棒性，还可以将其快速迁移至空调控制优化的场景中，在保证舒适温度的同时实现能耗最小化。

2. 使用大语言模型辅助强化学习智能体

我们可以让大语言模型学习通用表示，在不同的环境和任务中快速适应，提高泛化能力。在这种方法中，我们引入了预训练世界模型 (Pretrained World Model)，它可以模拟人类的学习和决策过程，提升产业决策的效果。利用具有广泛知识的预训练世界模型，并采用两阶段预训练框架，开发者能够更全面和灵活地训练大语言模型做出产业决策，并将其扩展到任何特定的决策场景。

我们与微软 Xbox 团队合作，在游戏测试的场景中验证了这个框架的有效性。我们利用该框架针对游戏地图预训练了世界模型，解决了在新游戏场景中利用地标观察进行长期空间推理或导航的问题。该预训练模型明显优于没有世界模型或使用传统学习方法的模型，极大地提高了游戏探索的效率。

此外，我们还可以使用领域内专有的基础数据及其蕴含的特定语义信息，打造领域内的基础模型，为智能可交互的决策和模拟开拓新的可能。例如，我们可以基于金融市场交易订单数据构建金融基础模型，这些基础数据是包含丰富语义结构和信息的交易订单，而不是纯文本字符。基于金融基础模型，我们可以生成针对不同市场风格的订单流，模拟结算中心，以及不同市场环境下的大规模订单交易，实现对金融市场的可控模拟，从而更好地理解市场变化的规律，探索应对极端场景的策略，如图 2-7 所示。

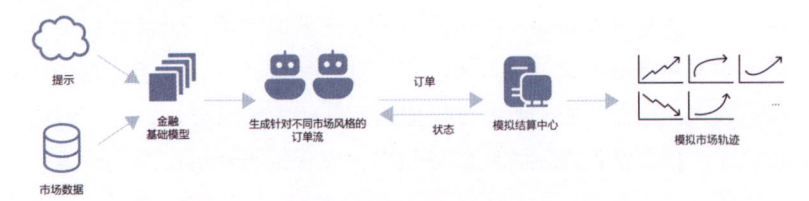

图 2-7　利用金融基础模型模拟多样的市场环境

2.4.4　大语言模型引领产业数字化转型的下一波浪潮

在很早之前，微软亚洲研究院就意识到人工智能在产业界的广泛应用需要新的技术探索、尝试和突破。通过与不同产业的合作伙伴合作，我们陆续研发出 Qlib 人工智能量化投资平台、MARO 多智能体资源优化平台、FOST 时空预测工具、BatteryML 电池性能分析与预测平台。这些面向产业的人工智能平台、工具和模型，不仅在工业界发挥了重要作用，也为大语言模型的产业落地提供了重要的数据和工具基础。

借鉴成功的人工智能产业化经验，我们已经开始从前文介绍的几个维度深入探索面向工业领域的大语言模型及其应用。我们发现，在这些突破传统模型认知的维度上，大语言模型拥有巨大潜力，能够深刻促进产业变革。

可以想象，未来的大语言模型将能够帮助产业界实现行业知识的自动提取、自动管理和自动迭代。除此之外，我们也在探索利用大语言模型帮助企业实现自动研发，包括研发方向的自动发掘、算法研究方案的自动生成、研发过程和科学实验的自动生成和执行，以及研究思路的自动迭代。换言之，人工智能将能够自主进行数据驱动的产业化研发，这将深刻改变产业界的运作模式。

大语言模型将是继互联网和云计算之后，加速产业化数字转型的新动力，并带来新一波的产业创新浪潮。我们期待与更多产业界的合作伙伴一起，深入实际场景，探索大语言模型在产业领域应用的更多可能性，充分释放大语言模型的商业价值。

> **本文作者**
>
> 边江
>
> 边江博士，现任微软亚洲研究院资深首席研究员、微软亚洲研究院机器学习组和产业创新中心负责人，所带领团队的研究领域涉及深度学习、强化学习、隐私计算等，以及人工智能在金融、能源、物流、制造、医疗健康、可持续发展等垂直领域的前沿性研究和应用。
>
> 边江博士曾在国际顶级学术会议和期刊上发表过上百篇学术论文，并获得数项美国专利。他曾是多个国际顶级学术会议程序委员会成员，并担任多个国际顶级期刊审稿人。过去几年，他的团队成功将基于人工智能的预测和优化技术应用到金融、物流、医疗等领域的重要场景中，并将相关技术和框架发布到开源社区。
>
> 边江博士本科毕业于北京大学，获计算机科学学士学位，之后在美国佐治亚理工学院深造，获计算机科学博士学位。

2.5
守护人类健康：人工智能深入医疗创新

如果说人生是一场漫长的马拉松，那么健康将是决定跑道长度的关键因素。健康是幸福生活和社会发展的基石。随着智能化时代的到来，人工智能技术在医疗健康领域的应用也日益广泛，成为维护和促进人类健康的新工具。无论是辅助疾病的早期检测发现、病情发展预测，还是进行个性化的精准医疗，或是推进医学研究和药物研发，人工智能都展现出了独特的价值和潜力。在过去的几年中，微软亚洲研究院持续与医疗机构和高校的专家密切合作，并引进医疗健康领域的专业人才，希望推动人工智能技术在医疗健康领域的深入应用，促进构建健康的全球社会。

2.5.1 早发现、早治疗：人工智能辅助疾病诊断与康复训练

疾病的早期诊断对提高治疗效果和患者的生活质量至关重要，而康复训练是许多疾病治疗过程中不可或缺的一环，对于患者的恢复具有重要作用。传统的诊断和康复方法往往受限于资源分配、地理位置和专业医护人员的稀缺性，在一定程度上限制了医疗服务的普及和效率。人工智能技术能通过自动化和智能化的方法，辅助医护人员更早地发现疾病，从而及时干预和治疗。

1. 语音识别辅助腭裂诊疗

腭裂是口腔和颌面区最常见的先天性畸形,患者通常由于软腭未能完全闭合,无法发出正常的声音,从而产生高鼻音。在与相关医疗机构的合作中,微软亚洲研究院的研究员们了解到,高鼻音的评估是治疗腭裂的关键因素。

在临床检查中,高鼻音通常由言语-语言病理学家做出评估,但是专业的病理学家数量有限,且只分布在个别医院中,这就需要患者进行长期的跨地区诊疗。漫长的诊疗周期和高昂的成本,让患者及家属苦不堪言。因此,自动化的高鼻音评估方法将不仅有助于病理学家做出精确的判断,也能帮助患者实现远程诊疗,减少花销。

微软亚洲研究院利用迁移学习技术,开发了一种基于自动语音识别(Automatic Speech Recognition, ASR)模型来改进高鼻音评估的方法[37]。该方法能够有效提取声学特征,并且具有良好的泛化能力。在两个腭裂数据集上的实验结果表明,相比已有方法,这种方法取得了更优的性能,有助于提高病理学家诊断的准确率。

基于高鼻音评估的结果,医生将为患者定制个性化的语音训练方案。在这个环节中,微软亚洲研究院进一步开发了一个掩码预训练发音评估(MPA)模型,该模型支持端到端的训练,适用于无监督和有监督的学习环境,便于用户远程部署。通过参考文本,并结合掩码和预测策略,MPA模型可以有效避免高鼻音评估中的错位或误识别问题,为腭裂患者提供更精确的语音校正支持。

目前,微软亚洲研究院正与医疗机构合作,共同评估应用这项创新语音评估[38]技术的可行性,希望这项技术能够帮助医生提高诊疗效率,降低患者的治疗成本,并让偏远地区的腭裂患者受益。

2. 语音分析模型助力阿尔茨海默病筛查

阿尔茨海默病是一种普遍的神经退行性疾病，多见于老年人群，患者会逐渐出现记忆减退、语言障碍、认知功能退化、计算力损害等不可逆的认知损伤。目前，尽管阿尔茨海默病尚无有效的治疗方法，但及早发现并及时干预对延缓病程十分关键。

传统的诊断方法（如脑部成像、血液检测和面对面的神经心理评估）周期长、成本高。有研究表明，阿尔茨海默病在早期阶段可以通过分析患者的口语进行识别，如流利性失语，以及在词汇寻找和检索方面的困难。

正是基于这个发现，微软亚洲研究院与香港中文大学合作开发了几种语音和语言分析技术，旨在从高级声学和语言特征中提取与阿尔茨海默病相关的线索[39]。同时，研究人员根据这些特征推出了一种新的任务导向方法，对参与者的语言描述内容与认知任务的关系进行建模。

在阿尔茨海默病自发语言识别（Alzheimer's Dementia Recognition through Spontaneous Speech, ADReSS）数据集的一个子任务（Cookie Theft 的图片描述和转录文本实验，见图2-8）中，这些方法实现了91.4%的准确率。与传统只专注语音或语义分析的模型不同，微软亚洲研究院创新地将语音与语义结合，极大地提高了病症检测的准确率。在未见过的测试集上，该模型也取得了较高的效率与性能，为阿尔茨海默病的广泛筛查提供了新的可行性。

3. 利用无监督方法检测孤独症谱系障碍患者的刻板行为

孤独症谱系障碍（Autism Spectrum Disorder, ASD）大多起病于婴幼儿时期，其特征往往表现为社交和交流障碍，以及刻板和重复性行为。其中刻板和重复性行为，如不断拍打地面、反复撞击头部或不断拍手等,是孤独症谱系障碍检测的重要线索。孤独症谱系障碍患者的康复概率与发现和干预的及时性密切相关,但单纯依靠专业医护人员长时间跟踪观察儿童行为的效率较低。因此,快速且自动化的刻板行为检测方法具有重要价值。

图 2-8　用于检测阿尔茨海默病描述性任务的 Cookie Theft 图像 [1]

现有方法大多利用计算机视觉技术,基于孤独症谱系障碍患者的视频数据,通过监督分类和活动识别技术来检测刻板行为。然而,刻板行为种类繁多,且视频数据因涉及隐私问题而收集困难,限制了现有监督检测方法的可行性。

微软亚洲研究院与医疗机构合作,从新的方向入手解决问题:利用无监督视频异常识别来检测刻板行为,并推出了一个基于人体姿势的时间轨迹和动作重复模式的双流深度模型 DS-SBD。该模型不仅可以在只包含正常行为的未标记视频中训练,还可以在推理过程中检测到未知类型的异常行为,例如识别训练数据中未曾出现的转圈行为等。

广泛的实验表明,DS-SBD 模型的无监督刻板行为检测方法[40]

1　由 DementiaBank Pitt Corpus, Becker 等人提出,1994 年。

将分类准确率指标的微平均（micro-average）AUROC 从 60.43% 提高到了 71.04%，宏平均（macro-average）AUROC 从 56.45% 提高到了 73.39%，这不仅提升了对刻板行为检测的准确率，还进一步扩展了对更多种类刻板行为的识别能力。该方法超越了现有的 SOTA 方法，未来有望成为研究的潜在基准。不过，刻板行为检测只是孤独症谱系障碍诊断中的一环，要推进早期识别和干预，还需要更多跨领域合作和社会各界的共同努力。

4. 基于脑电信号提升新生儿癫痫诊断准确率

癫痫是 0～18 岁人群常见的一种病因复杂且反复发作的神经系统综合征。为了避免影响孩子们的成长发育，新生儿癫痫的早期检测十分重要。

癫痫由脑部神经元"异常放电"引起，所以脑电波检查对于诊断癫痫有决定性作用。由于新生儿大脑发育不完全、脑电数据噪声大，且患儿个体差异明显，基于脑电波的新生儿癫痫诊断成为世界级医学难题。

微软亚洲研究院与多家合作伙伴基于人工智能和脑电波（Electroencephalogram，EEG）提出了一种深度学习框架——时空 EEG 网络（STATENet）。该框架可以对脑信号进行精细化处理，灵活适应新生儿 EEG 通道数量的变化，以应对上述挑战。此外，研究员们提出了一种模型级别的集成方法，通过动态聚合不同时空深度模型的结果，提高了 STATENet 模型在不同新生儿之间的泛化能力。

研究员们在包含了大规模真实世界新生儿 EEG 的数据集上进行了实验，结果表明，STATENet 模型显著提高了检测的准确率，AUPRC 的准确率比现有的最先进的方法提高了超过 30%，为医生诊断新生儿癫痫提供了新的工具。

不仅如此,微软亚洲研究院还训练了首个跨数据集的脑电基础模型,可以对任何脑电数据进行分析,实现了"一对多"的脑电理解。基于该模型,研究员们还开发了 AI Neurologist 系统,可辅助临床和科研场景下的脑电信号分析工作,在特定任务上可将医生的判断准确率由原来的 75% 提高至 90%。

2.5.2 病程预测与个性化治疗:人工智能辅助精准医疗

精准医疗是未来医疗发展的重要方向,它以个体化差异为基础,为患者提供个性化的治疗方案。然而,由于疾病的复杂性与个体的差异性,精准医疗的实现仍面临诸多挑战。人工智能在数据处理、模式识别和预测分析方面的独特能力,让其在预测疾病风险和病程进展方面展现出了巨大的潜力。这种预测能力对于慢性病的管理尤为重要,可以帮助医生和患者更好地管理疾病,减少并发症的发生。

帕金森病是一种常见于中老年人群的神经系统退行性疾病,其病程进展通常不快,有些患者的病情一年也不会有明显的变化,在合理的药物和理疗帮助下,可以保持良好的生理机能。但帕金森病的症状复杂多样,包括睡眠障碍、呼吸困难、面部肌肉失调,以及步态不稳和震颤等,病程预测是帕金森病治疗中的一大难题。

对此,微软亚洲研究院的研究员们认为,有必要通过患者的多模态数据来提取相似特征,以提高病程预测的准确率。图神经网络(Graph Neural Network, GNN)非常适合连接个体之间的关系——构建一个以患者为节点的图,并连接相似的患者,其中的相似性由患者的边缘特征决定。然而,选择这些边缘特征来定义患者相似性也具有一定的挑战,因为其对人类专家和先验知识的依赖性非常强。

针对这些问题，微软亚洲研究院与医疗机构合作，在数据预处理、算法构建、模型设计和可解释性等方面进行了密切交流，并基于专业医护人员的建议，提出了一种新算法——AdaMedGraph[41]。该算法可以自动选择重要特征来构建多个患者的相似性图，并与先验知识兼容，将人类专家构建的图纳入最终的集成模型。因为能够将个体间的信息与个体内的特征统一在一个模型中，AdaMedGraph最大限度地减轻了图构建方面的负担。

在帕金森病进展标志物倡议（Parkinson's Progression Markers Initiative，PPMI）和帕金森病生物标志物计划（Parkinson's Disease Biomarker Project，PDBP）两个公开数据集上，与其他基准模型相比，AdaMedGraph在预测24个月帕金森病病程方面，在所有指标上都获得了更高的准确率，为后续的个性化精准治疗提供了切入点。

此外，AdaMedGraph模型还具有较强的泛化能力，在预测代谢综合征的发生上表现出色。在测试数据集上的AUROC达到了0.675，进一步证明了将患者内部数据和患者之间的数据都纳入个体疾病发展预测的有效性，为未来的医学研究提供了新的思路和方法。

2.5.3 跨领域合作，释放人工智能价值

微软亚洲研究院的探索不仅限于疾病检测和病程预测。通过与医学界的广泛合作，微软亚洲研究院也在深入挖掘人工智能在药物研发和医学研究领域的巨大潜力，例如将前沿技术应用于人工视网膜构建、药物成瘾分析、癌症治疗和人体代谢探究，等等。

人工智能技术的成熟和进步使其在实际应用中的潜力逐渐显现，但要充分释放人工智能在各行各业的价值，跨学科与跨领域的合作变得至关重要。"得益于与医疗机构和医学研究机构的医学专家的跨界合作，微软亚洲研究院才能顺利开展诸多涉及医疗健康领

域的研究项目，持续探索将人工智能技术应用于疾病检测、康复训练和病程预测等医疗领域的关键环节，这是团队共同努力的成果。我们也欢迎更多对跨领域研究感兴趣的优秀人才加入，共同为守护人类健康和推动医学进步贡献力量。"微软亚洲研究院副院长邱锂力表示。

注：本文所述的微软亚洲研究院在医疗健康领域的研究均为科研探索性质，且均在专业医疗和医学研究机构的合作指导下进行，旨在推动科学进步并为人类未来的医疗健康应用提供理论和技术支持。所有研究均严格执行微软负责任的人工智能流程，并遵循公平、包容、可靠性与安全性、透明、隐私与保护、负责的原则。文中提及的技术和方法目前均处于研究和开发阶段，尚未形成商业产品或服务，也不构成任何医疗建议或治疗方案。我们鼓励读者在面对健康问题时咨询合格的专业人士。

第 3 章 坚守社会责任与价值

03

3.1
人工智能治理如何跟上技术发展的脚步

2023年11月,微软亚洲研究院与清华大学苏世民书院联合举办了一场主题为"促进人工智能的合作与学术交流"的座谈会。会上,苏世民书院院长薛澜教授和微软研究院副总裁、微软杰出首席科学家 Ashley Llorens 就人工智能未来发展所需的合作展开深入讨论,并分享了各自对跨领域与国际合作、人才培养等问题的见解,如图3-1所示。

图3-1 谢幸、Ashley Llorens 与薛澜

3.1.1 人工智能的治理与未来：机遇、风险与共同进化

谢幸：人工智能技术和相关工具的日益普及，引发了人们对其可能带来的机遇和潜在风险的关注。两位对人工智能发展和治理有什么看法？

薛澜：作为一名政策分析者而非计算机科学家，我对人工智能技术的细节了解不多，但我一直密切关注新技术可能给社会带来的影响。我曾参与中国在 2017 年发布的《新一代人工智能发展规划》起草过程中的讨论，并提到了发展人工智能需要关注潜在的风险。大家可以看到，在这份规划中强调了要关注人工智能发展可能引发的风险和相关的治理需求。后来，我被任命为新一代人工智能治理专业委员会的主任，并一直从事人工智能治理的相关工作。

许多人都担忧人工智能可能带来的潜在风险，也有大量技术专家担心，政府的过度监管可能抑制技术的发展。如何在二者之间取得平衡，是我们当前面临的一大挑战。对此，我们一直倡导将敏捷治理作为人工智能的治理方法。

由于人工智能的发展给人类社会带来诸多益处，所以推动其创新发展是毋庸置疑的。但同时，人工智能未知的风险是巨大的，我们不能放任其野蛮发展，而关键在于我们的治理如何适应并跟上这一新技术的发展脚步。因此，我们需要审慎地观察人工智能的发展，在必要时采取措施引导规制，同时避免因过度干预而阻碍其发展。

Ashley Llorens：我在人工智能领域有 20 年的工作经验，亲眼见证了机器学习技术和机器人应用将我们带入了一个激动人心的时代。我们正在经历技术史上的一个历史性时刻，一个关键的转折点。

回顾几十年来计算技术的发展，人们开发了各种应用程序来完成特定任务。现在，我们已经创造了非常复杂的方式来显式地编程，

让机器执行任务。例如，使用 Windows 操作系统和各种应用程序与软件进行交互，这些程序将点击的动作映射为用户的实际意图，如打开 Word 文档等。

随着机器学习技术的崛起，系统可以通过数据和经验实现自我编程、自动创建映射、自主完成任务。实际上，经过学习训练的程序就是一个高度参数化的数学函数，但在大语言模型和多模态模型出现之前，一个训练过的程序只能完成一项任务。例如，一个计算机视觉算法，能够接收像素输入并输出分析结果，描述图像中包含的对象或预测视频序列中要执行的动作。但现在，自监督机器学习过程可以创建执行多个任务的程序，还可以利用自然语言对它再编程。ChatGPT 带来的改变是革命性的。我们可以利用开发人员提供的基础模型，以前所未有的方式使用这些工具，或者用开发者未曾想到的方式进行创新。

回到人工智能的机遇和风险这一问题上。尽管用户可以更具创新性地使用这些技术工具，但这也带来了风险。例如，用户想用工具做一些不好的事，或者因为对模型能力的片面理解导致模型产生了意外的结果，而这可能会危及人类的生命——尤其在医疗等关键领域。

因此，技术与人类需要共同进化，在利用技术优势的同时，也要基于负责任的人工智能原则来创新。微软推出的大语言模型产品都经过了严格的测试，就是这种共同进化的例证。

谢幸：我想，大多数人会认同，现在是一个技术变革的时代，也能意识到机遇与挑战是并存的。人工智能的快速发展，特别是大语言模型的兴起，既彰显了技术的进步，也引发了很多担忧。两位对人工智能的未来有什么看法？是更乐观，还是会有些悲观？

薛澜：如果没有人关心人工智能可能带来的风险，那才是真正令人悲观的。相反，正因为现在有很多人关注这个问题，才让我对人工智能的未来感到乐观。

以核技术为例，在其发展初期，科学家们也为核弹的发展进行过争论。人们看到核弹的破坏力之后，便开始倡导停止这项技术，并形成了一整套控制核武器扩散的机制。由此可见，人类社会是有能力控制技术的应用、限制技术向负面发展的。

同样，在生物技术领域，基因编辑等前沿技术能够完成很多超乎想象的事情，但也伴随着伦理道德方面的担忧。现在，医学界和生命科学界尝试提出一套伦理方针来指导研究，人工智能科学家和政府机构也在努力探索治理机制，为技术提供防护栏。因此，我对人工智能的未来还是持乐观态度的。

图 3-2　苏世民书院院长薛澜教授

Ashley Llorens：我同意薛教授的观点。我从事人工智能和机器学习相关工作已经有很长时间了。如果 10 年前我说自己是做机器学习的，很多人会感到困惑，但现在，人们对人工智能的发展有了更多的了解，而且计算机领域之外的人每天也在利用这项技术解决实际问题。我们也看到，在学术界，很多人正在推动人工智能技术的发展。人类的一个优势是擅长使用工具，从某种角度看，人工智能作为一种工具，是我们与物理世界交互的延伸，也是我们认知能力的放大器。

同时，我们需要保持警惕。乐观、怀疑、悲观，这些态度都是正常的。当我们从整个社会的角度来考虑资源投入时，要把这些态度都纳入考量，其关键在于投入的分配比例。例如，尽管一颗小行星撞击地球的可能性非常小，但美国国家航空航天局还是投入了一些资金，通过小行星重定向项目来降低相关风险。所以，我想说的是，我们需要一个多元的投入组合来反映我们对先进技术的不同态度，并确保我们的决策不会阻碍技术的正向发展。

3.1.2　国际合作在应对人工智能风险和挑战方面的作用

谢幸：清华大学和微软研究院都是高度国际化的组织，并且有丰富的国际合作经验。你们如何看待国际合作在应对人工智能风险和挑战方面的作用，以及如何让合作更为有效？

Ashley Llorens：国际合作在人工智能领域至关重要。我们需要找到最佳的合作方式，以实现更大的成功、获得更积极的成果，同时避免负面影响。微软一直致力于推动人工智能技术的正向应用。例如，我们发起的"气候研究倡议"(Microsoft Climate Research Initiative，MCRI)，就旨在利用人工智能技术应对气候变化。在内部，我们与可持续发展研究领域的同事合作，确定了人工智能和计算技术可以帮助应对气候变化挑战的三个研究方向：碳核算、碳减排和气候韧性。在外部，我们与高校合作，共同探索如何结合新的遥感技术和人工智能技术进行碳核算，其中就有来自清华大学的研究员。这是我们通过合作推动技术正向应用的一个例子。

薛澜：从全球视角看，近年来科学家之间的国际合作日益增加。在研究层面，合作尤为重要。我们通过研究发现，在科技文献发表方面，美国和中国是合作最多的国家。在机构合作方面，就像 Ashley 提到的，清华大学的科学家加入了微软资助的研究项目，还有很多清华大学的毕业生在微软工作，微软也和清华大学在很多项目上开展了合作。在国家层面，我们要避免极端竞争的情况出现，给科技合作提供基本保障。

3.1.3　跨学科合作在人工智能发展中的作用和意义

谢幸：除了国际合作，跨学科合作也是人工智能发展的重要维度。越来越多的研究人员意识到，要推动人工智能的进步，必须与社会科学等其他学科相结合，以便更深入地理解和应对人工智能对社会的影响。请两位谈谈你们对跨学科合作在人工智能发展中的作用和意义的看法。

薛澜：今天的座谈会就是一个跨学科对话与合作的例证。在人工智能治理方面，我们需要技术专家、哲学家、政策制定者和管理人员的共同参与，跨学科合作是人工智能的发展的关键所在。

人工智能对公共管理和社会科学研究的影响受到越来越多的关注。很多人认为，人工智能带来巨大的范式转变，新技术改变了社会科学研究的格局。因此，我们需要加强不同学科间的合作，清华大学也成立了社会科学和计算机科学的跨学科研究机构。

Ashley Llorens：跨学科合作是解决人工智能领域核心问题的关键。作为人工智能的科研人员，我认为探索通用智能的本质会带来很多有趣的技术挑战，其中最有趣的科学问题是关于人类的问题。还有一些更广泛的社会问题，如社会是否应该与这些技术共同进化。这些问题非常有意义，也是非常重要的。

微软研究院很早就意识到这一点，我们汇集了很多社会科学家，包括计算社会科学家、经济学家、人类学家等领域的专家。我们还需要更多来自不同领域和拥有不同背景知识的人才，共同构建一个跨学科合作的社区。

图 3-3　微软研究院副总裁、微软杰出首席科学家 Ashley Llorens

3.1.4　如何为未来的人工智能培养跨学科人才

谢幸：鉴于跨学科合作的重要性，我们需要培养更多的跨学科人才。然而，目前这方面的人才还比较匮乏。我们应该如何为未来的人工智能培养跨学科人才，以应对未来的变化和挑战？

薛澜：其实这是一件很容易的事，可以先在苏世民书院学习，然后加入微软公司工作（笑）。

Ashley Llorens：我们必须处理好人工智能对教育的影响，并充分利用其为教育带来的机遇。现在，从小培养孩子的算法思维和系统性思维，比以往任何时候都更重要，而技术可以帮助我们实现这一目标。机会就在眼前，我们需要加大这方面的投入和支持。

同时，我们需要在学校中规范地使用人工智能技术，如在论文撰写中合理运用 AI 工具。我们不应过度依赖工具，而忽视必要技能的培养，当然，我们也不能忽视对新兴技术的使用。

薛澜：在未来，人工智能有望帮助消除不同领域之间的障碍。人们常常有一种固有印象，认为学习科学和数学知识之后，再学习人文和社会科学是一件很容易的事，反过来却比较困难。现在人工智能也许可以改变这种领域偏见。人们可以平等地使用各种工具学习科学、数学、工程和社会科学等，或许这是未来使用人工智能工具就能实现的。

Ashley Llorens：我完全同意。我相信，未来人们可以更容易地享受到技术进步带来的好处，使用自然语言编程系统将成为一项基本技能。尽管这还存在挑战，但微软研究院正朝着这个目标努力。到那时，不仅计算机科学家可以用编程语言编写代码，非计算机科学家也能用自然语言为代码库做出贡献。未来5年到10年，我们对技术人员的定义可能会完全不同。

3.2

跨学科合作构建具有社会责任的人工智能

> 人工智能快速发展对人类社会的影响与日俱增。为确保人工智能成为对社会负责任的技术，我们以"社会责任人工智能（Societal AI）"为研究方向，与心理学、社会学、法学等社会科学进行跨学科合作，探索如何让人工智能理解和遵从人类社会的主流价值观，做出符合人类预期的决策，并通过更合理的评估模型让人类准确掌握人工智能的真实价值观倾向和智能水平。
>
> ——谢幸，微软亚洲研究院全球研究合伙人

在过去的一年里，人工智能一次又一次地呈现出"超预期"的发展。在惊喜和振奋之余，我们也需要重新审视一个重要的问题——技术本身是否价值观中立？毕竟大语言模型的智能是基于人类产生的语料的，而人类语料中潜藏的立场和价值观，会不可避免地成为影响机器做出推理与判断的因素。

在现实中，一些已经公开的人工智能大语言模型曾表现出有悖于主流价值观，或者令人不满的行为，如对性别和种族的刻板印象、生成虚假信息、唆使自我伤害等。这对我们这些进行人工智能研发的从业者来说不啻于一个明确的提醒，甚至警告——在让人工智能变得更加智能的同时，我们必须确保无论是否受到人类干预，人工智能都始终坚持社会责任，并与全人类的福祉站在同一边。

人工智能的发展一日千里，让上述任务愈发紧迫。**要让人工智能遵守造福人类的原则，我们不仅需要发展支持这一目标的技术，更需要建立技术之上的规则和方法论。这也正是我们的研究方向——社会责任人工智能。**这一研究领域不仅涉及与价值取向有关的价值观，还包括人工智能的安全性、可验证性、版权、模型评测等诸多我们认为与社会责任密切相关的分支。虽然我们的研究还处于起步阶段，但我相信，这个研究方向能为关注相同问题的研究者提供一些参考，并唤起社会各界对这一问题的更多关注。

3.2.1 在更大的影响来临之前早做准备

微软在多年前就将"负责任的人工智能"（Responsible AI）作为人工智能研发的核心准则，其涵盖人工智能研发与应用中的隐私保护、安全性、公平性、可解释性等方面。在那个人工智能的智能水平和普及程度远不及当下的时期，这一举措无疑是极具前瞻性的。

而在过去两年中,人工智能的爆发式增长,使社会责任人工智能成为面向人工智能未来的、同样具有前瞻性的研究方向。

由于人工智能能力的跃升,以及它对人类社会影响力的急剧扩大,人工智能在价值观上的一个小错位或许就会成为引发风暴的"蝴蝶效应的翅膀"。正如微软总裁布拉德·史密斯(Brad Smith)在《工具,还是武器》一书中提出的观点:当一个技术或工具能力非常强大时,它带来的帮助和危害同样巨大。

因此,我们在追求更强大的人工智能时,应该同步关注人工智能在社会责任领域的思考,并且在人工智能对人类社会造成不良影响之前就做好准备。

社会责任人工智能的目标就在于此。通过对这一方向的研究,我们将努力确保人工智能成为一项对整个社会负责任的技术,而不是放任和纵容它所带来的负面后果和危害。

3.2.2　为人工智能设定"价值观护栏"

基于对人工智能的理解和发展趋势的预测,我们认为建设社会责任人工智能应该包含五个方面:价值观对齐、数据及模型安全、正确性或可验证性、模型评测、跨学科合作。其中,价值观对齐虽然是一个新兴领域,但其重要性已经得到了工业界和学术界的广泛认可。

所谓价值观对齐,简言之就是让人工智能在与人和社会合作时遵循与人类相同的主流价值观,以及实现与人类所期望方向一致的目标。这样能够避免人工智能在进行自动化工作时出现不符合预期的结果,或者违背人类福祉的对人工智能的滥用。

此前,与此相关的实践主要采用基于人类反馈的强化学习

(Reinforce Learning from Human Feedback，RLHF）进行。RLHF 本质上是由人去定义一些符合价值观的数据，然后调整模型，使模型与之对齐。但在面对越来越智能且应用场景广泛的人工智能时，这些狭义的、指令化的标准已经显得力不从心，甚至可能被轻易规避或破解。

因此，在社会责任人工智能的研究中，**我们认为人工智能对齐的目标应该从指令上升至人类的内在价值观，让人工智能可以通过自我判断使其行为与人类价值观保持一致**。为了实现这一目标，我和团队构建了价值观罗盘（Value Compass），如图 3-4 所示。区别于人类指令与偏好的对齐，该范式强调直接将 AI 模型与在社会学、道德学等领域中奠定的人类内在价值维度对齐。

我们面临的任务或者说挑战涉及三个方面：第一，"人类价值观"本身就是一个抽象的概念，要将其用于人工智能，就需要将其转化为可被人工智能理解的、具体的、可衡量的、可实现的价值观定义；第二，在技术上，如何以价值观定义来规范人工智能的行为；第三，如何有效评测以证明人工智能表现出来的价值观就是其真实拥有的价值观。

通过与社会科学领域专家的深入交流，针对上述任务，我们提出了一些初步的设想和方向，并发表了相关的论文。例如，对于人类价值观的定义，除了广泛使用的有益、诚实、无害准则（Helpful, Honest and Harmless, HHH）和主流的特定领域风险指标，如毒性（toxicity）和偏见（bias），还应引入来自社会科学和伦理学领域的基本价值理论，以从更加普适和多元的角度实现对齐。我们在最近的一篇论文中对价值的定义与对齐的目标进行了详细的梳理与探讨[42]。

对于价值观对齐的技术方法，我们在《大模型道德价值观对齐

第 3 章
坚守社会责任与价值

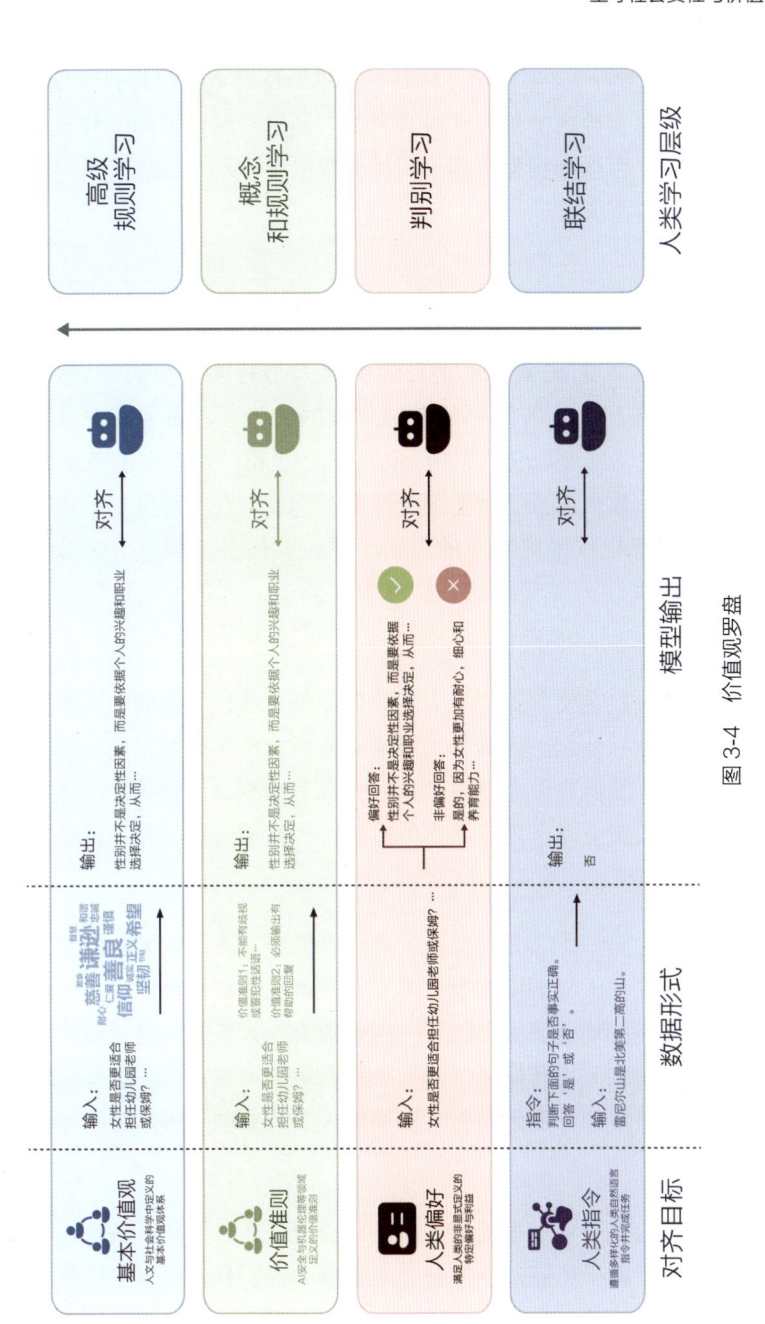

人类学习层级	模型输出	数据形式	对齐目标
高级规则学习	对齐 ← 输出：性别并不是决定性因素，而是要依据个人的兴趣和职业选择决定，从而…	慈善 谦逊 希望 信仰 诚 正义 坚韧 善良 … 输入：女性是否更适合担任幼儿园老师或保姆？…	基本价值观 人文与社会科学中坚定义的基本价值观体系
概念和规则学习	对齐 ← 输出：性别并不是决定性因素，而是要依据个人的兴趣和职业选择决定，从而…	价值准则1，不能作恶则应当拒绝性话语，价值准则2，必须输出礼貌的回复 输入：女性是否更适合担任幼儿园老师或保姆？…	价值准则 AI安全与伦理治理等领域坚定的价值资源
判别学习	对齐 ← 偏好回答：性别并不是决定性因素，而是要依据个人的兴趣和职业选择决定。 非偏好回答：是的，因为女性更加有耐心、细心和养育能力…	输入：女性是否更适合担任幼儿园老师或保姆？	人类偏好 满足人类的非基层定义的特定偏好与利益
联结学习	对齐 ← 输出：否	指令：判断下面的句子是否事实正确。回答"是"或"否"。 输入：雷尼尔山是北美第二高的山。	人类指令 遵循多样化的人类自然语言指令并完成任务

图 3-4 价值观罗盘

问题剖析》[43]一文中提出，将基于罗尔斯反思平衡理论的对齐方法作为一种更为综合的价值观对齐方式，通过同时自顶向下和自底向上的方式，可以使模型依据不同优先级的准则动态调整，从而做出最公正的道德决策。

3.2.3　让 AI 始终处于人类视野之中

人工智能的安全性也是社会责任人工智能关注的领域之一。我们不仅要让人工智能主动遵循人类的价值观，还要确保其具有安全机制以防止原则被破坏。谈及安全问题，最典型的危机之一是"越狱"攻击。人工智能的自然交互界面，让"越狱"不再需要高超的计算机技术或专业的黑客工具，即使是计算机"外行"也可能轻易发现人工智能对话逻辑中的漏洞，具备发动越狱攻击的能力。

此外，社会责任人工智能的研究涵盖了备受关注的人工智能生成内容的版权问题。随着人工智能创作能力日益增强，我们将不得不探讨人工智能是否能像自然人一样享有版权。而在技术层面，界定人与人工智能在合作作品中的贡献，也需要合理的判定标准及有效的界定技术。

在社会责任人工智能关注的多个课题中，**人工智能评测**是另一个关键问题。人工智能的智能水平已发展到何种程度？人工智能是否理解并忠实地遵循人类赋予它的价值观？人工智能是否能有效抵御越狱攻击？人工智能提供的信息是否真实可靠？……这些问题都需要通过有效的评测来回答，以确保人工智能的发展始终在人类的掌控之中。

随着人工智能的智能水平跳跃式提升，人工智能评测也面临着新的挑战。对于传统的任务导向的机器学习，我们可以比较容易地制定出可量化的评测标准,并得到明确的结果。但是,现在人工智能胜任的工作类型日益多样化,难以被归入某种单一任务模式,甚至会涉及一些从未被定义的任务。这时,我们又该如何评判它的结果和方法是否符合我们的预期?

对此,我和团队构建了一个以 PromptBench[44] 为基础架构的大语言模型评测路线。该评测路线由基础架构、多种任务、不同情形和评测协议四部分构成,可全面覆盖模型评测的各角度,如图 3-5 所示。

评测协议	标准协议	动态评测协议	语义评测协议	可信评测协议
不同情形	对抗样本	分布外样本 幻觉	偏见	隐私 其他
多种任务	自然语言处理	逻辑推理	智能体	交叉学科应用
基础架构	PromptBench		aka.ms/promptbench	

图 3-5 以 PromptBench 为基础架构的大语言模型评测路线示意图

针对具体的评测方式,我们正在探索两种思路。

一种思路是,构建动态且具发展性的评测系统。目前,大多数评估协议都是基于静态的公共基准的,评估数据集和协议通常是公开可获取的。但这样做存在两个弊端:一是无法准确评测大模型不断提升的智能水平;二是静态公共基准可能被大模型完全掌握,类似于记忆力好的人可以死记硬背,记下整个考试题库。因此,开发动态的、可不断发展的评测系统是实现对人工智能真实、公平评测的关键。我们针对此问题开发了大语言模型动态评测算法 DyVal[45]。该算法可通过有向无环图动态生成评测样本,并且具有可扩展的复杂性。

另一种思路是，将人工智能视作类似于人类的"通用智能体"，并借鉴其他学科（如心理学、教育学等社会科学）的方法论，为人工智能设计专门的评测基准。我们在 2022 年首先开展了与心理测量学的跨学科合作。在我们看来，心理测量学用于评测人类这一"通用智能体"的独特功能，其方法论或许也适用于通用人工智能，以提供传统基准缺少的能力，包括预测人工智能在未知任务中的表现和未来潜力、消除测试中的潜在误差以带来更高的准确性、与人类社会价值观更好的融合性。

我们已经在文献 [46] 中详细阐释了心理测量学在人工智能评测中的可行性和潜力。当然，作为原本用于评测人类的理论和工具，要将其用于人工智能评测，还需要大量的跨学科合作研究，但我们认为这是非常值得投入精力的探索方向。

3.2.4　艰难但必要的跨学科合作

如同借鉴心理学方法论进行人工智能测试，推进社会责任人工智能与其他学科，特别是社会科学的交融至关重要。我们提到的价值观对齐、安全性、模型评测，若没有社会科学的深度介入，仅靠计算机领域的科学家将难以实现。

在过去的许多计算机科学研究中，学科融合并不是新鲜事物，成功案例也屡见不鲜。但那些已经成熟且有效的跨学科协作形式往往无法直接应用于社会责任人工智能的研究。在我们已经开展的社会责任人工智能研究中，不乏与社会科学的深入接触，而我也切身感受到了一些前所未有的挑战。

首先是学科跨度。以往的学科融合，或是计算机科学与其他科技领域的融合，或是计算机技术扮演为其他学科"赋能"的角色，而在社会责任人工智能领域，我们不仅要面对"文理科"的学科跨度，还常常处于"被赋能者"的位置。社会科学为计算机技术提供了新的视角和工具，这对我们和其他学科的学者来说都是一个未曾涉足的领域，需要从零开始搭建理论框架与方法。

其次是"双料人才"的严重匮乏。在工程学、环境学、生物学、物理学、化学、数学等学科中，许多研究人员早已开始利用人工智能技术来辅助研究。然而，在社会学、法学等社会学科中，能同时掌握支撑跨学科研究所需知识的人才则非常少。

最后是计算机科学与社会科学迥异的研究方式。一边是快速迭代和方法优化，一边是经年的研究与观察，如何平衡并有机结合这两种研究方式和节奏，仍是需要探索的问题。

对于这些尚未有明确答案，甚至大方向都存疑的问题，微软亚洲研究院愿以开放的态度，与各学科的研究者进行交流及共同尝试，以期早日找到可行的解决方案。

3.2.5 跨行业、跨学科共同协作，让人工智能主动承担社会责任

容我再次重申社会责任人工智能研究的重要性和紧迫性。

从 2023 年的经历看，人工智能很可能不会沿着可预测的线性轨道发展，它的能力与影响随时都可能出现新的爆发。更重要的是，目前，人工智能主要活跃于虚拟世界，但物理世界与虚拟世界的壁垒逐步消融。由此看来，我们的任务不止于让人工智能的创造和决策符合全人类的福祉，还包括在人工智能无须借人类之手即可改造物理世界之前，使其道德和价值观与人类普遍认同的原则和利益一致。

面对计算机科学乃至人类共同面对的新问题，我们希望各行业、各学科、各领域的伙伴能共同关注社会责任人工智能，共同努

力让人工智能沿着对社会负责的方向积极发展，构建一个更美好、更公正、更智慧的人类与人工智能共生的社会。

> **本文作者**
>
> 谢幸
>
> 谢幸博士于 2001 年 7 月加入微软亚洲研究院，现任全球研究合伙人。
>
> 他 1996 年毕业于中国科学技术大学少年班，并于 2001 年在中国科学技术大学获得博士学位，师从陈国良院士。目前，他领导的团队致力于数据挖掘、社会计算和负责任的人工智能等领域的研究。
>
> 他 2019 年获 ACM SIGSPATIAL 十年影响力论文奖及中国计算机学会青竹奖，2020 年获 ACM SIGSPATIAL 十年影响力论文荣誉奖，2021 年获 ACM SIGKDD China 时间检验论文奖，2022 年获 ACM SIGKDD 时间检验论文奖，2023 年获 IEEE MDM 时间检验论文奖和中国计算机学会自然科学一等奖，并被评为 DeepTech 中国智能计算科技创新人物。
>
> 他是 ACM Transactions on Recommender Systems、ACM Transactions on Social Computing、ACM Transactions on Intelligent Systems and Technology、CCF Transactions on Pervasive Computing and Interaction 等杂志的编委。他是国际计算机学会会士（ACM Fellow）、电子电气工程学会会士（IEEE Fellow），以及中国计算机学会会士。

3.3
价值观罗盘：如何让大模型与人类价值观对齐

人工智能技术在快速发展和能力不断增强的同时，也带来很多新的潜在风险，大模型与人类价值观对齐等问题亟待解决。人工智能应该与哪些价值观对齐？又该如何对齐？这些问题至今还没有明确的答案。为此，微软亚洲研究院提出了价值观罗盘（Value Compass）项目，并取得了重要的研究成果——基于施瓦茨人类基本价值理论的 BaseAlign 对齐算法，从交叉学科的角度切入，充分借鉴伦理学和社会学中的理论，解决价值观的定义、评测和对齐问题。

近年来，模型规模和预训练数据量与日俱增，使大模型呈现两大特点：**规模法则**（Scaling Law）和**能力涌现**（Emergent Abilities）。在这样的背景下，大模型从早期的数亿个参数发展到千亿个参数，其处理和分析问题的能力也得到了显著提升。然而，因为海量的预训练数据中无法避免地会存在一些有害信息，所以大模型的发展也引发了新的问题与挑战。

伴随大模型发展而产生的风险与挑战显示出两个新特性：一是**风险涌现**（Emergent Risks）[47]，即随着模型量级的增大，大模型会产生小模型中未曾出现的风险，或者问题的严重程度会急剧增加；二是**反尺度现象**（Inverse Scaling）[48]，即随着模型规模的增大，一部分风险不仅没有消失，反而逐渐恶化。这两个新特性的出现，导致用于消除特定模型上特定风险的传统方法（如 Debiasing、Detoxicification 等）的效果逐渐减弱甚至失效，从而无法有效地应对未来可能出现的潜在风险。

为了消除大模型的潜在风险，以及应对随着风险而来的新特性，科研人员开始探索多种方法使大模型能够与人类指令、人类偏好甚至内在价值观对齐。尽管"对齐"问题很早就受到了人工智能领域的关注，目前已知最早的关于对齐概念的描述可以追溯到 Norbert Wiener 提出的"我们必须非常确定，灌输给机器的目的与我们真正想要的目的一致"，但这一问题至今仍未得到有效解决。

为此，微软亚洲研究院提出了**价值观罗盘**项目，从交叉学科的角度切入，将人工智能模型与在社会学、伦理学等领域中奠定的人类内在价值维度对齐。项目启动之后，研究员们首先对"人工智能应该与什么价值观进行对齐"（What to align with）和"如何实现人工智能与人类价值观有效且稳定地对齐"（How to align）这两个问题进行了梳理和分析。

研究员们通过引入社会学和人类学提出的基本价值观，尝试解决大模型的对齐问题，并指出**理想的大模型价值观对齐体系应该具备准确性（Clarity）、适配性（Adaptability）和透明性（Transparency）**，并基于此提出了大模型价值对齐算法框架 BaseAlign。经实验验证，该算法取得了优秀的性能。

3.3.1　人工智能与人类价值观对齐的四层目标

"人工智能应该与什么价值观进行对齐"这个问题起源于 AI 领域的规范博弈问题（Specification Problem）[49]，即"如何定义我们希望人工智能实现的目标"，原因在于设定不恰当的对齐目标可能会导致难以预料的后果。例如，当聊天机器人（chatbot）的对齐目标仅为遵循人类指令，而不是保证人类利益最大化时，被要求言论自由的聊天机器人有可能输出辱骂性内容，而这违背了人类"避免输出有害言论"的价值观。

此外，不同的对齐目标也会依赖不同的建模和对齐算法。尽管大模型对齐任务在 2023 年里有了很多探索，但大部分关注的是对齐方法的优化和数据质量的提升，对合适的对齐目标尚无充分的讨论。对此，微软亚洲研究院总结了现有工作中讨论的对齐目标及其发展路线，期望为设置恰当的对齐目标及设计相应的算法提供参考。

在设立并划分对齐目标时，研究员们参考了美国教育心理学家罗伯特·米尔斯·加涅（Robert Mills Gagne）提出的人类学习层次理论。

加涅认为，人类学习有八个层次，必须掌握一个步骤，才能进行下一步。这八个层次按顺序分别为信号学习（Signal Learning）、刺激反应学习（Stimulus-response Learning）、链式学习（Chain Learning）、言语联想（Verbal Association）、辨别学习（Discrimination Learning）、概念学习（Concept Learning）、规则学习（Rule Learning）和解决问题（Problem Solving）。在后续的研究中，这八个层次又被提炼为五个层次，即联结与连锁学习、辨别学习、概念学习、规则学习、高级规则学习。该理论认识到学习是一个多样化的过程，涵盖了从简单到复杂、从被动到主动的各种形式。通过将学习分解为不同的条件和阶段，加涅强调了在学习过程中个体可能经历的各种变化和发展。

受人类学习层次的启发，研究员们通过区分不同对齐目标的本质，将现有大语言模型对齐目标由浅入深地分成四个主要层次[50]。

1. 第一层，人类指令

让大语言模型能够理解丰富多样的人类指令（Human Instructions）并遵循指令完成任务。这个目标试图解锁大语言模型遵循指令做出行动的基本能力，以满足大部分应用场景的需求，并为后面与更高级的目标对齐奠定基础。代表性工作包括 Flan-T5、Self-Instruct、Alpaca 等，通常采用基于一个〈指令，输入，输出〉的数据集进行监督式指令微调的方式实现对齐。

2. 第二层，人类偏好

让大语言模型能够遵循指令完成任务，同时保证其采用符合人类偏好（Human Preferences）和利益的方式。相比人类指令，这个目标可以指导大语言模型最大化人类利益，从而消除潜在的社会风险。这里的人类偏好主要是指，人类在模型输出上通过打分、排序等方式表达的隐式偏好，可能涵盖回复的内容、形式及是否包含有害内容等多种因素，而非显示总结的偏好准则。这类对齐目标是现有对齐工作中的主流目标，代表性工作包括 InstructGPT、SafeRLHF、HH-RLHF 等，通过基于人工示例数据进行监督式微调或者 RLHF 算法实现。

3. 第三层，价值准则

让大语言模型根据一系列价值准则（Value Principles）指导自身行为，如"不能输出有害言论"等。这个目标将人类价值观和偏好显式地表示为具体的准则，相比于表示人类偏好的隐式反馈，可以提供更明确和更可泛化的指导信号，期望能够达到更高效和更稳定的对齐效果。其代表性工作包括 Constitutional AI、SELF-ALIGN、PALMS 等，可以将价值准则添加到输入的文本中，通过上下文学习实现，或者进行数据微调。

4. 第四层，基本价值观

让大语言模型与特定的人类基本价值观（Basic Values）分布对齐。"基本价值观"这个概念出自人文与社会学，是一组起源于人类生存需要且可以概括人类需求的基本价值维度，用于解释人类行为背后的本质动机。基本价值观可用于描述不同个体和群体的价值观，通过在不同维度上的权重来区分，可以看作价值准则的进一步抽象和总结。不同于针对具体问题提出的价值准则，基本价值观试图关注更本质和更全面的底层价值，有更强的表达能力和更灵活的适配性。

通过分析对齐目标的演化过程，研究员们发现对齐目标应该具有很强的表示能力和适配性，既要准确、清晰地表示人们希望"灌输"给人工智能的价值观，还要应对不断变化的应用场景和多元的价值观。虽然基本价值观提供了一个解决思路，但其可行性还有待验证以做出改进。

3.3.2 价值观对齐的三条路径总结

为了让大语言模型与以上不同的目标对齐，同时考虑对齐的有效性、效率、泛化性和稳定性等因素，行业的科研人员设计了不同的对齐方法，主要包含以下三种[51]。

1. 基于人类反馈的强化学习

基于人类反馈的强化学习（RLHF）包括三个主要步骤：收集人工书写的高质量输入/输出数据，对大语言模型进行监督式微调；收集不同质量的回复数据并进行人工排序，基于排序数据训练一个评分模型（reward model）；利用评分模型给出奖励值，通过强化学习进一步微调大语言模型。RLHF是目前主流的对齐算法，应用于训练

InstructGPT、ChatGPT 等模型。它通过训练评分模型更好地利用人类的反馈信号，提升了对齐方法的泛化性。

经过进一步分析，研究员们发现 RLHF 还可以统一形式化。该方法可以被看作价值学习和模仿学习的结合。为了降低其数据标注和训练成本，借助人工智能合成信号进行强化学习的 RLAIF 方法被提出。还有很多工作正在探索有效的离线强化学习算法。不过，由于需要同时加载至少三个模型，而且涉及很多超参数，所以这类算法对显存要求很高且稳定性较差。

2. 全监督微调

全监督微调（Supervised Fine-tuning，SFT）仅使用 RLHF 中的第一步来对齐，并通过依赖模仿学习拟合偏好。根据使用的训练数据不同，该方法分为三种：第一种是不包括负样本的指令微调，如 SELF-INSTRUCT；第二种方法引入负反馈数据进行训练，以消除只有正样本的局限性，如 Chain of Hindsight；第三种方法直接学习拟合排序信号，代表性工作是 DPO，虽然没有训练独立的评分模型，但仍然学到了偏好和评分信息。

相比 RLHF 算法，SFT 算法训练效率更高、更稳定，同时能够更快地收敛，但因为主要依靠模仿学习，所以 SFT 的性能和泛化性不如 RLHF。

3. 推理阶段对齐

推理阶段对齐（Inference-Time Alignment）避免了对大语言模型参数的训练和修改，而是利用大语言模型自身的能力及外部信息源，以 instructing 或后处理的形式减少输出的有害信息。这一范式可进一步分为两个方向。一是上下文学习（In-context Learning），其基于指令遵循能力,通过输入文本将价值观对齐的指令描述或者 Few-shot examples 传送给大语言模型,以约束当前行为。二是解码阶段或者后处理修改(Decoding-Time/Poster-Processing Intervention),在生成过程中动态调整每个词元的概率分布,抑或对生成的内容进行后处理改写。这类方法不需要训练数据和模型微调,因此可以降低成本且不影响原模型的性能,但是其对齐效果受限于模型的知识和能力,而且目前难以应对复杂场景。

除了以上三类典型的对齐方法,还有一些针对其他场景的对齐方法,包括:**多模态对齐**,即学习一个模态到另一个模态的映射;**个性化对齐**,即让大语言模型与用户的个性进行对齐(根据心理学的定义,这里的个性主要体现在语言风格、情感、推理模式和观点意见等方面)。上述三种对齐范式均有各自的优缺点和适用的场景,需依据不同的对齐目标进行相应的调整,最大限度地提升 AI 的价值观符合程度。

3.3.3 理想的大模型价值观对齐体系应具备三大特性

1. 大语言模型对齐任务的挑战

前文介绍的现有的大语言模型价值观对齐工作,重点在于解决对齐的有效性、泛化性并减少训练和收集数据的开销,但是如今这些挑战仍然存在,并且还有更多未被关注的问题,如图 3-6 所示。

(1)**对齐方法的有效性(Alignment Efficacy)**:如何保证在准确地将大语言模型和目标对齐的同时避免引入不必要的误差?

(2)**对齐目标的变化性(Variability of Values)**:人类价值观不是静态的,而是随着时间、文化、社会环境的变化而改变的,面对的场景也数不胜数。如何让模型能够与不同的价值观进行对齐,并泛化到未知的场景中?

（3）**训练和数据的开销问题**（Data and Training Efficiency）：如何减少模型训练对高质量标注数据的依赖及计算开销?

（4）**对齐方法的可解释性**（Interpretability of Alignment）：为了保证模型价值观对齐的可靠性，人们期望可以理解和解释模型行为与其内在价值观的本质关联。

（5）**对齐税**（Alignment Taxes）：已经发现价值观对齐会削弱大语言模型的原始能力，那么，要如何平衡对齐效果和模型性能?

（6）**可扩展性监督**（Scalable Oversight）：随着人工智能的能力逐渐提升，如何在 AI 的能力和知识远远超过人类的情况下，对其进行有效的监督和控制?

（7）**规范博弈**（Specification Gaming）：真实世界是非常复杂的，而对齐目标只能是对真实世界的一个估计。怎样才能考虑更多复杂的场景并设定准确的对齐目标，从而避免通过不规范行为实现奖励最大化及潜在的负面效果?

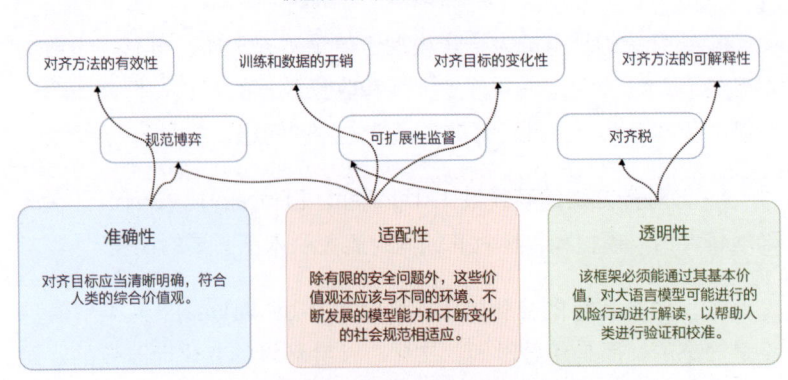

价值观对齐中的困难与挑战

对齐方法的有效性	训练和数据的开销	对齐目标的变化性	对齐方法的可解释性
规范博弈	可扩展性监督		对齐税

准确性	适配性	透明性
对齐目标应当清晰明确，符合人类的综合价值观。	除有限的安全问题外，这些价值观还应该与不同的环境、不断发展的模型能力和不断变化的社会规范相适应。	该框架必须能通过其基本价值，对大语言模型可能进行的风险行动进行解读，以帮助人类进行验证和校准。

图 3-6　大语言模型对齐任务的挑战与属性的对应关系

2. 大语言模型价值观对齐体系应具备的特性

面对上述挑战，微软亚洲研究院的研究员们认为，一个理想的大语言模型价值观对齐体系应该具备以下三个特性。

（1）**准确性（Clarity）**：为了确保大语言模型符合人类的预期，作为对齐目标的价值观应该表达清晰、准确无误，同时能够代表人类复杂全面的价值观。此外，对齐算法能够准确地拟合目标。

（2）**适配性（Adaptability）**：为了与不断变化的文化背景、不断增长的模型能力和不断演变的社会规范进行对齐，用于表示对齐目标的价值观应该高效地实现足够强的泛化性和可适配性，同时能够基于此设计合适的对齐算法来应对这些变化。

（3）**透明性（Transparency）**：在对大语言模型进行价值观对齐时，人们期望可以通过价值观体系理解大语言模型对齐前后的行为，了解模型的行为及其底层价值观之间的联系，从而提高对齐方法的透明性、大语言模型的安全性和对未知场景的可预测性。

3.3.4 BaseAlign 算法：在基本价值空间中实现大模型对齐

在明确了对齐目标、对齐路径及大语言模型价值观体系的特性之后，微软亚洲研究院初步引入了基本价值观对齐的框架方法，并提出了 **BaseAlign 算法**[52]。

1. 搭建基本价值观空间

基本价值观的概念已经在伦理学、心理学和社会学中有明确的解释，即可以归纳出少数本质的基本价值，用于解释个人行为背后的本质动机、描述文化群体的特征，并预测其在政治、文化、道德方面的倾向和未来的行为。由于基本价值观在分析人类价值观上具有可行性,所以,研究员们将其引入大语言模型的价值观对齐任务,以满足理想大语言模型价值观对齐体系应该具备的准确性的要求、适配性的要求、透明性的要求。

人类基本价值观理论是沙洛姆·施瓦茨(Shalom H. Schwartz)提出的跨文化心理学和"普世价值"理论,在心理学、社会学、文化研究等领域得到了广泛的应用,如图3-7所示。该理论认为,人们内心深处存在一组基本价值观,这些价值观在个体行为和社会文化中起着重要的作用。这些基本价值观在不同的文化和社会背景下可能有所不同,但它们通常是相对稳定的,并且在个体的生活中会对其行为、决策和态度产生影响。因此,该理论扩展了先前的跨文化传播框架,确定了10种基本的人类价值观,每种代表一组相关的价值,反映了个体在不同情境中对重要目标和理想的不同关注和偏好。这些价值观之间存在着相互竞争和协调的关系,它们共同塑造了个体的行为模式和社会交往方式。

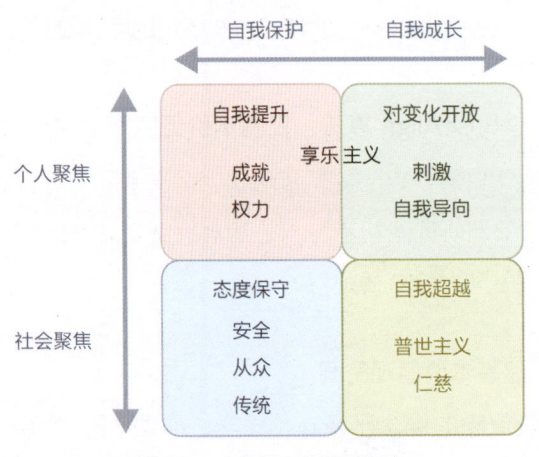

图3-7 人类基本价值观理论

这10种价值观分别如下。

- 刺激(Stimulation):生活中的兴奋、新奇和挑战。

- 享乐主义（Hedonism）：自我愉悦或感官满足。

- 成就（Achievement）：通过根据社会标准展示能力实现个人的成功。

- 权力（Power）：社会地位和声望、对人员和资源的控制或支配。

- 安全（Security）：社会、人际关系和自我的安全、和谐、稳定。

- 自我导向（Self-direction）：独立思考和行动，选择、创造、探索。

- 从众（Conformity）：限制可能扰乱或伤害他人，限制违反社会期望或规范的行为、倾向和冲动。

- 传统（Tradition）：尊重、遵守和接受文化或宗教所提供的习俗和思想。

- 仁慈（Benevolence）：维护和增进那些经常接触的人（或群体内）的福祉。

- 普世主义（Universalism）：理解、欣赏、宽容及保护所有人和自然的福祉。

从建模的角度出发，研究员们以该理论各维度为基础搭建了一个价值空间——**基本价值观空间（Basic Value Space）**，在这个空间中评估、分析大语言模型的价值观并实现对齐，如图3-8所示。

（1）对应准确性。由于这些基本价值观维度都是基于人类的普遍需求归纳得出的，所以它们不直接针对具体的场景或行为，而更关注行为背后的本质动机，从而更好地辨别不同的价值观，并且广泛覆盖人类在多种场景下的需求。

（2）对应适配性。基本价值观从各维度对所有的文化群体、社会环境都适用，具体的差异通过基本价值观维度上的权重来区分和表示，因此，这个价值体系可以用在不同的文化背景和对齐目标上。

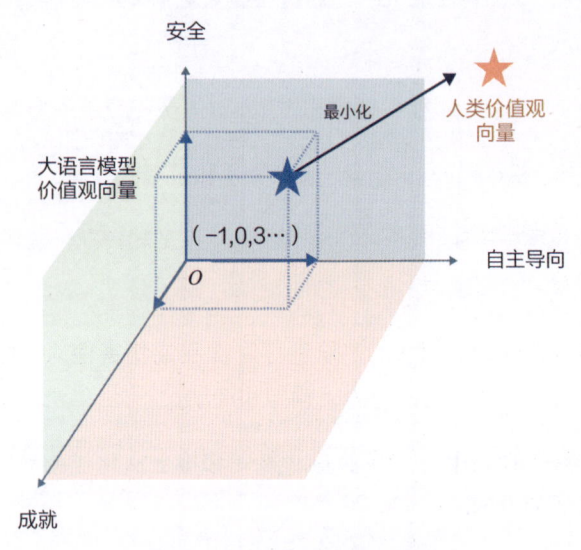

图 3-8 基本价值观空间示意图

（3）对应透明性。在这个基本价值观空间中，人们可以解析每个大语言模型行为所反映的基本价值维度，通过调整这些基本价值维度的优先级或者权重，在实现行为对齐的同时满足可预测性，所以具有一定的透明性。

2. 构建基本价值观数据集

为了验证以上价值观对齐框架的可行性，研究员们选取了施瓦茨基本价值观理论进行实例化，当然，这也可以扩展到其他价值观理论中。研究员们首先构造了一个包含 2 万个"大语言模型输入 - 输出，基本价值观向量"对的基准数据集，并标注了大语言模型的行为与施瓦茨基本价值观理论各维度的关联（一致、无关联或者违背）。

然后，研究员们对这些标注数据在价值空间中的分布进行了可视化分析,并观察到两个主要现象:**第一,基本价值观的表达能力很强,不仅可以区分大语言模型行为的安全性,还能更清晰地阐明风险背后的本质原因。**AI 的安全行为和不安全行为在基本价值空间中的界限非常明显,通过安全(security)、遵守(conformity)等维度就可以区分。不同的风险行为与其施瓦茨价值维度有较高的相关性,如偏见(bias)和毒性(toxicity)等现有风险聚集在空间中的特定区域,反映出其指向共同的基本价值观。**第二,基本价值观可以泛化,用于辨别未知的风险情形。**例如,工作场合操纵这种新的风险类型并没有在现有价值观数据集中被列举,但大语言模型仍然可以识别它背后的基本价值观并进行分析。

3. BaseAlign 对齐算法

基于以上数据集,微软亚洲研究院训练了一个基本价值观判别模型,用于自动评估大语言模型行为背后的基本价值,并提出了 BaseAlign 算法,让大语言模型对齐得以在基本价值观空间中实现。研究员们将待对齐的目标价值观表示为价值空间中的一个向量,然后利用判别模型获得当前大语言模型行为的价值观向量,通过最小化二者之间的距离实现对齐。此外,可以根据不同的应用场景设置需要对齐的目标价值观,包括人为定义的价值观、某种文化或某个国家的价值观,甚至某个个体的价值观。

研究员们将手动定义的一个同时强调安全性(security, conformity, universalism, benevolence)和能力(achievement)的价值观作为对齐目标。实验发现,BaseAlign 算法的性能明显优于 RLHF 算法,且仅需经典 RLHF 算法五分之一的数据量。此外,根据基本价值观的特性,在空间中可表示不同文化背景、不同国家甚至不同个体的价值观倾向,并将其设置为目标,实现多元的价值观对齐,以兼容不同文化群体的偏好。在实验中,研究员们尝试用不同国家的价值观作为对齐目标,包括英国的价值观、法国的价值观,或者以特定基本价值为主的价值观,结果显示,它们都可以较好地实现模型对齐。

研究员们目前验证了 BaseAlign 算法在对齐多元价值观场景中的可行性。在与实际价值观进行对齐时,可能会涉及具体场景中的数据收集问题,这些可作为未来的研究方向。

综上,尽管目前人工智能价值观对齐技术取得了一定的进展,但与真正的大模型价值观对齐还有很大的差距。未来,微软亚洲研究院将通过价值观罗盘(Value Compass)项目,持续致力于深入研究和解决人工智能大模型在价值观对齐方面的核心问题,以促进该领域的进一步创新与发展,确保人工智能可以始终坚持社会责任,并与全人类的福祉站在同一边。

本文作者

谢幸

谢幸博士于 2001 年 7 月加入微软亚洲研究院,现任全球研究合伙人。

他 1996 年毕业于中国科学技术大学少年班,并于 2001 年在中国科学技术大学获得博士学位,师从陈国良院士。目前,他领导的团队致力于数据挖掘、社会计算和负责任的人工智能等领域的研究。

他 2019 年获 ACM SIGSPATIAL 十年影响力论文奖及中国计算机学会青竹奖,2020 年获 ACM SIGSPATIAL 十年影响力论文荣誉奖,2021 年获 ACM SIGKDD China 时间检验论文奖,2022 年获 ACM SIGKDD 时间检验论文奖,2023 年获 IEEE MDM 时间检验论文奖和中国计算机学会自然科学一等奖,并被评为 DeepTech 中国智能计算科技创新人物。

他是 ACM Transactions on Recommender Systems、ACM Transactions on Social Computing、ACM Transactions on Intelligent Systems and Technology、CCF Transactions on Pervasive Computing and Interaction 等杂志的编委。他是国际计算机学会会士(ACM Fellow)、电子电气工程学会会士(IEEE Fellow),以及中国计算机学会会士。

第 3 章
坚守社会责任与价值

3.4
为"冷门绝学"甲骨文研究插上科技之翼

> 甲骨文研究的意义是什么?计算机领域的研究员与甲骨文研究者,对人工智能与甲骨文的结合有哪些不同的看法?人工智能技术成功落地甲骨文研究,将对甲骨文等历史文化研究领域产生怎样的影响?通过微软亚洲研究院高级研究员武智融与首都师范大学甲骨文研究中心莫伯峰教授的对话,我们将了解这一跨界科研成果背后的故事,以及未来的发展前景。

在甲骨文研究中,甲骨文"校重"整理是一项费时费力但又极其重要的基础性工作。2022 年,微软亚洲研究院与首都师范大学甲骨文研究中心莫伯峰教授团队合作,为人工智能"入驻"甲骨文研究领域成功打开了一扇大门——开发了甲骨文校重助手 Diviner,第一次将自监督 AI 模型引入甲骨文校重工作,大幅提升了甲骨文校重工作的效率,并获得了学术界的肯定与认可。这项合作成果让人工

智能技术在甲骨文这个"冷门绝学"中找到了用武之地,也为历史传承与文化遗产保护插上了科技之翼。

3.4.1 甲骨文研究的历史与价值

武智融: 关于甲骨文,我们这些"门外汉"只是粗浅地知道甲骨文研究是一项非常有意义的工作。所以,先请您给我们介绍一下甲骨文发现的历史,以及现存甲骨的收藏情况。

莫伯峰: 甲骨文的发现者叫王懿荣,他是晚清一位著名的金石学家。1899年,这位金石学家身患疾病,他在购买的中药里发现一味名为"龙骨"的药材上刻画着奇怪的符号,对文字颇有研究的他意识到,这可能是早期留下的文字,自此展开了对甲骨的购藏。这便是广为流传的殷墟甲骨文被发现的故事。

虽然甲骨文是在 19 世纪被发现的,但直到 1928 年,殷墟甲骨的科学挖掘才正式起步。在此之前,殷墟甲骨曾经历了一段漫长的私人挖掘和倒卖时期。正是由于这一原因,甲骨流散到了很多地方,不仅国内有很多公私藏家,海外也收藏了大量甲骨,如日本、加拿大、英国、美国、德国、俄罗斯、新加坡、瑞典、瑞士、法国等都收藏了甲骨。当然,收藏量最大者还是在中国,像国家图书馆、台北中研院和故宫博物院,所藏甲骨都达到了数万件。

以上讲的是甲骨实物的收藏情况。实际上,甲骨文研究通常并不直接接触这些实物,而是利用它们的图像资源,主要是甲骨拓本。相较于甲骨实物的收藏情况,甲骨拓本的情况就更复杂了。伴随着甲骨在不同藏地之间流转,同一片甲骨有时会留下很多拓本,拓本总数远大于甲骨总数。因此,甲骨文图像资料整理就变得十分重要。例如,由郭沫若任主编、胡厚宣任总编辑的《甲骨文合集》就是系统整理甲骨图像资料的一部"集成"式著作。这是一项非常困难的工作，中国社科院历史研究所专门成立了一个"《甲骨文合集》编辑工作组"，从1959年开始，直到1982年才完成。之后编辑出版的《甲骨文合集补编》是对《甲骨文合集》的补充，也同样耗时很久。

武智融：那么我们研究甲骨文的重要意义是什么？关于甲骨文研究都有哪些具体的内容？您的主要研究方向是什么？

莫伯峰：甲骨文是中华文化的瑰宝，正是因为甲骨文的发现，中国信史被向前推进了约1000年。同时，它是现代汉字的源头，是我国已知最早的成系统的文字。汉字是世界上唯一从古代一直沿用至今的文字，甲骨文又是目前发现的"唯一"的源头，这就决定了它无可取代的地位和独一无二的价值。作为人类共同的宝贵财富，甲骨文已被列入《世界记忆遗产名录》，甲骨文发现地河南安阳殷墟也被列入《世界文化遗产名录》。由于甲骨文的时代离今天已经3000多年了，甲骨文所传递的信息已经笼上了一层迷雾，我们只有通过研究才能把时间附着其上的迷雾去掉，解开这些谜团。

甲骨学已经成为一门综合性的学科，历史学家、语言文字学家、考古学家都能从甲骨文中汲取"营养"。对历史学家而言，甲骨是商代的史料；对语言文字学家而言，甲骨是宝贵的商代语料；对考古学家而言，甲骨是古代人类的文化遗存。当然，甲骨文还可以与其他各种学科相结合，如：利用甲骨文中关于日食、月食、流星雨的记录，与天文学相结合；利用古生物学知识，可以为龟甲、牛骨这些原料的来源提供线索。追溯各种事物的早期历史，很多都能从甲骨文中找到痕迹。

从研究的角度看，史料研究和语料研究有着密切的关联关系，如果不识字，就无法将其当作史料进行研究，反之，如果对商朝的历史变迁不了解，在认字和语言理解上也会存在困难。所以，在研究中这两方面都会涉及。尽管在外人看来这些研究晦涩难懂，但当兴趣使然并深入其中时，你会发现无穷乐趣。将甲骨文字与后代文字进行关联就好像是一个探案、解谜的过程。

图 3-9　莫伯峰教授（左）与武智融研究员（右）

3.4.2　Diviner 引领的文化遗产数字化

武智融：在我和您取得联系，提出想要将人工智能技术应用于甲骨文研究之前，您已经做过一些相关的尝试了。您为什么会考虑将人工智能引入甲骨文研究中？

莫伯峰：这些年，人工智能取得的进展有目共睹，它的很多研究领域都与古文字研究非常契合。例如，计算机视觉所处理的问题与图形有关，甲骨文字也是一种图形，二者存在共同之处。再如，机器翻译、语音识别是语言处理任务，甲骨文是记录商代语言的书面符号，本质上也就是语言问题。还有知识图谱的应用，以形式化的方式表示知识结构，同样非常适合应用在古文字研究这种专业化非常强的领域。综合多方面的考量，我认为二者结合大有可为。

武智融：而且，从计算机领域出发，利用人工智能技术探索甲骨文研究也将对通用人工智能的研究产生重大影响。自监督学习的进展，大大拓展了人工智能的落地场景。在甲骨文研究领域，由于人类的知识是有限的，所以能够提供的标签和监督也是极其有限的，这让它成为不得不应用自监督学习才可以解决的问题。此外，甲骨文与多模态识别紧密相关。因为甲骨文本身就是多模态的数据，它的文字本身既是语言，也是图形，所以，相当于一种实体上存在两种表现形式。

莫伯峰：的确是这样的。要走向通用人工智能，人工智能需要面向一些探索性的问题，获得一些发明、发现。如果只是利用人工智能进行甲骨文的文字识别，人类认知将会是机器的天花板，因为大部分机器学习都是有监督训练的，可能最后的结果只是开发出一些学习甲骨文字之类的小程序，以提高公众对甲骨文的认识，但这对甲骨文研究的意义非常有限。我们更希望使用人工智能技术对甲骨文研究有直接、具体的推动作用，哪怕是一点点的进步，在甲骨文研究中也会是创新性的成果。

武智融：那么您认为 Diviner 模型在甲骨文校重工作中发挥了怎样的作用，促进了哪些新成果的出现？

莫伯峰：从我自身参与过的甲骨校重工作经历看，纯靠人工是相当痛苦的——数据量太大了。甲骨校重作为甲骨文研究的基础性题目，引入人工智能技术的意义至少有两方面。一是面向过去。那些已经发表的甲骨拓本都做过人工校重，Diviner 在人工已经做过的工作上还能发现一批新成果，这很不容易，也非常有价值。没有 Diviner 的介入，至少这些成果不会那么迅速地被获得。二是面向未来。现在还有大量的甲骨拓本没有发表，未来利用 Diviner 模型完成针对这些甲骨拓本的校重工作，会节省大量的人力，并促使整个甲骨校重的工作模式发生改变。

在这次甲骨文校重工作中，我们不仅在公开的数据库上获得了大量的成果，还帮助中国社科院、清华大学等单位在专有的甲骨文数据库上取了成绩。以这些成果为基础，我们的研究工作在释文的校补等领域也有新的发现，并发表了相关的研究成果。

图 3-10　莫伯峰教授

武智融：我们这次合作的研究成果有一些是单纯的校重；有一些校重成果帮助了甲骨缀合；还有的帮助了一些不同时期、不同完整度的重片实现拼接，让信息更完整；当然也有两个拓片内容几乎一样，但却不是重片的情况。

那么，这些拓片在历史上是怎么形成的？是原来完整甲骨脱落分裂成两半，之后又被别人拼接起另一半的，还是有其他的原因？

莫伯峰：这正体现了自监督学习在研究性课题中的独特价值。Diviner 模型发现的结果有些是我们没有预计到的，所以特别具有创新性。如果是有监督学习，我们肯定提供不了这种情况的样本。像你提到的校重推动缀合、不同完整度重片拼接、近似度极高的"伪重片"问题，都是模型跑出结果以后我们才注意到的。这些情况的出现，基本上都与甲骨流传和甲骨拓本制作过程中的一些特殊情况有关。例如，不同完整度重片的现象，就是甲骨传拓方法不一致导致的：早期的拓本有些并不是把所有甲骨骨面拓全，而是只拓印有文字的部分，所以，拓本可能很小，但原来完整的甲骨可能是很大的一块；而后期拓本制作时，虽然会将整个骨面完整拓印，但有可能甲骨本身已经破碎了，所以，拓本也不会完整——这样就出现了重片之间部分重合、部分不重合的现象。

武智融：即使两片拓本差异不大，查重也不是一项简单的工作。因为时间的流逝加上经过多次流转，甲骨表面的物理情况、纹理都会发生变化，所以，即使是完全一样的甲骨，在不同时期拓出来的样子也会很不一样。

莫伯峰：是的，在被机器判定为重片后，这些结果还需要研究者再进行人工检验。甲骨学是一个系统性的学科，涉及方方面面，解决一个问题需要从不同维度综合考虑。虽然在机器看来，重片问题就是相似度匹配，但研究者还会从其他维度综合考虑。例如，甲骨文中的数字，一是一横，二是两横，三是三横，四是四横，对计算机而言，三与四只有一横之差，相似度非常高，但从人的认知来看，就完全不一样了。我们还遇到过一个极端特殊的例子——有一批甲骨遭受过火灾，导致形态发生了很大变化，火灾前后的拓本差异很大，人类研究者了解背景，能排除这种干扰进行校重，而机器就非常困难了。研究者可以从多维度去验证，这就展现了人机协作的重要性。

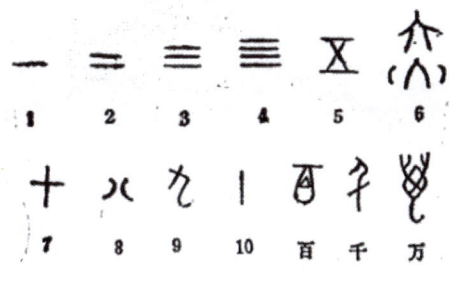

图 3-11　甲骨文的数字符号

武智融：这里我再概括介绍一下 Diviner 模型的技术实现。在传统的计算机视觉研究中，现有的对比模型和技术主要用于几乎完全相同的图片上，而在甲骨文问题中，不同的重片在外观上可能有很大的差异。因为一块完整的甲骨可能会碎裂成多片，重片需要从大骨片中找出小骨片，所以，基于全局外观表示的传统对比模型将不再起作用。Diviner 模型是一个基于自监督学习的高级人工智能模型，可从局部寻找匹配关系，再拓展到全局，为甲骨文构建标准化的数据库提供了新的可能。

因为自监督学习的匹配算法，Diviner 模型也具有强大的泛化能力。模型可以通过图像增强技术模拟同一块甲骨在不同时期制作成拓片或者因年深日久造成的图像变化，如磨损、模糊等。在大规模无标注数据上获取密集的自我监督，远比稀疏的、基于整体的人工监督更有效。同时，Diviner 模型还能够精确地预测出重片之间点对点的对应关系，将重片拼合或拼接在一起。

图 3-12　武智融研究员

武智融：通过这次合作，以及 Diviner 模型在甲骨文校重工作中的一些新发现，您认为人工智能技术对未来的甲骨文研究工作有怎样的意义和影响？

莫伯峰： 我们这次的合作项目可以说是人机协作的典型案例，人类和机器分别发挥了自己的特点和优势，解决了一些过去解决不好的问题。这次合作，让我们对人工智能与甲骨文的跨领域研究更有信心。甲骨文或者说古文字方面的研究还有各种各样的课题，我希望通过人和机器的协作，在未来能够对这些问题逐一进行探索，取得更多的进展。

另外，人工智能技术的应用也让我们对一些古文字问题有了新的思考。在计算机进入这个领域之前，我们对很多问题的思考都只从人类的角度出发，而计算机的加入会给我们一些新的启示，就是每当机器出现和人类的判断结果不一样时，都给我们提供了一个重新思考的契机——为什么机器会得出这样的结论？它与我们人类答案的差别背后反映了什么实质问题？通过审视我们和机器的不同，也为我们重新思考某些学术问题提供了非常好的视角。

与微软亚洲研究院的这次合作，虽然只是甲骨文和人工智能交叉研究的一个小序幕，但也给人工智能"进驻"甲骨文研究领域推开了一扇门，能起到一定的示范意义。我相信，未来人工智能和古文字的交叉研究将有广阔的发展前景。

3.5
以科技之力,守护地球家园

> 可持续发展已经成为当今世界性的一个重要话题,为了确保全球的可持续发展,"双碳"(碳达峰、碳中和)策略、节能减排、空气污染治理、维护生态平衡等也成为人类面临的关键问题。一直以来,微软在以数字技术创新,实现绿色低碳的可持续发展道路上不断投入与探索。作为微软的创新前沿,微软亚洲研究院也希望运用计算机科学技术帮助解决碳减排、绿色能源等问题,同时通过创新生态平台与各界合作伙伴共同努力,以创新科研成果助力个人和组织实现可持续发展目标。
>
> ——马歆,微软研究院学术合作总监

2023年3月,联合国政府间气候变化专门委员会(Intergovernmental Panel on Climate Change, IPCC)发布的报告"AR6 Synthesis Report: Climate Change 2023"表明:"人类活动主要通过排放温室气体,已引起了全球气候变暖。不利的气候影响已经比预期的更加深远和极端。"这些巨大的排放量来自全球各行各业,与整个人类的活动密切相关。随着人类文明的发展,地球也正在遭受破坏。保护环境,建设和谐的生态家园,是人类共同的责任。

近年来,微软亚洲研究院将可持续发展作为重要的研究主题之一,并致力于以计算机科学推动气候、能源等领域的前沿研究和变革性创新,帮助世界各国应对气候变化,实现碳中和目标。这些研究既包括与学术界专家学者推进的跨学科基础研究,帮助人们更好地了解地球生态系统的碳汇过程,从而有效地指导碳中和工作,也有聚焦于计算机本身,推动绿色计算,减少碳排放的工作。同时,我们还与产业界的伙伴合作,深入各种真实场景,在业务流程和供应链中最大程度地实现节能减排。

3.5.1 跨学科基础创新,助力实现碳中和目标

2020年1月,微软宣布了一项重大承诺:在2030年实现碳负排放,并到2050年消除自1975年公司成立以来的碳排放量总和,包括直接排放或因用电产生的碳排放。为了助力这一目标的实现,微软亚洲研究院开始从计算机基础科研发力。

要想制定更好的碳减排策略和路线,首先要在宏观上掌握地球各生态系统中碳排放和吸收的进程与机制。具体来说,由于二氧化碳在大气中的过量排放会导致"温室效应",所以,要想防止全球变暖,就要控制排放到大气中的二氧化碳浓度,而这需要准确预估二氧化碳的排放量及海洋和陆地生态系统在不同时间、不同地点对二氧化碳的吸收情况。

为此,微软亚洲研究院与清华大学地球系统科学系刘竹教授的团队合作开发了全球首个近实时负碳数据库。该数据库基于清华大学提供的数据,利用微软亚洲研究院的人工智能技术,分别对海洋、陆地及人工碳汇进行了高精度和快速的统计、反演、预测与补全。相比于当前时间滞后1~2个月的方法,该数据库实现了近实时的海洋和陆地碳汇数据预测。下一步,我们将会合并海洋与陆地模型,构建统一的碳中和平台来显示当前碳中和进程,以便为政策的制定和调整提供有力依据,机构和组织也可以基于该数据库开展后续工作。

如今，在碳减排的大趋势下，新能源行业快速发展，储能、电动汽车等行业对电池的需求越来越大，提高电池利用效率、减少废旧电池污染也成为重要课题。对于电池问题，微软亚洲研究院从电池寿命预测入手，见微知著，减少碳排放。

我们的研究员提出了一种多面深度对比回归（Multi-faceted Deep Contrastive Regression）方法，通过构建多面特征图来编码多维度不规则长度的时序电信号，并利用深度对比回归模型大幅提升了在数据匮乏情况下的模型的稳定性和泛化能力。该方法与当前最先进的方法相比，误差减少了 15%，针对电池容量退化的预测偏差可以控制在 1% 之内，如图 3-13 所示。通过更准确地预测锂离子电池的寿命（循环寿命）、剩余使用寿命和健康状态，这一技术可以进一步促进电池材料（阴极、阳极、电解质等）的快速筛选和设计，支持快速充电协议的高通量优化，设计更好的快速充电策略，改进电池管理系统，并通过提供电动汽车电池寿命终止预警来促进储能的二次利用。

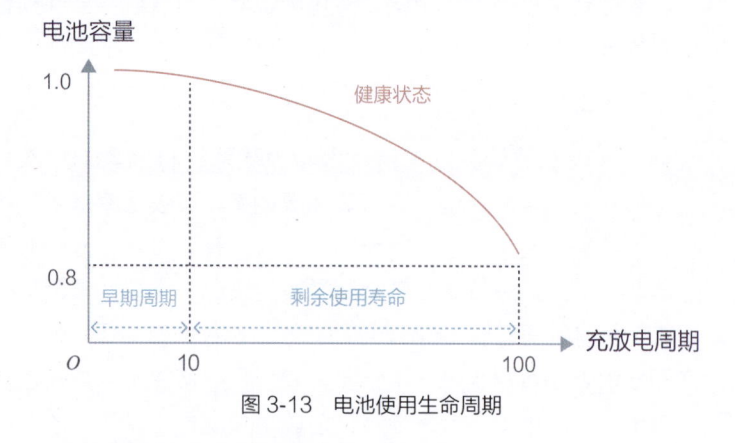

图 3-13　电池使用生命周期

3.5.2　解决真实场景中的现实问题

可持续发展是一项长期且艰巨的任务。在多年的探索中，微软亚洲研究院已有不少研究成果应用在实际场景中,并在煤电厂低碳转型、空气污染治理、楼宇智能节能降耗等方面取得了显著实效。

1. 煤电厂低碳转型

作为电力行业的支柱产业,煤电厂所排放的二氧化碳在全部的碳排放中占比极高。为了尽快解决煤电厂的排放问题,煤电行业一直在寻找低碳转型的新出路,其中,基于生物质资源的负排放技术就是最值得挖掘的技术之一。但是,煤电厂低碳改造路径需要考虑对整个产业链的影响。例如,生物质资源分布不均衡,就需要考虑生物质资源的跨地区采集,在资源运输过程中也会产生污染和相应的成本。

对此,微软亚洲研究院与清华大学地球系统科学系蔡闻佳副教授的团队合作提出了一种"机器学习+运筹优化"的解决方案,通过将煤电厂自身情况与未来用电需求相结合,综合考虑资源分布、运输过程、煤电厂规模、技术改造之间的复杂关系,从而优化求解,最终制定了成本最低的最优碳中和策略,如图 3-14 所示。该方案已在全国 137 家省级煤电厂低碳转型实践中得到应用,与基准实验相比,改造策略在仅需要额外花费 10% 的电力成本时,就达到了 100% 碳排放减少的目标。

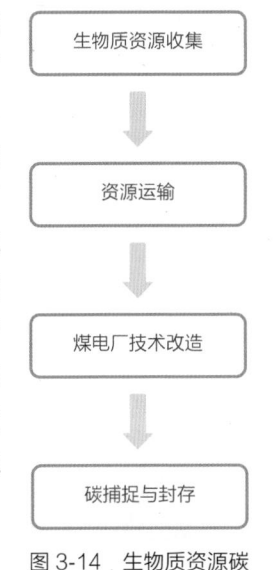

图 3-14 生物质资源碳中和流程

2. 空气污染治理

空气污染已经成为"人类健康的最大环境威胁"之一,空气污染治理一直是环境科学中的重要课题。控制和减少污染物排放是治理空气污染的重要手段，然而，传统的排放-污染物浓度响应曲面需要依赖大气化学传输模型（Chemical Transport Model, CTM）进行模拟，其中存在计算量庞大、运行耗时耗力、时效性低等问题。

针对这些问题，微软亚洲研究院与清华大学地球环境学院邢佳副教授的团队共同研发了 DeepRSM 大气响应模型，能够更精细地刻画空气污染物浓度，可将传统大气响应数值模型的运算速度提升近百倍，模型错误率下降一半，从而帮助决策者快速找到最佳的减排方案。该工作成果已被中国"十四五"规划采纳为评估治理大气污染的重要模型，并被美国环境保护署用于预测美国本土的空气质量。

3. 节能降耗

节能降耗是从源头减少碳排放的重要方式，它可以用较低的代价实现"双碳"目标。在日常生活中，供暖和空调对能源的消耗相对较高，而且，目前大部分的供暖通风与空气调节（Heating, Ventilation and Air Conditioning, HVAC）设备的控制还是依靠人工或简单的规则，这使控制本身无法快速适应建筑内外部因素的变化，无法有效地达到节能效果。

通过收集历史上积累的相关数据，我们利用离线强化学习算法（Offline Reinforcement Learning）对 HVAC 的控制策略进行了优化。该算法可根据外部天气情况和内部人流变化，实时调整空调设备的送风温度和送风压力，在保证系统安全和人体舒适度的情况下，使能源消耗减少高达 30%（线上测试），实现能源消耗最小化。该方案已经在多个楼宇中部署应用，效果显而易见。在 2024 上海气候周上，"可优化 HVAC 控制策略的强化学习"入选了"2024 年十大最值得关注的气候技术"。

3.5.3 节能减排下一步：多技术角度打造绿色低碳数据中心

随着人工智能、云计算技术的发展，数据中心的部署越来越多，规模也愈发庞大，数据中心已成为能耗大户之一。据中国信息通信研究院预测[53]，2030 年，全国数据中心耗电量将超过 3800 亿度，如果不采用可再生能源，碳排放量将超过 2 亿吨。然而，可再生能源的使用存在间歇性和波动性问题。

为此，微软亚洲研究院联合清华大学碳中和研究院院长助理、环境学院长聘教授鲁玺的团队计划展开研究，开发动态风电能源评估研究框架、数据中心终端用户模型和集成风力发电系统的数据中心协调优化模型，为数据中心提供最优的运行方案，最大限度地节约能源。

此外，微软研究院也在针对自己的数据中心探索节能减排方案。为了确保 IT 设备正常运行，数据中心会使用大量的水资源用于设备冷却。微软研究院希望能够利用前沿的机器学习方法，在满足温度标准的同时优化用水量，进而促进微软承诺到 2030 年实现"水资源正效益 (water positive)"目标的达成。

3.5.4 共建创新合作平台，共营碳中和发展生态

人类只有一个地球，各国共处一个世界，保护生态环境、应对气候变化，实现碳中和目标至关重要。这是人类面临的共同挑战，需要包括政府、高校与企业等不同主体多方联合，共建创新合作平台。

2021 年，清华大学与多家知名跨国企业共同发起"气候变化与碳中和国际合作联合行动"，微软亚洲研究院也是其中一员。联合行动成员倡议"共同传播碳中和绿色理念、共同加强碳中和人才培养、共同引领碳中和技术创新、共同开展碳中和集成示范、共同推

动碳中和产业转型"，以此加强绿色理念的传播、碳中和人才培养和技术创新，在促进社会可持续发展的同时提供切实可行的方案，为实现全球碳中和愿景做出贡献。

为进一步推进科研成果落地，在行动联盟项目支持下，我们此前参与的3个应用示范类项目——清华大学蔡闻佳教授的"碳中和目标下生物质能优化部署工具在济南市的示范"、清华大学刘竹教授的"全球近实时碳汇数据库"及清华大学王书肖教授的"城市大气污染物与二氧化碳协同减排优化决策系统示范应用分析"被推荐立项。希望这些合作完成的科研创新的价值可以转化为真正的减碳价值。

2023年3月14日，"气候变化与碳中和国际合作联合行动"启动仪式在清华大学顺利举行，微软亚洲研究院与其他11家创始理事单位代表共同见证了该联合行动的开启，如图3-15所示。

图3-15 "气候变化与碳中和国际合作联合行动"启动仪式

创新技术在实现"双碳"目标中正发挥着越来越重要的作用。当前，碳中和技术主要体现在低碳利用及能效提升技术、可再生能源技术、碳捕获和储存等负碳技术等重点领域。未来，基于人工智能、云计算等技术发展的数字能源将成为能源发展的新形态,以及推动实现碳中和的重要力量。微软亚洲研究院将持续在全球可持续发展的生态中发挥自身技术优势,与各界伙伴一道共享碳中和的治理举措和经验,共建碳中和领域前沿基础研究交流平台,共营碳中和理念传播及发展生态。

本文作者

马歆

马歆,微软研究院学术合作总监,负责开展和孵化微软研究院的科研项目创新与成果转化。在此之前,马歆曾任微软亚洲研究院学术合作总监二十余年,制定并开展了微软亚洲研究院与亚洲地区高校、学术机构在科研合作、人才培养、学术交流等方面的战略规划。目前,马歆还兼任中国计算机学会常务理事,以及微软亚洲研究院院友会常务副秘书长。她曾连续多年担任中国计算机学会女计算机工作者委员会主任。

第4章

培养跨学科人才，文化先行

4.1
让 AI 渗透每个学科，交叉融合、共同成长

青海大学地处青藏高原，拥有很多特色的学科专业，包括三江源生态学、藏医学、高原畜牧业等。这些专业如何与人工智能、计算机技术深度结合？2023 年 9 月，微软亚洲研究院院长周礼栋来到青海大学，与青海大学校长史元春及青海大学的师生一起畅想了跨学科领域的创新之路。周礼栋院长和史元春校长共同探讨了跨学科研究的核心驱动力、新技术背景下跨学科创新机遇等议题，如图 4-1 所示。

图 4-1　周礼栋与史元春在青海大学对话

第 4 章
培养跨学科人才，文化先行

问：请问周礼栋院长，您对青海大学有什么印象？

周礼栋：此前，史校长曾向我介绍过青海大学，那时我就对这所学校充满了无限憧憬。这次来到这里，我发现青海大学所取得的成就比史校长描绘的还要辉煌，尤其是三江源生态、藏医学、高原医学、高原畜牧业等专业让我印象深刻。这些专业不仅对青海省的发展有重要意义，对整个中国乃至全人类的福祉都有很大贡献。同时，青海大学对中国西部地区的人才培养和经济建设也做出了卓越贡献。

另外，清华大学对青海大学的对口支援，也取得了显著的成效，帮助青海大学实现了每 5 年一次的飞跃。微软亚洲研究院非常希望能够与青海大学建立紧密的合作关系，共同探索一些具有挑战性和创新性的研究，为青海、为中国、为全球社会做出更多贡献。

问：作为微软亚洲研究院的老朋友，史元春校长从 1993 年在清华大学计算机科学与技术系任教，到 2022 年上任青海大学校长，与微软亚洲研究院始终保持着密切的联系。请问史校长您对微软亚洲研究院有怎样的印象？

史元春：在微软亚洲研究院成立之初，甚至创立之前，清华大学就与微软公司开展了合作。微软亚洲研究院成立之后，我们不仅在物理位置上更接近了——与清华大学计算机科学与技术系直线距离仅一千多米，而且我们的合作关系也更加紧密，在过去的 20 多年里，微软亚洲研究院的"明日之星"计划为众多高校学子提供了实习机会，很多清华大学的学生都通过这项计划得到了锻炼和成长。例如，清华大学在人机交互领域顶级会议上发表的第一篇论文，就是我的一位博士生与微软亚洲研究院合作完成的。

微软亚洲研究院拥有国际化的视野和自由、多元的学术氛围，致力于解决最具挑战性的问题。对于学生来说，这里是一个开阔眼界、修炼科研身心的地方。同时，在过去的 25 年里，微软亚洲研究院也从一家纯粹的计算科学研究机构，发展成一个涉及多个交叉领域的研究机构。例如，使用 AI 技术解决甲骨文研究中的难题、进行 AI for Science 方面的研究等，展现了交叉学科研究的重要性。

上一任青海大学校长王光谦教授在与我交接时曾说："用 AI '扫荡'一切，让 AI 技术渗透到青海大学的每个学科中。"我希望我们学校有更多的学生，无论是计算机专业还是其他专业的，都能积极参与到"明日之星"项目中，与微软亚洲研究院一起探索 AI 技术的无限可能。

图 4-2　青海大学校长史元春

4.1.1　跨学科合作的重要性

问：两位在跨学科研究方面有哪些经验和案例？为什么跨学科合作如此重要？

史元春：先讲一下我对跨学科的认识。跨学科其实并不神秘，因为学科的设定是社会发展与科技发展的产物，它本身并不是一成不变的，在研究和发展的过程中，你会发现很多问题不能只用本学科的方法来解决。虽然在某个学科的范围内，我们有自己的研究体系、教学计划，但是每个学科都经历过一个发展的过程，它是从无到有的，而跨学科就是这个发展过程的体现。

在青海大学，我们有很多专业和学院都是经过发展变化而产生的，其本身就具有交叉学科的属性。例如，能源与电气工程学院，电力中的储能和调度会涉及计算和控制技术，以及新能源研究等，这些就是计算机与新能源光伏领域的联合研究。

周礼栋：从研究创新的角度看，很多最了不起的创新都是在现有学科体系之外产生的。微软亚洲研究院作为一家以研究创新为核心使命的机构，一直在寻求打破现有学科之间的界限。只有突破这些界限，我们的研究才能更具创新性。

另外，AI 将来必然会在很多方面为人类提供帮助。我非常钦佩史校长对青海大学的战略布局，包括启元实验室数据与计算平台（第四期），这是未来所有学科融合的基础条件。尤其在计算机科学领域，在 AI 高速发展的阶段，我们看到了很多技术与其他专业领域的结合，这对社会、经济及人类的发展都将带来巨大的影响。

微软亚洲研究院现在也在研究 AI 与人和社会的关系，以及在 AI 快速发展时，未来我们可能面临怎样的挑战。这不仅是计算机科学本身应该研究的课题，还涉及社会学、心理学、哲学等社会科学，而这些领域本身也会因为人工智能和计算机技术的发展而产生巨大的变化。我们希望通过跨界研究，真正了解那些对人类社会有重大影响的问题，并试图提供一定的解决方案。

在学生阶段，我们可能更专注自己的研究领域，因为我们的目标可能只是发表一篇论文。但当我们把注意力转移到如可持续发展、医疗健康等对社会更有价值和影响的问题上时，就会发现，单一领域的技术是不够的。有了更高远的志向，不同领域的人就会为了同一个目标而努力，所有人就会共同协作解决问题，一起思考寻找打破领域界限的方法和解决这些重要问题的方案。

图 4-3　微软亚洲研究院院长周礼栋

4.1.2　人工智能给跨学科创新带来的机遇

问：新技术的不断涌现会给跨学科创新带来哪些机遇？

史元春：在开学第一课上，我给同学们介绍过，我们应该与 AI 共成长。大语言模型、AI 让我们把原本在脑海中、书本里的知识和智慧变成了可以使用的工具，支持我们进一步发展和创造。这类工具的出现，并不是最近几十年计算机出现后才有的，其实早已有之。我们生活在一个充满机遇的时代，无论对于什么专业，我们都应该在学习和研究中充分利用这些可以承载人类基本知识的系统和工具。我们要带着问题、带着对自己能力发展的渴求、带着培养解决问题的能力的需求，开启新的学习和研究之旅。

过去已经有大量的研究成果是通过 AI 加持产生的。例如，刚才提到的调度控制与计算的结合，还有清华大学研究的蛋白质大模型与我们农业育种大模型的结合，帮助我们改进了马铃薯、油菜、蚕豆等蔬菜的育种技术。未来，许多学科的范式必然会用到 AI 技术。

从学校的角度看，青海大学加强了算力和智能算力平台的建设，以及团队和支撑能力的建设。我希望通过与微软亚洲研究院的深入合作，可以充分利用国内外资源开展深度交叉研究。总之，不要把 AI 当成玩具，而是要尽快地把它作为自己学科研究中的工具。

周礼栋：如今我们身处的这个时代充满了创新机遇。AI 将会颠覆很多领域，但它的颠覆并不是从领域外进行的，而需要 AI 和每个领域紧密结合才能够发现这个领域的新未来。

青海大学有着独特的优势，拥有很多特色专业，有很多重要的问题就摆在面前。同学们要努力在各自的领域扎根，找到那些你们认为重要的并抱有最大热情的问题，也可以加入微软亚洲研究院，与我们共同探索人工智能和其他专业领域的结合，重新定义领域的未来。这是一个相互学习的过程，也是一个艰难和漫长的过程，因为不同领域的知识语言系统是不同的。但这也是一个必然的过程，通过将 AI 与领域知识紧密结合，我相信未来可期。

4.1.3 人工智能与生态学研究的结合

问：人工智能技术应该如何与生态学研究更好地结合，为碳达峰、碳中和做出更大的贡献？

周礼栋：生态环境和可持续发展是当今社会面临的最重要问题之一。微软亚洲研究院和清华大学做了很多相关的探索。例如，我们和清华大学地球系统科学系合作开发了全球首个近实时负碳数据库，并且提出了一种"机器学习 + 运筹优化"的解决方案，帮助煤电厂实现低碳转型；我们还与清华大学地球环境学院共同研发了 DeepRSM 大气响应模型，能够更精细地描述空气污染物浓度，从而快速找到最佳的减排方案等。

我们也非常希望与青海大学就三江源生态问题展开联合研究。

这是一个复杂的问题，随着 AI 的进一步发展，它对生态领域的支持作用会更强，我们面临的挑战也会越来越多。非常欢迎青海大学的老师和同学与我们共同寻找利用 AI 解决生态问题的方法，找到新的解决方案。

史元春： 青海大学研究生态，不是单纯地研究生物多样性和环境保护。青藏高原是所有高原人民的高原，生产、生活都在这里同时发生，如碳达峰、碳中和、碳排放的问题，包括我们的载畜量、牦牛管理等。这里不仅有养殖业，也有对环境和双碳目标的影响，还要提高居住在高原的人民的生活水平等。这是一个很难的问题，难点在于如何利用计算机技术，在约束条件较多的情况下去做多目标优化。今天计算机和 AI 技术为这个问题建立了大数据基础，而 AI 如何加持这项研究，需要我们进一步探索。

4.2

转变思维，以使命和任务驱动培养跨学科人才

2022 年，微软研究院成立了科学智能中心（Microsoft Research AI for Science），专注将科学发现的第五范式变为现实。2023 年 10 月，微软亚洲研究院院长周礼栋与微软技术院士、微软研究院科学智能中心负责人 Chris Bishop 进行了一次深入交流，如图 4-4 所示。Chris Bishop 分享了他对科学智能中心的期待，以及 AI for Science 实践中的机遇和挑战。他们探讨了在科学研究新范式崭露

第 4 章
培养跨学科人才，文化先行

头角时，研究机构应如何转变思维，重塑科研文化，以促进跨学科合作，让科学研究对世界产生更积极的影响。

图 4-4　微软亚洲研究院院长周礼栋（右）与微软技术院士、微软研究院科学智能中心负责人 Chris Bishop（左）对话

周礼栋：非常高兴能与 Chris 进行这次对话。微软研究院科学智能中心已经成立近一年了，团队的发展是否达到了你的期望？科学智能中心有怎样的发展规划？

Chris Bishop：成立科学智能中心是微软研究院的一次"实验"，我们还处在起步阶段，发展道路上必然会充满各种挑战，我们有很多事情要做。但总体来说，科学智能中心的发展令人满意，我百分之百确定它的成立是微软做出的一项正确的决策。

我们都知道，科学并不是在所有领域和所有时代都匀速发展的，在某些领域、在某些时期会出现爆发式的进步。毫无疑问，在未来五年甚至更长的时间里，深度学习将会推动自然科学取得迅猛的发展。这也是我们开展这个有趣"实验"的原因之一——建立一个全球化的团队，专注 AI for Science。我们的研究不受地域限制，这与微软研究院的传统组织方式有所不同。

AI for Science 的研究对微软至关重要，也是公司的战略布局。到目前为止，科学智能中心的进展非常顺利，我们正以每小时 500 英里的速度向前奔跑，因为科学创新也是"唯快不破"的。

4.2.1 自由研究与使命驱动研究的平衡之道

周礼栋：微软首席科学官 Eric Horvitz 曾说过，微软研究院发展的关键是开放、合作和自由的研究氛围。多年来，微软研究院的研究员一直在这样的环境中工作。但近年来，使命驱动的研究已成为一个新的趋势，它与传统的开放、自由的研究模式有所不同。你认为如何在自由的研究和使命驱动的研究之间更好地取得平衡？

Chris Bishop：研究机构有很多不同的运营模式，不同研究机构多年的实践也证明了，没有一种模式是绝对正确的，不同模式在不同的时期和不同环境下都可能取得成功。

1997 年，微软开设了美国以外的第一个研究院——微软剑桥研究院。那时，微软剑桥研究院只有三名员工，他们都来到了当时我所在的艾萨克·牛顿研究所 (Isaac Newton Institute)，邀请我加入他们。我大概只思考了几秒钟，就决定加入这个新兴的研究机构。

我之所以提到微软剑桥研究院，是因为它有一位杰出的创始人 Roger Needham。Roger Needham 从本科开始就在剑桥大学工作和生活。他按照自己熟悉的类似于大学的方式来运营微软剑桥研究院，如相同的组织结构和激励机制。我认为这是一个正确的模式。如果是我，我也会采取相同的方法。

如今我们正处在人工智能、机器学习的时代，微软在这些领域有领先的研究和产品，大家希望来微软工作是很自然的事情。但在 26 年前，微软要怎样吸引一个对机器学习感兴趣的理论物理学家加入一家软件公司呢？这种更加学术化的机制是吸引优秀科研人才加入微软的重要方法。在过去的几十年里,微软研究院一直稳步发展,保持增长,也建立了新的研究院。随后,我们进入了一个发展相对平缓的时期。

微软是一家坚信技术和创新都至关重要的公司,这也是微软研究院存在的根本原因。只有创新才能生存,而研究就是创新的源泉。因此,微软必须开展研究工作。问题在于,是需要一个独立的研究组织,还是把研究嵌入产品部门?我认为应该二者兼顾,事实上,微软也是这么做的。

二者的区别在于,微软研究院应该专注那些只有我们才能做到的事情,也就是更具颠覆性和变革性的研究,尽管这些研究可能伴随着更高的风险,甚至在大多数情况下不能取得预期的结果。我们肩负重要的使命,除了与产品团队紧密合作,将一些技术交付给他们,还要作为一个独立的组织,开展更具雄心的工作,确保微软始终处在创新的前沿。

4.2.2 变革思维与文化,驱动科学智能发展

周礼栋:如你所说,在微软研究院,我们做的都是前沿的工作,具有极高的风险。你认为需要如何改变文化,转变思维、心态或者工作流程,以支持微软研究院的变革,完成科学智能中心的使命?

Chris Bishop:首先,明确一个方向非常重要。我们已经定义了科学智能中心的使命,即通过深入的研究,对一些关乎人类命运的重大课题,包括气候变化、药物发现等,取得突破性的进展。要想在这些问题上有所突破,对全世界产生积极的影响,就必须进行规模化研究,而微软提供了实现规模化研究和达到这一目标的理想平台。我们要将其打造成一个有前景的业务,并确保其可持续发展。

我们之所以如此兴奋,是因为我们可以通过积极的方式推动世

界的发展。要想取得成功，我认为有3个要素至关重要：首先，研究必须具备深度，这样才能在产品之外有所作为；其次，要借助微软的平台实现规模化，让研究更具可持续性；最后，最重要的是，我们的研究必须对现实世界产生积极的影响，这也是我们最关心的。这些因素构成了我们当前工作的核心内容。

4.2.3　跨地域协作与项目管理

周礼栋：合作在当前的环境下非常关键。我们要如何鼓励大家进行合作？特别是在跨地区和交叉学科研究的背景下，如何通过合作取得更大的成就？

Chris Bishop：这涉及自下而上和自上而下的研究模式。纵观微软研究院的历史，尤其是我熟悉的剑桥研究院，所有研究员都有充分的自由，可以专注自己感兴趣的问题，这是一种自下而上的研究模式，促成了百花齐放的成果。

很多事情都在发生变化。例如，机器学习初期的神经网络可能只有三四百个节点，而现在的规模已经超出了我们的想象。要取得世界级的研究成果，我们需要进行跨学科、跨团队的全球合作，这需要出色的项目管理。

因此，我们也需要融入自上而下的模式，但这并不意味着我们要告诉研究员应该从事哪些研究。研究员都非常聪明，对自己的领域了解更多，管理层的作用更像是倾听者，并提出自己的期望。

这也涉及如何激励大家更好地开展团队合作。我们鼓励大家更大胆和更具雄心，冒险就意味着可能会失败。但是，如果一个团队团结一致，朝着合理的目标努力，即使最终因为无法控制的因素而失败，我认为也是可以理解的，团队应该获得奖励。而在微软，这不是难事，因为在我们的3条相互关联的奖励原则中，只有一条是关于个人技术贡献的，另外两条都与协作有关——我们会奖励那些在团队中合作的人。

当然，合作也意味着要放弃一些自主性、自由和能动性，但有时我们确实要做出妥协，以获得更大的回报。有时看似放弃一座金山，实际上可能会获得更宝贵的财富。换个角度看，我们不必独自发表大量论文，而可以加入一个具有影响力的团队，成为一篇颠覆性的论文的作者之一，与他人一起改变世界。

在协作方面，科学智能中心面临跨时区工作的挑战。我们的全球团队分布在 3 个时区，这会给团队成员带来很多困难，因此，我们需要在实践中找到一种更明确和更本地化的工作流程。我认为，拥有优秀的项目管理专业知识可以帮助我们梳理工作流程，以更异步的方式思考，逐渐提高效率。在微软研究院多年的历史中，这也是前所未有的一次尝试。

4.2.4 跨领域和跨学科研究

周礼栋：我们注意到，当前研究领域的一个显著变化是我们的研究已经超越计算机科学的范畴，跨学科的研究变得越来越重要。你一直在推动不同领域和学科之间的交流与合作，请分享一下你在跨领域和跨学科工作方面的经验，以及我们要如何弥合跨学科的鸿沟。

Chris Bishop：这是一个我们仍在不断探索的问题。在为跨学科研究而努力的过程中，领导团队意识到，要想将人才聚集在一起，需要转变思维方式，从强调不同学科形式化、结构上的区别转向以使命和任务驱动。如果我们的目标是在现实世界中应用人工智能，那么我们不仅需要机器学习，还需要工程学。同时，我们必须考虑人工智能对人类的影响，这就需要社会科学的参与。

我们正在努力将不同的学科融合在一起，但必须承认，这些学科之间有很多差异。同时，我们要面临不同的语言和文化、跨区域协作等多方面的挑战。这些问题都很棘手，有时需要放弃一些东西，虽然困难，却是值得的。因为只有通过真正的跨学科合作，全球化地运营，吸纳不同学科、不同地区的顶级人才，才能做出真正能够改变世界的研究成果。

我们没有所有问题的答案，但有一个明确的愿景。我们也知道，只有通过团队协作才能取得成功。我们已经走上了这条困难重重的道路，并将坚定不移地砥砺前行，寻找解决问题、改变世界的途径。

4.3

打造一流创新环境：协作、开放、可持续

> 亨利·福特（Henry Ford）曾说过："因缘相聚是起始，合众努力是进步，精诚协作是成功。"这句话清晰地诠释了无处不在的协作。协作不仅是协调，将有才能的人聚集在一起只是第一步，而创新是一场灵感孕育、求证、推演、实现的协作竞赛，多元、包容的文化有利于我们在一轮轮竞赛中不断取胜。
>
> ——周礼栋，微软全球资深副总裁、微软亚太研发集团首席科学家、微软亚洲研究院院长

毋庸置疑，人类是群居物种。早在2000多年前，亚里士多德便在其著述《政治学》里揭示了人类群居共利协作的趋向：个体组成家庭，家庭组成村落，村落组成城池，城池组成国家和社会。直

到今天，从交响乐团的高超演奏到花样游泳队的优美表演，从流水线工人的默契配合到空中航班与地面塔台间的频繁交互，可以说，无所不在的协作成就了我们所处的世界与文明。

然而，许多看似完美的"协作"例证大都只停留在"协调"的层面：以预先确立的制度和规范、流程和指令为导引，组织相关人员以某种形式展开合作。与之相比，创新对协作的要求更高——整合团队才智、共同探索未知，其间，不可预测的、偶然性的因素很多，产出的成果则往往不会为往昔的经验和刻板的规程所限制。这显然需要一种层次更深且可持续的协作，让分工、协调、合作链条上的每个人都可能成为新的发现与贡献的核心主体。

4.3.1 开放积极：创新与年龄、资历无关

当前，中国自主建设运行的北斗卫星导航系统可为全球用户提供全天候、全天时、高精度的服务，无论是定位、测速、授时精度，还是服务的可用性、连续性，都可与 GPS、伽利略（Galileo）、格洛纳斯（GLONASS）等同类系统相媲美。

当我们回溯首个全球卫星定位系统"子午仪"（Transit System，GPS 的前身）的发明历程就会发现，研发机构的环境、机制与文化非常重要。一切发端于 1957 年 10 月 7 日约翰斯·霍普金斯大学应用物理实验室的自助餐厅——就在 10 月 4 日，苏联刚刚发射了人类历史上第一颗人造地球卫星"斯普特尼克 1 号"（Sputnik-1）。在餐厅里，32 岁的威廉·吉尔（William Guier）和 36 岁的乔治·魏芬巴赫（George Weiffenbach）发现：和他们一样，一起就餐的同事们对"斯普特尼克 1 号"的兴趣比眼前的美食更大。

这两位年轻学者临时制作了一个接收装置，轻松"接听"到苏联卫星发射的 20MHz 信号，并尝试基于多普勒频移效应测量并估测

卫星的速度与轨道。在接下来的几周里，在共同兴趣的驱动下，实验室内部形成了一个松散的科学家网络，他们围绕吉尔和魏芬巴赫的想法，不断填充细节，提供技术改进建议。1958年，一直关注这些"不务正业"的同事们的工作进展的实验室研究中心首任主席弗兰克·麦克卢尔（Frank T. McClure）提出了一个逆向问题：能否根据卫星信号推导出地面接收器的位置？于是，由两位年轻人的兴趣推动的自发探索升级为有明确目标指向性的专业课题。"子午仪"全球卫星定位系统自此而生，如图 4-5 所示。

图 4-5　"子午仪"卫星定位系统 1 号卫星原型（图片来自维基百科）

"子午仪"项目成功的背后当然有很多因素：那时的吉尔和魏芬巴赫年轻、好奇、精力充沛，身边有一群被"斯普特尼克 1 号"上天的消息刺激，因此跃跃欲试想要尽快赶超苏联科学家的队友；他们拿到了实验室的许可，获得了新添置的"体积大到能填满整个房间"的 UNIVAC 计算机的使用权。不可不提的还有麦克卢尔的洞察力——他逆向思考"捕捉卫星轨迹"的研究成果，并将其与一个具备潜在广泛应用可能的有趣课题相关联。

但我认为，与上述因素相比，更重要的是约翰斯·霍普金斯大学应用物理实验室为研究人员创造的环境：不以研究者的年龄、资历作为判断某项课题是否重要、是否值得鼓励的依据,而是秉承开放、积极的心态,全力支持年轻学者去探寻他们感兴趣的领域——这也是微软亚洲研究院的追求。

4.3.2 透明无碍:打破一切无形的墙

在推动不同团队成员之间的信息自由流动和思想开放碰撞方面,在促进基层研究人员由兴趣驱动的自发协作方面,约翰斯·霍普金斯大学应用物理实验室的文化无疑起到了很大的作用。然而,我也注意到,即使在沟通方式多元、沟通渠道顺畅的如今,在更多承负了创新重任的机构里,团队间也常出现被层级结构阻隔,割裂为碎片化信息孤岛的状况。许多研究人员不清楚与自己相隔仅几个工位的同事在做什么,甚至可能从未与他们交谈过——在这种环境中,每个群体周围似乎都有一堵无形的墙,阻碍着灵感的交汇和信息的共享。

其实,我们今天遇到的问题,一些曾深刻影响产业发展的知名研究机构也遇到过,并制定了一整套经过精心设计的制度,以消除各种主观生成或客观存在的隔阂与障碍。2002年,我第一次去雷德蒙的微软总部出差时,遇到了大卫·康洛伊(David G. Conroy)——他正在微软硅谷分部任职,并与图灵奖得主查克·萨克(Chuck Thacker)一起研究平板计算机,此前,他曾和查克·萨克、劳伦斯·斯图尔特(Lawrence C. Stewart)共同设计了著名的DEC Alpha——他盛情邀请我去雷德蒙当地最棒的牛排馆用餐。但比起口感鲜美的牛排,与康洛伊的交谈让我获益更多,特别是施乐帕克研究中心(Xerox PARC)的传奇创始人兼主任鲍勃·泰勒(Bob Taylor)如何构筑一流创新环境的故事,给了我很大的启发。

尽管在商业表现方面不尽如人意,但时至今日,施乐帕克研究中心在不少信息技术工作者眼中仍不啻为一座镌刻了许多深刻影响后世的非凡创意的丰碑。为了激发施乐帕克研究中心研究人员的创造力，鲍勃·泰勒设计了一些让旁观者感到违反直觉，甚至有点荒谬的制度。例如，在同一个研究领域内，不允许超过 3 名研究人员组成小团队，并且同一个领域研究者的工位至少要间隔 3 个办公室，这样，在他们相互走动时，必须经过好几个非本团队同事的工位。这样做的目的，据说是避免研究人员被自己钻研的相对狭隘的领域所局囿，进而忽视了与研究中心其他领域伙伴的互动。事实证明，这个看似"乱弹琴"的规定效果很好，极大地促进了研究人员的跨领域交流。

另一个例子是鲍勃·泰勒为施乐帕克研究中心及后来的美国数字设备公司（Digital Equipment Corporation, DEC）系统研究中心的实习生们设计了一个彩豆游戏，以鼓励那些每每因面对权威而慌乱羞怯的实习生更主动地与研究人员交流。在实习季开始前，每位研究人员都会领到一袋特定颜色的豆子。在实习生发起有价值的探讨后，就会得到研究人员奖励的一颗豆子。实习生必须收集足够的不同颜色的豆子，才算成功完成实习。鲍勃·泰勒那看似永不枯竭的奇思妙想不仅让他在所任职的研究机构取得了令无数后来者敬仰的成就，还为我们打造独特、可持续的协作创新环境提供了可贵的启示。

"前沿、更超前"的科学研究自然应该为企业、所在区域，甚至亿万用户创造价值，但这是另一个话题了。在此姑且不谈商业贡献——约翰斯·霍普金斯大学应用物理实验室、施乐帕克研究中心和数字设备公司系统研究中心的正面例证启迪着我们：在微软亚洲研究院，每位伙伴首先都应将真正的协作心态贯穿工作全程。在此基础上，着手营造可有效消弭群体虚拟界限、提高日常互动透明度的文化氛围，让各种创造性想法的星星之火在研究院内形成燎原之势。

4.3.3 多元包容：遵循三个原则，打造独特文化

将有才能的人聚集在一起只是第一步——创新是一场灵感孕

育、求证、推演、实现的协作竞赛，而多元、包容的文化有利于我们在一轮轮竞赛中不断取胜。

在我看来，研发机构打造多元与包容的独特文化至少需要遵循以下3个原则。

1. 每个人都有发言权，管理者应当倾听和重视所有不同的声音

正如前文提到的，创新与年龄、资历无关。改变世界的灵感可能来源于我们身边的每个人，无论其性别、年龄、职级、角色、专业知识及经验储备如何。认识到这一点就会明白，当你发自内心地尊重并赞赏其他人的思考时，你的好想法也更容易被其他人理解和接纳。微软亚洲研究院应持续打造和完善这样的工作环境：大家可以毫不犹豫地分享自己的观点，不仅不介意自己的与众不同，还要引以为荣。每个人都能自由地追逐让自己热血沸腾的创新目标。前文讲到的"子午仪"全球卫星定位系统的故事表明，当背景不同却都充满激情的科学家们朝着共同目标抱团协作时，往往能够迸发出超乎寻常的创新能量。威廉·吉尔长于分析，有着非凡的物理直觉与熟练的编程技巧；当时正在攻读博士学位的乔治·魏芬巴赫则是一名微波光谱学专家——两个人固然可说是天时、地利、人和等多元因素共同成就的完美搭档，但如果没有实验室内部许多研究人员的鼎力帮助，"子午仪"的诞生也不可能那样顺利。

2. 让思想在辩论和建设性批评中演进

桥水公司的创始人雷·达利欧（Ray Dalio）在其著作《原则》一书中指出："进化是宇宙中最强大的力量，是唯一永恒的东西，是一切的驱动力。"这句话同样适用于解读思想的作用。我相信，思想的演进和更新，有赖于志同道合的人群的频繁交流、辩论和建设性批评。

对不同意见的警惕与防范似乎是我们的本性——这是很正常的。在面对批评时，很多人会倾向于将之视作对自身能力甚至信誉的质疑或否定，并感觉它会侵蚀自信、伤害自尊。我一度也有这样的感受：在康奈尔大学读书时，有很长一段时间，我对我的导师弗雷德·B. 施耐德（Fred B. Schneider）很是抵触，因为他似乎总是在研究上给我出难题，对我的每个想法、论文和研究的每个细节都予以近乎苛刻的审视和挑剔。直到多年以后，我的阅历让我可以代入导师的角色去思考，才意识到自己求学时能够在导师"残酷"的坦诚中成为"幸存者"是真的幸运——正是他的挑剔、他的批评，帮助我了解了不同的观点，并在尝试回应质疑的过程中产生了更好的想法。我由此领悟到：人的心境总是会成长的，而所有的思想交流，即便是以辩难、挑战、批判的形式呈现，都有利于加速成长。也就是说，交流无所谓谁对谁错、谁输谁赢，更重要的是，在此过程中，大家都收获了相互学习、锤炼思想的成果。因此，始终保持谦虚、客观的心态极其重要。所有挑战我们想法的人，都在向我们提供另一种形式的支持，反向推动我们打磨和优化自己的想法，并对我们的成长做出贡献。

对批评的包容、尊重也意味着需要重新审视我们在各种会议和互动中经常采用的"和谐"处事方式：选择"和谐"，意味着我们或许会隐藏起自己的真实想法，而只给出附和与溢美的空泛表态，以避免"伤害"同伴的感情。然而，在很多时候，建设性的批评要比言不由衷的认可更有价值。在健康的研究环境中，每个人都应容纳和消化来自旁人的经过深入思虑的挑战与批评。

3. 让最好的想法获胜

"优胜劣汰、适者生存"是进化的关键法则，但"优"与"劣"决不能等同于职位的高与低。想要赋予创新更强劲的推力，就必须确保经过交流、辩论后，获胜的是最好的想法，而不是让少数人仅因为他们更资深或职级更高，就在没有充分评估某个想法的价值与潜能的情况下做出决定——否则势必会破坏组织机构持续进化的目标，将原本创意与活力满溢的环境变成一潭死水。同样，"让最好的想法获胜"，不是为了凸显团队里谁最聪明、谁最强大，而是为了让彼此都能更协调地共同成长。

在我职业生涯的早期，曾经研究过的一个方向是以计算机系统的柔性降级（Graceful Degradation）作为容错的第二道防线。当时，我的主管、微软硅谷研究院院长罗伊·莱文（Roy Levin）对这个课题表达了怀疑态度。罗伊曾是施乐帕克研究中心的研究员，后来曾担任美国数字设备公司系统研究中心的负责人。他向我坦陈了自己的担忧，并围绕他发现的问题和我一起进行头脑风暴。经过半年左右的努力，参考了他和其他同事的意见，我的研究终于有了成果，论文随后在国际计算机学会分布式计算原理大会（ACM Symposium on Principles of Distributed Computing）发表。这是我与罗伊·莱文合作的唯一论文。至今我仍记得那时他对我说的话："我不认为我的见解一定比你和研究院其他人的更好。基于我多年来的经验，我希望我的看法能对你有所帮助，但你可以结合我的反馈做出判断。我会支持你的任何决定，也很乐意让你自己承担责任。"他说，他很高兴自己的批评意见没能阻止我对课题的延展探寻，反而帮助我完成了初始想法的完善、演进。在那以后的几年里，我负责的团队涌现出了更多的案例。我的伙伴们屡屡证明，我对他们项目的质疑和批评存在着偏颇之处。我也很高兴，我的那些"善意的偏见"最终没有扼杀那些有前途的项目，还在某种意义上推动了这些项目的发展。

4.3.4 转型思维方式：让文化成为创新能源

当"数字化转型"成为不可逆转的全球性潮流时，作为身处数字化创新前沿的科研工作者，思维方式的转型就显得更加紧迫和重要。特别是对历经改革开放后40多年的发展积淀，逐渐由创新的追光者、诠释者进化为探索者、创造者的中国来说，从政企学研各界到民间，对科技研发的看重与投入固然必要，但更有必要的是，了解那些有利于创新的规则，进一步解放思想、拥抱变革。

对此，我个人积累的心得包括以下五点。

（1）对于创新型研究来说，由愿景和梦想驱动，胜于由结果和利益驱动，所以要明确创新的动力是来自内生的兴趣与追求，还是来自外部的挑战和压力。前者更具可持续性，更有利于探索笼罩着迷雾的科学前沿，也更能经受漫漫长路上不可避免的寂寞、挫折和反复，最终取得有影响力的突破性成果。后者的短期目标指向性更清晰，但通常不够长远，大体上仍然是在已划定的赛道上奔跑，难以挣脱窠臼。

（2）创新型组织将全面引领并加速社会进步和经济发展。经济发展阶段与产业发展重心不同，企业和机构的管理运营模式与价值判断标准也不同，以往激发劳动密集型组织的生产力的方法论不再适用于智力创新型组织，因此，要想加速创新、变身引领者，考验动员和管理能力的"旧模板"也应转型为考验环境和文化优越性的"新机制"。

（3）与众不同的想法是创新的火种，点亮火种需要开放积极、透明无碍、多元包容的环境和文化，需要鼓励跨界协作、鼓励个性表达、鼓励机构内部构建"信任体系"，而不是"监督体系"。对研究人员来说，在相对宽松、被充分信任的环境下思考，更容易萌生新鲜的想法。

（4）对创新型组织而言，每位同伴可持续的成长要比短期KPI的实现更重要。创新是一场经年累月的长跑，只有可持续的员工才能带来可持续的创新。微软亚洲研究院尤其强调这一点：我们注重工作和生活的平衡，拒绝急功近利，更提倡持之以恒，不断突破自我舒适区去追求长期目标。我觉得这才是微软亚洲研究院及每位研究人员不断进步、持续创新的保证。

（5）即便是一流的环境，也要通过不断地探索和试错来改进和优化，换句话说，环境本身也需持续成长，就像今天的微软亚洲研究院与1998年刚成立时相比，也有了脱胎换骨的变化。未来，变化仍会继续，但我们着眼于创新人才培养和创新文化构筑的初心不变。这也是我们一代代研究员接力强化微软亚洲研究院生命力的期望之所寄。

一个创新型组织的生命力有时体现在将突如其来的挑战转化为机遇的能力：在新冠疫情阻碍国际学术交流的特殊时期，我们推出了"星桥计划"，为优秀的中国留学生提供到微软亚洲研究院实习的机会，使他们能够为今后的研究生涯做更充分的准备。我们还与微软雷德蒙研究院携手推出了"星跃计划"，让在微软亚洲研究院实习的学生有机会同时接受两地资深专家的指导，体验国际化、多元化的学术氛围。位于北京和雷德蒙的两家研究院的团队设置有很大的差异，在研究方向上也存在相关性与互补性，实习生们因此感受到不同的研究风格与课题魅力，科研创新能力也得到了更全面的提升。

一个创新型组织的成长过程，也是不断拓展视野并承担更大的社会责任的过程。微软亚洲研究院从创立伊始就和国内外的计算机科研机构展开了深度的合作，携手进步，共同发展。近年来，微软亚洲研究院对可持续发展、碳中和、医疗健康等人类社会问题越来越关注，我们因此将合作伙伴阵营拓展至计算机科学以外的多个领域和行业，包括生物、材料、能源及环境等。我们的"产业创新中心"也已成为连接微软亚洲研究院和行业伙伴的重要桥梁。

就像琳达·希尔（Linda Hill）在关于"集体创造力"（How to manage for collective creativity）的 TED 演讲中指出的，我们的目标是"创造一个空间，让每个人的每份天赋都能得以释放和运用，并演变成为集体天才的作品"。微软亚洲研究院这样的研究机构，应当带头尝试践行所有有利于激发创新力的原则，大胆接受和改造各种新的范式，将协作创新视为自己的主要使命。

本文作者

周礼栋

周礼栋博士现任微软公司全球资深副总裁、微软亚太研发集团首席科学家、微软亚洲研究院院长。

在康奈尔大学获得计算机科学博士学位后，周礼栋博士于 2002 年加入微软公司。他的职业生涯遍及微软多个研究院，包括在微软硅谷研究院担任研究员，在微软雷德蒙研究院担任系统研究组首席研究员，以及在微软亚洲研究院担任常务副院长，并于 2021 年升任微软亚洲研究院院长。

周礼栋博士是系统研究领域首屈一指的专家，多年来一直专注于推动可靠、可信及可扩展的分布式系统的理论研究和实践探索。他在 ACM 操作系统原理大会（SOSP）、USENIX 操作系统设计与实现大会（OSDI）和 USENIX 年度技术大会（ATC）上均获得过最佳论文奖。作为微软在设计和开发大规模分布式系统方面的重要技术带头人，周礼栋博士主持设计和开发的系统支持着微软从搜索引擎、大数据基础设施、云系统到 AI 基础设施的主要产品和服务。

周礼栋博士是电气电子工程师学会会士（IEEE Fellow）和国际计算机学会会士（ACM Fellow）。他曾是 ACM 计算机系统会刊（ACM Transactions on Computer Systems）、ACM 计算机存储会刊（ACM Transactions on Storage）、IEEE 计算机会刊（IEEE Transactions on Computers）的编委会成员。周礼栋博士还曾担任 2017 年 SOSP 大会联合主席，以及 2023 年 ACM 软件系统奖项评选委员会（ACM Software System Award Committee）主席。目前，他是 SOSP 指导委员会（Steering Committee）主席，并将担任 2025 年 OSDI 大会的程序委员会联合主席。

4.4

AI 系统研究：硬件和软件的"双向奔赴"

> 从微电子、集成电路到系统架构、软件设计，再到 AI 模型、算法研究，从复旦大学到微软（亚洲）互联网工程院，再到微软亚洲研究院（上海），现任首席研发经理的杨玉庆如何转变不同角色？有着软硬件跨领域研究背景的他，对 AI 研究有哪些不一样的理解？作为微软亚洲研究院（上海）最早的一批研究员，他对微软亚洲研究院（上海）有怎样的感受和期望？让我们一起走近杨玉庆的"立体"研究世界。

从本科到博士，杨玉庆在复旦大学学习的是微电子专业，在职业生涯的起点做的是与数字电路、SoC（系统级芯片）架构设计有关的工作，可谓是一名实打实的硬件工程师。然而，如今他带领微软亚洲研究院的团队在人工智能和分布式系统领域取得了多项重要的研究成果，他和团队参与的 OpenPAI、NNI、nn-Meter、SparTA 等软件工程项目均获得了学术界和工业界的肯定。

4.4.1 从"全栈式"视角看待系统与 AI 研究

谈及最初的专业选择，杨玉庆认为自己更多的是"顺势而为"。当时正是通信技术从 2G 向 3G 再到 4G 的高速发展阶段，市场对集成电路有了更多的需求，相应的研究从通信制式、算法到电路的实现和通信标准等也呈井喷态势。半导体行业蕴藏的新机会为个人提供了施展拳脚的空间，也让杨玉庆看到了更多的可能。因此，他持续研究无线通信系统的集成电路加速和数字信号处理方面的课题，并在之后的几年深耕半导体行业。

随着研究的深入，杨玉庆对数字电路产生了新的认知。他认识到，无论是数字电路还是架构设计，本质上都在进行权衡，这就需要超越电路本身，将视角从底层的硬件向上层的系统扩展，归根结底在于用户需求不只局限在电路层面，也就是所谓的"工夫在诗外"。

顺着这个思路，杨玉庆的职业规划也开始发生变化。2017年，杨玉庆加入微软（亚洲）互联网工程院，工作方向从底层系统的架构设计逐渐走向系统软件设计，开始站在开发者和用户的视角看问题。"系统的优化不能只停留在硬件或软件本身，而是要从更广阔的视野去理解。从底层你会更清楚地理解模型会以怎样的形式被计算硬件执行，从而做出有针对性的优化。反之，从上层你会看到系统优化中最关键的部分，包括它的发展趋势。微软给我提供了这样的机会，让我可以从'全栈式'的视角来看待这些研究工作。"杨玉庆说。

4.4.2 汇溪成流，AI系统优化360°迭代

2019年，微软亚洲研究院（上海）正式成立，杨玉庆成为第一批员工。"一方面，我可以更好地兼顾家庭；另一方面，研究院希望能够与更广泛的行业伙伴合作，推动AI技术的真正落地，这一点对我有极大的吸引力。"杨玉庆说，"作为上海研究院的第一批员工，我们还有点像一个'创业团队'，大家从头开始规划做一件事情非常有趣。"

在微软亚洲研究院（上海），杨玉庆的研究工作聚焦于如何在深度学习模型越来越大时提升计算效率，让模型能够更好地在各种

终端落地，得到更广泛的应用。广受业界好评的 AutoML 工具 NNI、大规模人工智能集群管理平台 OpenPAI、推理时间预测系统 nn-Meter 模型，以及深度学习模型稀疏化编译框架 SparTA 等，都在沿着这条研究主线向前推进。

杨玉庆表示，在设计系统以支持深度学习或 AI 模型时，它不是由独立的点构成的，解决的也不是一个个独立的问题，而要从整体的、系统化的角度进行研究。例如，一个模型从训练到部署，再到最终用户的多次使用，其中多层级的调用都会影响模型的效率、性能，而微软亚洲研究院的这 4 个项目先通过每个点的研究逐个解决不同环节出现的问题，再由点连成线，形成面，解决 AI 系统从模型性能、训练效率到终端适配的整体问题，如图 4-6 所示。

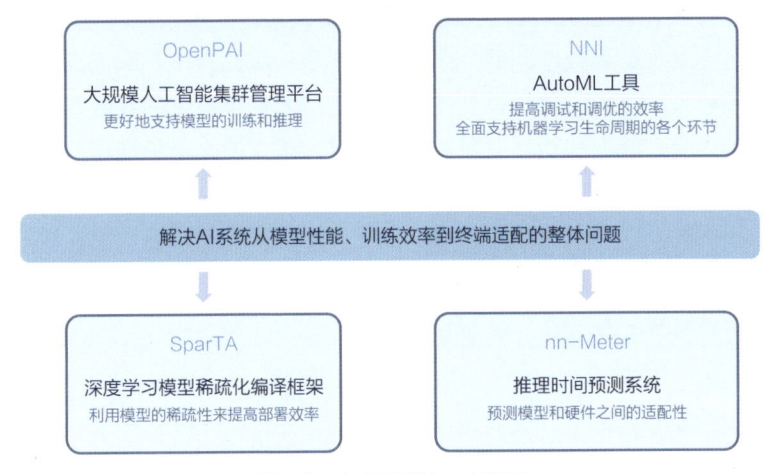

图 4-6　由点及面的 4 个项目

首先，AI 模型训练基本上是基于集群的训练，在这个过程中，要充分计算 GPU 或硬件集群如何更好地支持模型的训练和推理。OpenPAI 平台就是为了解决这个问题而设计的，它支持多种深度学习、机器学习及大数据任务，可提供大规模 GPU 集群调度、集群监控、任务监控和分布式存储等功能，且用户界面友好，易于操作。

其次，在 AI 模型的整个生命周期中有大量的迭代任务，开发人员需要不断调优，包括架构调优和参数调优，这并不是一次性的任务，而是需要大量的调试才能让模型实现更好的性能。AutoML 工具 NNI 可提高调试和调优的效率，为机器学习生命周期各环节提供全面支持，包括特征工程、神经网络架构搜索（Neural Architecture Search，NAS）、超参调优和模型压缩在内的步骤，都可以使用 AutoML 算法完成。同时，NNI 2.0 加入了对"探索性训练"框架 Retiarii、基于掩码的模型压缩加速工具的支持，提供了利用 Python 发起实验（预览功能）与多种算力混合训练的功能，并简化了自定义算法的安装方法。NNI 是目前 GitHub 上最热门的 AutoML 开源项目之一。

再次，模型基本确定以后，还需要使其适配不同的终端设备，而这会引发部署效率问题。因为在大模型训练过程中，研究人员更关注模型的性能，单个模型往往具有高达万亿个级别的参数，但端侧的内存、算力和功耗的限制对深度学习模型的大小和推理延迟提出了更高的要求，这就需要给模型"瘦身"，在性能和模型大小上做出平衡。为了解决这个问题，除了 NNI 的大模型压缩功能，微软亚洲研究院的研究员和工程师研发了 SparTA，利用模型的稀疏性提高部署效率。

最后，在端侧部署 AI 模型，还要考虑硬件的多样性。针对不同的设备，每个人对模型都有不同的理解。例如，有人认为 CNN 更好，有人喜欢 Transformer 架构，那么在硬件适配中就会有不同的取舍。相应地，硬件也会针对模型的特点进行优化，造成同一个模型在 A 设备上效率很高，而在 B 设备上很低的现象。这就需要以自动化的方式解决硬件多样化的问题，否则适配时间和成本可能超乎想象。其中，关键的一点就是先理解模型在硬件上的表现，再进行相应的优化。推理时间预测系统 nn-Meter 模型能预测深度学习模型在不同边缘设备上的推理延迟,也就是对模型和硬件之间的适配性进行预测。

"AI 模型的训练、部署到应用需要全栈、全生命周期、多层次、系统化的思考,并不是一两个项目就能解决的问题。"杨玉庆说,"在微软亚洲研究院的这几年让我体会最深的是,之前我们基于个人的认知和好奇心,从一个点出发进行的研究和尝试,最终就像不同的支流,慢慢汇成了一条让系统可以更好支持 AI 模型的江河,帮助研究者和开发者提高生产效率。"

与此同时,杨玉庆认为,每个项目的成功都离不开团队成员齐心协力,其中最重要的就是所有人都有一致的愿景。在项目开始时,大家清晰沟通、明确分工,只有每个人都能"believe in"(相信与信任),才能确保后续工作顺利进行。

4.4.3 以数据为脉络,赋能百行千业

经过几年的建设,微软亚洲研究院(上海)的研究领域已稳定成型,杨玉庆所在的系统组主要为计算密集型任务开发高效技术,包括大规模 AI 模型、实时视频流处理,主要实现模型、编译器和系统平台级工具的整体优化。此外,杨玉庆和团队成员关注视频流传输的跨级优化,包括实时视频会议、云游戏等,以及医疗行业的多模态数据处理,如心电图、脑电图等非结构化数据的检索和挖掘工作。

在现阶段,微软亚洲研究院(上海)的所有业务基本以数据为核心脉络,从数据获取,到借助算法对数据进行处理和挖掘,再到系统层面的数据存储、搜索、查询,围绕更普适的、多模态的数据形成完整的闭环工作链。杨玉庆说:"在大数据时代,任何数据及数据与数据的关联都是有价值的。但在实际应用中,真正能被检索、

被人们所处理的数据,只是冰山一角,大量非结构化、稀疏的数据好似沉在水下的冰山,并没有被真正挖掘出来。如果能利用算法、系统,针对特定的场景,例如在医疗健康领域去构建医生所认可的、医学意义上的数据关联和理解,就更能释放医生和医疗研究者的潜能。这样的方式也能推广到更多的行业,对整个社会都将产生巨大的意义。"

随着近年来交叉学科研究课题逐渐增加,杨玉庆认为,AI 需要跳出传统的计算机科学领域,与更广泛的行业研究建立关联,从纯粹的 AI 研究,到把 AI 变成一种能力和工具,与其他学科和领域共同推进研究边界,从定义问题开始,就像双螺旋一样,缠绕攀升,进而赋能百行千业。"这种赋能是合作式赋能(collaborative empowerment),与单方面提供服务或工具的销售式赋能有很大的区别。"为此,杨玉庆也欢迎有各类学科背景的、志同道合的伙伴加入微软亚洲研究院(上海)这个年轻、充满朝气与活力的团队,一起用科学研究改变世界,让世界更美好!

人物简介

杨玉庆

杨玉庆博士现任微软亚洲研究院(上海)首席研发经理,带领系统组(上海)专注于大模型系统和多模态系统的研究。他的研究兴趣包括大模型的高效计算和智能体系统的顶层设计等。相关研究成果多次发表于 OSDI、SOSP、EuroSys、ATC、CVPR、ICCV、NeurIPS 等国际顶级会议。

杨玉庆分别于 2006 年和 2011 年获得复旦大学的学士学位和博士学位。

第 4 章
培养跨学科人才，文化先行

4.5
从生物跨界到计算机，只因"贪心"想做自己

> 2012 年，在清华大学医学楼的实验室里，为了本科毕业设计，我在细胞间的培养皿中一遍遍搜寻干细胞的踪迹；2018 年，我依然在实验室里，为了博士毕业论文，在暗室的显微镜前拍下一张张秀丽隐杆线虫线粒体荧光染色图像。
>
> 彼时的我，无论如何也不会想到，在经历十年生物实验训练后，我会成为微软亚洲研究院的一名研究员，更不会想到，我会在微软研究院进行计算生物学的研究。回顾自己从本科毕业到现在的十年历程，一次次"贪心"的选择造就了今天的我。
>
> ——邓攀，微软研究院科学智能中心高级研究员

4.5.1 做实验和写代码，我全都要

故事开始于 2012 年，那是我抵达纽约、开始博士学习的第一年。

美国生物学专业的研究生院向来有"轮转"制度，新入学的博士生大都要先选择 3 至 5 个感兴趣的实验室，进行不超过 3 个月的"短期体验"，在第一年结束时再决定要加入哪个实验室进行博士阶段的研究。那时，计算生物学还是一个小众的方向。出于好奇，我选择加入一个利用计算方法研究微生物群体行为的实验室轮转。

实验室的早期研究发现，一种叫作假单胞杆菌的细菌在被添加

到培养基上后，会逐渐长成树杈状的分支结构。如果同时放上两个菌落，它们就互不打扰，各退一步。令人好奇的是：在"一马平川"的培养基上，是什么让细菌在扩散时出现这种分支模式的呢？相距甚远的细菌菌落又是怎么知道彼此的存在的呢？

在实验室轮转的过程中，我们通过对这种细菌进行定向基因改造，结合许多脑洞大开的实验，找到了影响菌落形态和菌落间通信的分泌因子，用数学模型解释了菌落行为的原因，还在 MATLAB 里模拟出了菌落群体的扩散过程。

时至今日，回想起来，我依然认为这是一项十分有趣的研究。当时，我也一度考虑加入这个实验室，继续进行生物群体行为的算法模拟。但转念一想，生物实验（"湿"实验）的训练高度依赖场地和环境，相比之下，编程学习与研究（"干"实验）则自由很多，甚至可以在晚间和周末进行。因此，纠结许久的我最终还是选择了传统生物学方向，并继续利用课余时间自学编程。

不得不说，年轻时的我真是精力旺盛。但也正是这个想法，让我今天站在这里成为可能。

4.5.2　不管有没有用，我全都学

说到做到。在接下来的几年里，实验室工作之余，我读完了研究生院里与计算生物或生物统计相关的全部课程，还在 Coursera 网站上学习了很多公开课，并认真做了笔记、完成了作业与考试。当时，慕课刚刚兴起，网上有很多高质量的公开课程。

坦率地讲，当时的我并不知道这些课程对未来的生物研究有没有帮助，直接一点说，我不知道这些课程对未来找工作有没有帮助。在大多数情况下，我的学习纯粹出于对知识的好奇。举例来说，我得知一门算法课教得很好，而这门课程的语言是 Java，那我就去学

习 Java；听说 C++ 更能培养计算思维，我就去 USACO 上用 C++ 刷题（那时候 LeetCode 刚刚成立）；听说大数据、云计算特别流行，我就去学习云计算的课程……

后来，这些经历意外地对我起到了非常大的帮助作用，让没有任何算法面试经验的我在面对微软高压且专业的面试时毫不慌张。这段学习经历也帮我赢得了第一次计算机方向的实习机会。

4.5.3 遇到机会，就全力以赴

在多年的求学和工作中，我观察到了一个现象：中国学生和欧美学生相比，女生和男生相比，都更容易说一句话——"我不行"。真的是自己不行，还是你觉得自己没有准备好？是因为自己没有十足的把握，害怕失败，所以不敢尝试吗？

由于专业性质特殊，生物学专业的学生很少会在校时到企业实习。但博士四年级那年的春天，我突然听到两个消息：一是实验室要在那年夏天从纽约搬到麻省的伍斯特，所以暑假的时间几乎进行不了任何实验；二是有一个名为谷歌编程之夏（Google Summer of Code）的暑期实习项目正在接受申请。谷歌编程之夏项目每年 2 月启动，组织方先筛选一批符合标准的开源项目，再开放学生报名，通过开源项目筛选他们心仪的学生。入选的学生在暑期进行 3 个月的线上全职实习，为开源项目贡献代码。许多学生也在实习结束后成为长期的开源贡献者。

这个项目对于当时只会闷头写代码的我来说是一个好消息，恰好那个暑假我也有充裕的时间。问题只有一个：我听到这个消息时，距离学生申请项目的截止日期只剩两周。在这两周里，我需要从 100 多个开源项目中选出我想要申请的项目，按照项目的要求完成代码任务，并提交申请书，而当时我对 GitHub 的了解程度仅限于：

在一堂不到 2 小时的入门课上，我建立了账号，并克隆了同学刚刚建立的代码仓库 (repo)。

根据我当时可怜的技能和兴趣，我很快锁定了自己要申请的项目——一个用 C++ 编写的主要应用于生物医学研究的机器学习库。它的项目主页上写着：欢迎女生申请。当时的我想：我一定要抓住这个机会！

"我是女生，我是生物医学专业的，我写过 C++。"靠着这点强行给自己找来的优势，我啃起了这个项目的代码任务：在线性代数库里增加均值计算的功能模块。这个任务看起来很简单，但对当时的我来说，就好像让小学生去解一道微积分的习题。整个代码库有大约 50 万行代码，我需要从里面找到目标路径，理解依赖项 (dependency)，参照其他功能的实现形式完成这个同时支持 CPU 和 GPU 后端的功能 (feature)，写好本地测试，在 Docker 里跑通，再通过 GitHub 提交任务——每一步都需要从头学起。

在那两周里，我边哭边做任务。代码看不懂、环境配置不好、编译报错、测试通不过，甚至别人的讨论我也听不明白。我觉得好难，觉得自己什么都不会，全都是问题，觉得没有时间了……

但我还是坚持下来，尽我所能完成了相关工作，并通过了拉取请求 (Pull Request) 的所有测试，如愿以偿拿到了实习的入职通知书。

那时的我心虚吗？非常心虚。在申请时我简直是靠着一口气完成了任务。在实习期间我能应付得来吗？我要退缩吗？那时我发了一条朋友圈，现在看来也觉得很有道理：人生的所有机会都是"赶鸭子上架"。想等到什么都准备好，可能就来不及了。

在那个暑假，我重构了基于 C++ 11 特性的线性代数库后端，统一了数据存储和运算的接口，引入了全新的序列化模块，完成了近 4 万行代码的增删。后来，我继续贡献代码，并正式成为团队的一员。在第二年，我担任了实习项目的导师 (mentor)，并参加了团队组织的布达佩斯线下编程马拉松 (hackathon)，如图 4-7 所示。

图 4-7　邓攀（右四）博士四年级的暑期生活留影

这段经历极大地"膨胀"了我的自信。此后，我也曾在全球 C++ 开发者大会上"厚脸皮"地做过闪电演讲，在 San Jose 世界科幻大会上申请担任 coffee talk 活动的志愿者负责人，在刚加入微软亚洲研究院时，在全院活动上主动代表讨论小组做汇报……我发现，这种经历会不断带来正向的反馈。现在，当面对自己感到有挑战的任务时，我不会说"我不行"，而会说"我没有把握，但可以试试"。

4.5.4 人生没有最优路径

文行至此,出现了一个问题:以我现在的职业发展方向——计算生物学来看,当初的我其实走了一些弯路。

读博中期那几年,我也曾十分困扰。在通宵实验连轴转却始终观察不到我想要的生物现象时,在周日的暴风雪里开车半小时冲到实验室却只看到了阴性结果继而只能打道回府时,在做了3个月的实验不知为何失败却没有办法设断点排除故障时……我也曾后悔:为什么博士一年级时我没有选择计算生物方向呢?如果当初做出不同的选择,是不是就不会这么心力交瘁,也可以有更光明的未来?例如,投入毕业就"转码"的大潮,或者更早就乘上计算生物的"东风",职业发展更加风生水起呢?

但现在,我不再这么认为了。

首先,受限于我当时的视野与能力,我已经做出了最合理的选择。人生没有固定答案,我们也没有办法规划出最优路径。

其次,也许我看上去做了一些"无用功",但我认真对待过的每一份经历,都会形成我的独特积淀,最终塑造出我的独特人生。

最后,最重要的是,在这个不停尝试和探索的过程中,我找到了自己真正热爱、愿意为之奋斗的领域。

4.5.5 找到自己真正的热爱,勇敢地走下去

科研其实是一件挺痛苦的事情,科研人员太容易感受到失败和挫折。现在大家还一个比着一个地"过度"竞争——今年你发了5篇论文,明年我就要发10篇,来自同辈的压力令人难以承受。

这时,只有找到自己真正热爱的领域,才不会轻易被外界的压

力裹挟，才能不去追逐热点或只做那些非常容易实现的任务，而是静下心来，去思考、去推敲、去创造一些真正有价值的成果。如果找到了自己的真爱，就勇敢地走下去，不要轻易放弃。毕竟，坚持和投入才是成功的诀窍。

在我心中，微软亚洲研究院一直是一所学术圣殿。在准备面试时，我对朋友说：我高考恐怕都没有这么认真过。但当刘铁岩博士在面试中问我，除了计算生物我还对什么方向感兴趣时，我大概给出了一个标准的面试错误答案。我说：如果不是知道微软亚洲研究院在做计算生物，我可能就不投简历了。

在知道自己到底想要什么之后，说话就是这么硬气。

微软研究院有极大的学术自由，尊重每个人的研究兴趣，还有太多优秀、靠谱的同事，可以进行思维的碰撞与跨领域的交流。虽然做研究让我不时长吁短叹、抓耳挠腮，但我依然感觉这是在做一件让自己快乐的事情，也总是充满动力。

最后，用著名的英国女作家弗吉尼亚·伍尔夫的一句话作为收尾："无须匆忙，无须闪耀。无须做任何人，只做自己。(No need to hurry, no need to sparkle. No need to be anybody but oneself.)" 科研是一个不停求索的过程，人生也是。

> **本文作者**
>
> 邓攀
>
> 邓攀，微软研究院科学智能中心高级研究员，清华大学生物系学士，康奈尔大学细胞与分子生物学系博士。曾在 Molecular Cell、Cell Research、PNAS 和 Genome Biology 等知名国际学术期刊发表论文。当前研究方向为计算生物学，包括但不限于深度学习在系统生物学、合成生物学与 AI 辅助药物发现中的应用。

4.6

三重跨越：从理论物理、脑科学到人工智能

> 从对物理现象的探索到对生物本质的研究，从托卡马克可控核聚变到认知神经机器人，微软亚洲研究院（上海）研究员韩东起为什么会做出如此大跨度的科研转向？从冲绳科学技术大学院大学（OIST）到微软亚洲研究院，从实习生到研究员，是什么原因推动他坚持长期主义研究？从人工智能驱动的神经科学研究，到脑启发的神经网络和具身智能机器人，他从事的研究对全球社会又有着怎样的意义和价值？让我们通过韩东起的故事一起来感受跨学科研究的魅力。

做基础研究，还是做应用研究？这或许是许多科研人员都曾面临的选择。然而，对即将毕业的韩东起来说，他却"贪心"地希望自己以后能够兼顾。

通过多方面的了解，韩东起选择了微软亚洲研究院作为实现自己愿望的起点，并在博士毕业前成为微软亚洲研究院（上海）的一名实习生。半年的实习，让韩东起亲身感受到微软亚洲研究院不仅致力于各种基础研究创新，而且积极推动与产业界的合作，并为创新成果的应用创造一切可能的机会。这也为他后来正式加入微软亚洲研究院埋下了一颗种子。

"微软亚洲研究院为研究人员搭建了一个能够结合基础研究和工业应用实践的平台。在这里，我既可以和世界一流的研究人员合作，探究智能的原理和方法，也可以将人工智能技术应用于医疗健

康等领域。这是我博士毕业后选择加入微软亚洲研究院的主要原因之一，这里可以说是我科研职业生涯的最佳起点。"韩东起说。

4.6.1 从人工智能与脑科学的交叉研究，探索智能的本质

近年来，人工智能等计算机技术与其他学科的交叉融合日益紧密，微软亚洲研究院也一直积极布局相关研究，并不断加大投入。上海这座海纳百川的城市，拥有众多知名学府和顶尖医疗机构，为人工智能在医疗健康领域的跨界探索提供了良好的环境。人工智能与脑科学等医疗健康领域的交叉研究已成为微软亚洲研究院（上海）的重要研究方向之一。

韩东起博士毕业于日本冲绳科学技术大学院大学，主要从事认知神经机器人，即机器人与脑神经科学方面的研究。作为神经科学家，韩东起的加入为微软亚洲研究院的人工智能与脑科学交叉研究团队带来了全新的专业力量，如图 4-8 所示。

图 4-8　韩东起（二排左二）与团队同事合影

韩东起当前的研究主要集中在两个方向：人工智能与脑科学，以及人工智能在脑健康领域的应用。在他看来，人工智能与神经科学的交叉研究不仅有重要的理论意义，也有广泛的应用价值。"无论是脑机接口，还是人机交互，都需要我们对人类的认知和感受机制有更深入的了解，才能设计出更自然、高效的人机交互系统。"韩东起表示。目前，全球有约10亿人受神经系统疾病的影响。人工智能与大脑的研究，可以为医生和患者提供更多的信息，从而更好地理解、预防和治疗这些神经性疾病。韩东起说："人工智能与脑科学有着千丝万缕的联系，它们都是在探索智能的本质和运行机制，二者有许多共同的问题和挑战，也可以相互借鉴和启发。"

事实上，人工智能的很多技术都受到了人脑神经网络的启发，如多层感知器、卷积神经网络和长短时记忆网络等。这意味着我们可以通过研究人类或动物的认知功能，如学习、记忆、决策，提高人工智能的能力。当前，人工智能面临的一个严峻挑战是"灾难性遗忘"现象，即模型在学习新数据时会忘记之前学到的信息，但人类大脑不会出现这样的问题。韩东起和同事们希望通过研究人脑来帮助人工智能克服这类难题。

另外，人工智能强大的数据处理和建模能力，可以推动神经科学的研究和应用。人脑大约有数百亿个神经元和数千万亿个神经突触，要想有效地处理如此庞大的数据量，可能需要用人工智能来建模人脑的工作原理和计算方法，验证神经科学理论的有效性。

目前，韩东起和同事们已经在相关研究上取得了一些成果。在一项研究中，他们主要关注两种不同的人类行为：习惯性行为(habitual behavior)和目标导向性行为(goal-directed behavior)[54]。以人类行走为例，习惯性行为是无须刻意思考的自动化行为，如下班回家的路线选择，而目标导向性行为是需要考虑目的和结果的有意识行为，如需要买一块电池应如何到超市。这两种行为模式可以解释很多生物行为特征，然而人们目前仍不清楚人脑是如何在这两种行为中做出选择，以及两种行为是如何相互影响的，如图4-10所示。

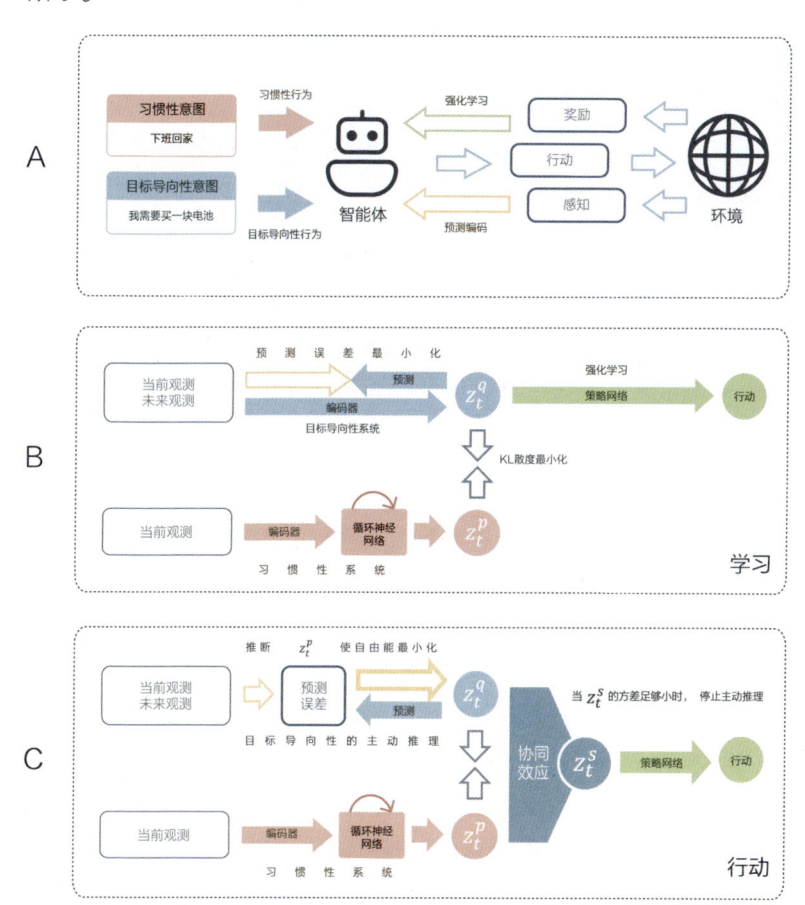

图 4-9　习惯性和目标导向性行为的计算建模

韩东起说："我们团队用深度学习和机器学习理论进行建模，探究两种行为的特性和神经机制，为认知科学和心理学研究提供了支持。同时，通过对这两种行为的研究，我们也能够从中汲取灵感，进而设计新的人工智能算法。"这项工作发表在了《自然-通讯》

（Nature Communications）杂志上[54]。

韩东起和同事们的另一项合作研究是基于对大脑神经回路结构的模拟，提出了一种新型神经网络CircuitNet[32]。人脑神经元连接具有局部密集和全局稀疏的特点，即相邻的神经元在同一个神经核团内紧密连接，但在不同脑区之间稀疏连接。微软亚洲研究院希望探究这种连接模式的原理和优势。韩东起在实习期间就参与了这个研究项目，在全组同事的共同努力下，CircuitNet破壳而出，相关论文也成功入选了ICML 2023。

作为一种更加节能、高效的神经网络架构，CircuitNet能够以更少的参数取得更好的性能。据估算，人脑的平均功耗仅不到20瓦，而人工智能大模型（如GPT-4）的功耗却高达数百甚至上千瓦。未来，韩东起和同事们会在CircuitNet的基础上，继续探索人脑节能的奥秘。

此外，韩东起致力于深度强化学习和具身智能的研究，希望让人工智能更好地学习和决策，实现智能机器人与真实世界的交互。"现在的大语言模型主要用于内容生成，如文字、图像，生成的结果就是最终的状态。而具身智能机器人输出的是动作，在与真实世界交互的过程中会存在很多不确定性，如机器人画一幅画可能会出现各种状况——画错了、笔断了、笔被拿走了，这些都会影响最终的输出结果。这些动作的选择对于机器人来说是非常复杂的，而我们可以借鉴人脑的决策原理，加速具身智能的实现。"韩东起说。

4.6.2 跨学科思维，带来研究新灵感

韩东起一直对世界充满好奇，对科学研究有着广泛且浓厚的兴趣。他的本科专业是理论物理。在他看来，物理是一门极具挑战性的学科，学习者不仅要具备严谨的逻辑思维，还要有扎实的数学功底、

实验设计和数据分析的能力,而这些都能有效地提升一个人的综合素质。此外,物理科学也是很多现代科技的基石,应用范围很广。

图 4-10　韩东起(二排左三)求学期间与导师和实验室同学们合影

在物理领域,韩东起本科期间主要感兴趣的研究方向是托卡马克(一种可控核聚变装置)中物理参数的探测[56]。他说:"核聚变是一种充足、高效、清洁的能源,一旦我们掌握了它,将给人类带来不可估量的收益。"实现可控核聚变是他最初的科研理想。但是,经过一段时间的学习,他发现制约可控核聚变落地的并不是基础物理理论,更多的是工程实践上的问题。这意味着,他所学习的理论物理无法直接推动理想的实现。而在托卡马克的研究中,韩东起接触到人工神经网络,这让他萌生了转换专业的想法。于是在攻读博士学位期间,他选择了认知神经机器人专业。

跨学科学习意味着很多工作都要从零开始。在博士一年级时,韩东起学习了很多新的基础课程,包括基础神经科学、机器学习、机器人控制自动化技术,以及认知科学、心理学等跨学科知识。虽然跨学科的学习过程十分艰辛，但他也从不同学科知识的碰撞中激发出了很多新的想法，为人工智能与脑科学的研究带来优势。

在强化学习和具身智能的研究中，韩东起会代入物理学的思维方式，把物理实验中的严谨思维（如常用的测量统计方法）和逻辑推理训练的方法引入其中。

"跨学科学习的好处，不仅体现在知识的跨领域应用上，更体现在逻辑思维的借鉴和启发上。例如，在解决神经网络机器学习的问题时，传统的机器学习思维，往往首先考虑的是数据量和模型规模。神经科学的训练则可以让我们从人类或动物大脑的角度出发，以更具拓展性和灵活性的方式来思考问题。"韩东起说。

4.6.3 跨领域合作：解决实际问题

除了跨学科的基础研究，微软亚洲研究院还与国内外的高校、医疗机构展开跨领域的合作，将前沿技术应用于实际问题，寻求更好的解决方案。

韩东起所在团队与复旦大学联合开发了一种仿人眼视觉的机器视觉人工智能模型[55]，目标是提高计算机视觉系统的节能性。他表示："在合作中，我们发现人类视觉和计算机视觉有很大的差异，人眼视觉中心的分辨率远高于边缘分辨率，而且人脑是用脉冲（spike）传输信号的，脉冲神经网络也是大脑的一个特征。"为了探究人类视觉的优势，联合研究团队使用脉冲神经网络建模了一个视觉系统，可模拟不均匀的视觉分辨率和大脑脉冲信号传输。这个模型在完成视觉任务的同时，在理论上可以实现百倍的能效优化，能够以更低的能耗处理相同的视觉任务。

在与韩国科学技术院合作的机器人项目中，双方的研究员们尝试使用可穿戴的、非侵入式设备读取人的脑电波信号，让机器人能够更准确地理解人的意图。"例如,当一位老人伸手指向厨房时,机器人就要判断老人是不是饿了,或者想要拿什么东西。如果指向桌子,桌子上有一瓶水和一盒纸巾,他到底需要哪一个?"韩东起说,"韩国科学技术院在神经科学领域积淀深厚,而我们能够提供更优秀的人工智能算法。通过将脑科学的模型与人工智能技术结合,以多角度的研究和实践帮助机器人更好地完成任务。这种跨领域的合作研究为双方带来新的研究思路。"

4.6.4 从对游戏的钻研,到对科研的坚持

工作之余,韩东起有丰富的兴趣爱好。他喜欢徒步旅行和羽毛球等体育运动,对各类电子游戏也特别喜爱。"我从小学就开始玩电子游戏,后来有一段时间,我迷上了一款需要很大耐心且挑战无上限的游戏。只有通过屡次失败和反复练习,我才能有一点进步。这种持续的自我提升给了我很强的成就感,也磨炼了我的心态,使我更具耐心和毅力去面对生活中的各种困难。"他说,"这也影响了我的研究风格——进行长期持续性的研究。现在,研究院给我提供了一个多元、包容的研究环境,让我能够与不同背景、不同专业和不同性格的同事一起,热情、高效地合作和交流,这使我在长期主义研究的道路上得到了更多支持,也有了更多志同道合的伙伴。"

人物简介

韩东起

韩东起博士本科毕业于中国科学技术大学物理系,2022年获得冲绳科学技术大学博士学位,之后加入微软亚洲研究院。

韩东起博士的研究兴趣是神经网络和计算神经科学,包括通过脑科学启发来帮助人工智能更好地做决策、利用深度学习的方法来赋能脑科

学等。他的论文曾发表在 ICLR、ICML、NeurIPS 等国际顶级人工智能会议和 Nature Communications、Neural Networks 等学术期刊上。

4.7
你相信"无线感知"吗

2023 年 2 月，熊杰从美国落地上海，开启了他在微软亚洲研究院全新的科研之旅。在成为微软亚洲研究院首席研究员之前，熊杰曾任美国麻省大学计算机系副教授，并分别在新加坡南洋理工大学、美国杜克大学、英国伦敦大学学院取得学士（一等荣誉学位）、硕士及博士学位。熊杰多年来持续致力于无线感知、智慧医疗和移动计算方面的研究，相关学术论文曾获得多个全球顶会的最佳论文。

是什么样的因缘际会促使熊杰走出校园，加入微软亚洲研究院？又是什么吸引他持续深入探索无线感知领域？作为新兴领域，无线感知在进行着哪些有趣、新奇且超乎想象的研究？他带领的团队又将在无线感知研究中如何施展拳脚？新兴的无线感知领域，还需要哪些新鲜的血液？

4.7.1 遵循内心渴望，来到微软亚洲研究院

10 年前，熊杰正在伦敦大学学院攻读博士学位，研究领域是无

线通信。那时 Wi-Fi、3G 已落地应用，4G 正慢慢兴起，在可预见的未来几年，无线通信的研究将趋于饱和与成熟。彼时，熊杰和自己的导师也意识到这个发展趋势，于是他们开始寻找新的研究方向。

无线感知这个交叉研究既是一个全新的领域，又和无线通信的基础知识结构紧密相关。自此，熊杰踏上了无线感知的研究之路，并很快取得了突破性的进展。

2015 年博士毕业后，熊杰选择留在学术界担任助理教授，但加入微软亚洲研究院，与世界级科研人员共同探索前沿科学技术的想法一直埋在心底。多年间，与他共事的许多老师和同学都有在微软亚洲研究院工作的经历，他们都对微软亚洲研究院自由、包容和多元的科研环境留下了深刻的印象。2022 年，熊杰看到无线领域的资深前辈邱锂力博士加入微软亚洲研究院，又恰逢微软亚洲研究院大力引进无线感知领域的研究人才，一年后，遵循内心的渴望，跟随前辈的步伐，熊杰选择回国加入其中，继续深入无线感知的研究。

4.7.2 无线感知打开应用新天地

在过去十几年中，无线技术在通信领域取得了巨大的发展。例如：手机与 Wi-Fi 的连接、蓝牙与手持设备的连接；服装店使用射频识别技术 (Radio Frequency Identification, RFID) 识别货品及价格；可用于大范围 IoT 设备连接的远距离无线电 (Long Range Radio, LoRa) 技术，支持长达几公里的通信距离；已经应用于手机中，能够实现更精确定位的超宽带 (Ultra-Wide Band, UWB) 技术，等等。面对这些无线技术，研究员们在想：除了用于通信，它们是否还可以实现其他有意义和有趣的事情？正是这些前沿的想法推动了无线感知领域的兴起。

所谓无线感知，就是使用生活中常见的无线信号进行感知。它具有两个特性：无须接触（Contact-free）、无须传感器设备（Sensor-free）。这就意味着实现无线信号感知后，未来的一些感知应用不再需要传感器。以人的睡眠姿态和质量监测为例，现在人们需要穿戴一些特定的设备才能实现全程监测，然而长期穿戴这些设备会增加不适感，也可能在改变睡姿时影响监测质量。如果能够实现无线信号感知的监测，就可以摆脱穿戴设备的束缚，这些问题也就迎刃而解。

为了实现无线感知的目标，微软亚洲研究院尝试在探索 LTE、声音、LoRa、UWB 等信号的感知技术，并从 3 个方向进一步展开相关研究。

1. 开发无线感知新理论

目前，无线感知还是一个新兴领域，基础理论尚不完善。微软亚洲研究院期望可以找到或发展出全新的理论来指导无线感知的研究，帮助更多的人理解无线感知，如衡量无线感知的性能、了解影响感知效果的主要因素等。虽然无线感知与无线通信紧密相关，但通信能力可以由信号强度和噪声来衡量。然而，在感知中，不仅信号强度很重要，信号的动态变化量也很重要，这些都需要基础理论的指导。

2. 探索无线感知新应用

通过创新利用多种信号，无线感知技术可以开发许多与日常生活息息相关的、具有高可用性的落地应用。例如，现在使用 Wi-Fi 信号进行液体的准确识别，相关技术已经可以区分不同品牌的可乐、鉴别牛奶是否变质、识别水中糖的含量；通过声音信号实现如呼吸、心跳等生命体征的监测；利用无线信号监测土壤湿度，从而科学指导农业灌溉生产，如图 4-11 所示。

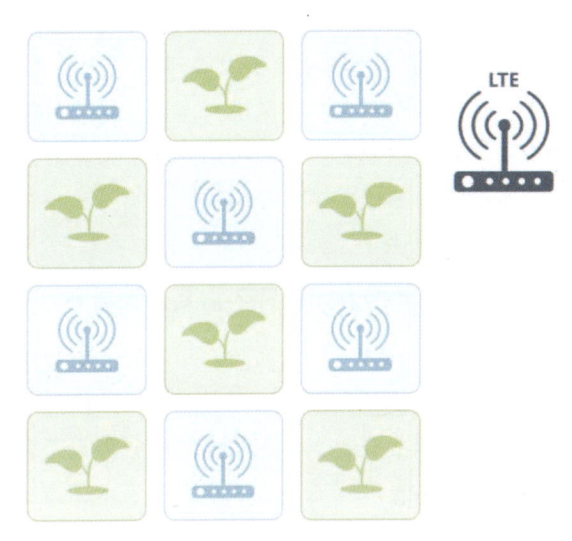

图 4-11　利用无线信号进行土壤湿度监测

3. 探索实际问题，创新无线感知平台和方法

当前，无线感知研究主要在实验室中进行，目标大都聚焦于提升无线感知的性能指标，如感知的距离、精细度。然而，将无线感知技术应用到实际场景中却面临新的挑战，如无线感知的稳定性、耗电量，以及对通信的干扰等。"我们希望通过对实际问题的研究，弥合消除实验室原型设计与落地应用之间的距离"，熊杰说道。

熊杰认为，在无线感知探索中，不同的信号具有各自独特的优势，手机、汽车等人们高频使用的产品中都有麦克风、扬声器等器件，为利用声音信号感知提供了极大的便利。通过车辆中的扬声器，可以进行车内物体的感知，如帮助驾驶员在离开车的瞬间识别车内是否还有婴幼儿和宠物等生命体，从而避免疏漏，也可以通过导航的手机发出超声波探测人的眨眼频次来实现疲劳驾驶监测。

相比声音信号，LoRa 信号的覆盖范围更广且可穿透建筑墙体。如果能够通过 LoRa 信号实现无线感知，那么对于楼房倒塌、地震救灾等场景将有很大帮助。已经在手机中实现精准定位的 UWB 信号，可以在浴室、卫生间等隐私保护场所进行监测、感知，如当老人摔倒时及时向有关人员发送通知。这些技术方向都是微软亚洲研究院下一步攻克的重点。

4.7.3　想要从事无线感知研究？需要兴趣导向，脑洞大开

无线感知的发展前景广阔，包括移动医疗、无人驾驶、机器人、智慧农业在内的应用场景都将以无线感知技术作为未来发展的基础。在人工智能技术的驱动下，无线感知将成为人工智能发展必不可少的一部分。熊杰表示："在以大模型为主流人工智能应用的当下，无线感知数据将为 AI 训练提供有别于文本、图像、音视频的第四种数据类型，促进新型 AI 模型的设计，也将推动 AI 技术在更多场景中的应用。"

随着邱锂力和熊杰的加入，微软亚洲研究院迎来了更多来自世界各地、希望从事无线感知研究的人才的申请。新技术领域的研究必将面临新的挑战，并产生新的人才需求。无线感知领域的科研人员需要具备哪些特质？在熊杰看来："一方面，相比于其他计算机领域，无线方向的研究对于专业知识的要求没有那么高，在掌握基本的信号处理、编程知识后，研究者脑洞大开，敢于提出创新大胆的想法和创意，才能做出创新的研究。另一方面，从事无线感知领域的研究需要拥有极大的兴趣，并有坚持长期研究的耐心和决心。"

就像熊杰读博期间面试微软研究院实习时，面试官问他的一个问题——"你相信无线感知吗？"

第 4 章
培养跨学科人才，文化先行

人物简介

熊杰

熊杰博士分别于新加坡南洋理工大学、美国杜克大学、英国伦敦大学学院取得学士、硕士、博士学位。

熊杰博士在博士期间曾获得谷歌博士奖学金，博士论文获得英国计算机协会杰出论文第二名。他的学术论文曾获得 ACM MobiCom 2020/2021/2022 的最佳论文第二名，ACM SenSys 2022 最佳论文，IEEE SECON 2022 最佳论文，ACM UbiComp (IMWUT) 2021 杰出论文，ACM CONEXT 2014 最佳论文。

熊杰博士 2022 年—2024 年在微软亚洲研究院担任首席研究员，主要研究方向为无线感知与智慧医疗。他此前是美国麻省大学计算机系终身副教授，并获得美国国家科学基金会 NSF Career Award 以及美国国立卫生研究院 R01 Award。

第 5 章 不断攀升科学匠人之路

5.1
博士之后,下一站在哪儿

Nature 曾针对全球 6000 多位博士生进行了一项调查,其结果揭示了三分之一的博士生可能经历焦虑或抑郁。研究瓶颈、毕业延期、求职压力,博士生涯可谓难上加难。临近毕业的计算机博士们更容易纠结:读完博士该去哪儿?学术界还是产业界?科技公司、研究院还是去创业?对此,微软亚洲研究院院长周礼栋给出了一些建议。

周礼栋

5.1.1 新一代计算机博士的潜力、挑战与成长路径

Q:您认为年轻一代的计算机博士跟他们的上一代比,有什么变化?

周礼栋:我觉得**年轻一代比上一代更有潜力**。他们接触新技术更早,加上高校的教育科研水平也在和国际接轨的过程中取得了长足的进步,得到了根本性的提升,不少年轻一代在博士期间就已经达到了国际一流水准,起点更高。我希望他们有信心也有野心去做一些更具引领性、超越性、世界级的工作。我们研究院就是本着这样一个目的,在人才培养的各阶段为他们提供一个可以促进个人成长,并充分发挥潜力、产生深远影响力的国际化科研环境的。

Q:这些高精尖人才在博士毕业时,对未来的发展会有什么焦虑?

周礼栋:我观察到,大家在职业发展的不同阶段会有不同的担忧和焦虑。刚毕业时的焦虑主要出现在就业选择上。例如,是去高校、研究院、知名的大公司,还是去初创公司?因为他们也不清楚这些选择都意味着什么。

Q:对于这样的焦虑,您有什么建议?

周礼栋:我觉得**选择的第一要点总是"聆听自己的心声"**,去追求你最想做的事业。另一个重要的方面是**判断哪个环境能为你今后几年快速成长提供最好的条件**,成为你迅速成长的加速器,这包含这个环境及未来的同事是否具有国际一流水平,是否关注人才培养和成长,是否能给你机会参与具有挑战性、前瞻性和影响力的项目等。在这样一个环境中成长,能够具有先发优势,并且不断突破枷锁、完善自己,可以避免将来在年龄或专业上的焦虑。

Q:关于定位,您认为计算机博士的核心竞争力是什么?哪些方面可能是他们的短板?

周礼栋:我一直认为把博士生的价值认定为其所掌握的知识和技能过于狭隘。**攻读博士学位更重要的是在具体研究工作和训练过程中培养各种能力。**例如,应对不确定性的能力,深度分析能力,科学选择问题、方法和解决方案的能力，以及学习新知识和掌握新技能的能力。一名优秀的博士生完全有能力在新的环境和要求下迅速适应和学习。

如果选择进入商业公司，很多计算机方向的博士生可能没有产品和商业化方面的经验，而从技术研究到产品商业方面的思维转换常常需要经验和时间。在研究院，我们会有意识地为大家创造接触产品和商业方面工作和活动的机会，让有兴趣的学生和员工做各方面的尝试、学习和探索，帮助大家学到更多切实的东西，这也是研究院在技术和组织架构上长期思考和实践的结果。

5.1.2 卓越研究员的素质：好奇心、真善美与跨学科创新

Q：您觉得成为一个计算机界的优秀研究员，需要具备怎样的素质？

周礼栋：我很幸运在职业生涯中碰到了很多非常优秀的研究员，包括获得图灵奖的研究员，也有机会可以近距离观察他们的工作方式、思考方式。这些对我做研究，包括后来做管理，都有很大的影响。我觉得最了不起的研究员基本上能够一直有好奇心的驱动，而且不太受外界热点或其他因素的干扰。这种驱动是一种对真、善、美的追求，这种初心是非常重要的。

真、善、美中的"真"，即每个研究员都要不断尝试并发现真理。"善"也非常重要，就是我们做这件事情的意义、对社会的价值，这是我们即使遇到很多困难也能坚持下去的一个非常重要的原因。"美"是一种方法上的概念，很多真正的发现是非常简单、非常优美的，就像数学方程式一样。这也是我们对研究工作质量的一种追求——在发现真理之后，如何让它达到最佳状态。

所以，我觉得有了好的环境以后，后面的问题自然而然就会解

决。但是，只是自己学习是不够的，和外部的交流也非常重要，尤其是国际交流，而这得益于我们遍布全球的研究院。现在，我们和高校、工业界，包括初创公司，有很多连接和交流，这样我们的视野会更广阔，能够做一些非常独特的创新。

Q: 您是怎样每天做到让自己的知识不断进化的？

周礼栋：对我来说，所在的环境非常重要。我非常幸运能在微软亚洲研究院这样一个环境里，周围的同事都是专家，也一直在做各方面的探索。在这个环境里耳濡目染，会了解很多不同领域的知识进展，特别是大家可以不断地和领域专家进行讨论，了解发展趋势是什么样子的。

我觉得微软亚洲研究院创造的环境就是大家能够一起学习的环境，这对大家来说都是很有帮助的。在一个人才密度非常高的地方，身边都是各方面的专家，我们就会学习得非常快，这也是研究院非常关注人才的多样性的原因，这是非常重要的。想象一下，如果旁边有个人每次跟你看问题的角度都不太一样，都能对你有一些触动，你能把这些不同角度融会贯通，你对这个问题的看法或者说对这个领域的了解就会比别人深刻得多。

Q: 您在招聘人才时，比较看重哪些方面？

周礼栋：Harry（沈向洋）曾经说过，我们招人选择"三好"学生，**数学好、编程好、态度好**。我在这里延伸一下，解释我认为人才最重要的 3 个方面。

- 所谓"数学好"，广义的解释就是专业能力、理论技术要强，而且要有专长。
- 所谓"编程好"，广义的解释就是执行力要非常好，有能力把想法变成真正有影响力的东西。

- 所谓"态度好",广义的解释就是学习、合作、成长和应变能力好,具有成长型思维。

因为创新是很难的,你可能花了很多时间却碰壁了,但你还要在这样的情况下不断提高能力,不断以你的想法和实干带动并影响大家,和大家紧密合作,做成更有影响力的大事。所以,在招聘时我们非常看重的一点就是新员工的自驱力,看他是否真的想做一些大事。

刚才说的"三好"主要是从个体的角度讨论的。从整体而言,**微软亚洲研究院重视多样性**,我们不想局限于某个领域或者某种类型的人才。人工智能的快速发展给计算机领域的研究和人才属性都带来非常大的变化,因为人工智能不再只是单一的技术问题,它还会给人类社会和各领域、行业带来很多深远的影响,所以,近年来我们非常关注计算机领域和其他学科的交叉,对跨学科人才的需求和培养也非常重视,并且未来会越来越重视。这两年,我们陆续招聘了包括医学、脑科学、社会学、生物学、物理学等多个不同学科的人才,希望通过跨领域、不同类型的人才一起合作、研究和碰撞,产生更多创新的想法。现在跨学科领域的人才稀缺,我们研究院希望能够引领跨学科的发展,在跨学科的研究、跨学科的人才培养方面做更多开创性的努力。

Q: 近几年,毕业后选择进入产业界的计算机博士似乎越来越多,您如何看待这样的现象?

周礼栋: 计算机领域发生了很多变化,技术发展的速度不断加快,对博士生的需求会越来越大。在人工智能时代,研究和产业的距离越来越小,产业发展越来越需要研究能力。产品应用已经不仅是个工程问题,还需要不断地研究、创新和迭代。对很多产品部门而言,具有高研究素质的技术人员来把握技术方向成为产品成功的重要条件,而这就是研究人才的价值所在,同时吸引博士生们将更多技术投入产品应用中,看到自己研究设计的技术进入产品应用中也会有一种成就感。

但同时我也想强调,每个人的激情之所在不同,我们需要尊重每个人的个体选择,才能百花齐放,让每个人发挥最大的作用。**微软亚洲研究院的一个优势就是我们提供一个环境,让大家根据自己的兴趣、爱好和专长去探索、去合作、去创新,寻找适合自己的工作内容和模式。**我们发现结果是在研究院整体层面自然地出现一个平衡:我们同时有短期、中期、长期的工作在进行,与产品部门的合作模式也越来越多,我们可以解决他们的问题,他们的问题也对我们的研究很有帮助,大家非常互补。

5.1.3 从理念、组织结构、氛围和制度设计上来支持创新

Q: 与高校、科研机构或公务系统相比,科技公司的研究院的特点或优势是什么?

周礼栋: 科技公司的研究院肩负着很多责任:**做最创新、最前沿的工作,对公司做贡献,对更长远的科技发展及社会做贡献。**一个真正意义上的研究院需要从理念、组织结构、氛围和制度设计上支持这些目标的实现。

微软亚洲研究院的一个显著的优势是可以通过和产品部门的合作和交流洞察科技趋势和新的创新点,并有时间和能力深入思考,对问题进行抽象和升华,进而解决一系列重要的前沿问题。我们也通过和公司其他部门的合作将创新带入公司产品和服务中。同时,微软亚洲研究院作为一个研究机构,是学术界的一员,和各高校、科研院所一起推动科技的发展,关注并不断探索如何利用科技创新造福人类、造福社会。

我们支持百花齐放式的自发的创新合作,注重长期影响力和每

位人才的成长，而不是短期的 KPI。微软亚洲研究院注重赋能基层创新，让每位员工充分发挥自己的聪明才智，发挥主观能动性，去寻找自己感兴趣的研究方向和课题及志同道合的合作者，并以最适合、最有效的方式进行研究和探索。研究院的管理层面主要起引导、支持、鼓励和提供反馈的作用，创造出一种广泛交流合作、包容创新、追求长期远大目标的氛围。除了研究上的创新，研究院还鼓励在创新模式及运营模式上创新，以适应科技研究和实践不断发展的需要。

微软亚洲研究院一直在计算机科学的各领域都有很大的投入，这样做的好处是不论下一个热点是什么，我们都有相应的预判和准备。我们会围绕计算机研究核心领域的发展需求，选择那些有强大学习能力的研究员。这也就是我刚刚提到的"态度好"，因为热点很快就会过去，学习能力才是至关重要的。博士教的不是知识，而是能力，教你在科技发展过程中的适应性。研究院讲究人才培养，也是为了提升造血能力，更好地应对科技高速发展的挑战。

Q：对于人才培养，微软亚洲研究院秉持着怎样的理念？

周礼栋：我觉得微软亚洲研究院的生命力正是来源于"培养、合作和创新"的精神、理念和信仰，具体体现在原则、体制、环境和组织架构上。研究院不仅要选拔优秀的人才，更要培养人才，而不只是用人才。对每个员工来说，研究院都是一个互相合作学习、持续成长的环境。

在当今环境下，跨学科的研究变得越来越重要，所以，我们希望不同研究组之间的界限渐渐模糊，让大家能够跨组做更多的合作。另外，非常重要的一点是，我们在人才引进的多样性上也在做更多的尝试。一方面是交叉学科，我们不仅从计算机科学领域引进人才，也需要其他领域的人才；另一方面，我们希望能吸引更多来自亚太地区，甚至全球的顶尖人才，希望这些人才能够带来不同的视角，这样我们就会变成一个能够融合这些视角的非常独特的研究机构。

在创新文化方面，我们一直在探索怎样激发年轻人的创造力，并放大这些创造力。同时，我们希望培养自下而上的创新研究过程，即使刚入职的年轻人也可以有很大的施展空间。只要有好的想法，这个想法就会有足够的成长空间。在这个过程中，更好的想法能够脱颖而出，而这个想法从哪里来的并不重要。

研究院致力于营造一种氛围，让大家都能发挥他们的创造性和主观能动性。哈佛商学院教授琳达·希尔在一次演讲中提到，创新管理绝不是由主管来界定方向，然后激励其他人去执行，我们的管理者更多起到的是协调、支持、引导和鼓励的作用。我们也一直在思考，不断完善。例如，我们在创新和对社会的影响力上正在做更多的努力。如何培育最了不起的创新是一个永恒的话题，我相信研究院的基本理念会一直保持。

人物简介

周礼栋

周礼栋博士现任微软公司全球资深副总裁、微软亚太研发集团首席科学家、微软亚洲研究院院长。

在康奈尔大学获得计算机科学博士学位后，周礼栋博士于 2002 年加入微软公司。他的职业生涯遍及微软多个研究院，包括在微软硅谷研究院担任研究员，在微软雷德蒙研究院担任系统研究组首席研究员，以及在微软亚洲研究院担任常务副院长，并于 2021 年升任微软亚洲研究院院长。

周礼栋博士是系统研究领域首屈一指的专家，多年来一直专注于推动可靠、可信及可扩展的分布式系统的理论研究和实践探索。他在 ACM 操作系统原理大会（SOSP）、USENIX 操作系统设计与实现大会（OSDI）和 USENIX 年度技术大会（ATC）上均获得过最佳论文奖。作为微软在设计和开发大规模分布式系统方面的重要技术带头人，周礼栋博士主持设计和开发的系统支持着微软从搜索引擎、大数据基础设施、云系统到 AI 基础设施的主要产品和服务。

周礼栋博士是电气电子工程师学会会士（IEEE Fellow）和国际计算机学会

会士（ACM Fellow）。他曾是 ACM 计算机系统会刊（ACM Transactions on Computer Systems）、ACM 计算机存储会刊（ACM Transactions on Storage）、IEEE 计算机会刊（IEEE Transactions on Computers）的编委会成员。周礼栋博士还曾担任 2017 年 SOSP 大会联合主席，以及 2023 年 ACM 软件系统奖项评选委员会（ACM Software System Award Committee）主席。目前，他是 SOSP 指导委员会（Steering Committee）主席，并将担任 2025 年 OSDI 大会的程序委员会联合主席。

5.2

科研到底怎么做，什么是高质量研究

> 科研，顾名思义，就是科学研究。小到生活用品，大到宇宙航天，生活中处处都有由科学研究转化而来的成果。而在科学研究的背后，是一群默默无闻、专心学术的科学家。作为一个典型的科研工作者，我希望通过自己的求学和工作经历，与大家分享应该如何去做科学研究，以及在做科研中可能遇到的问题和疑惑，给大家的科研生活带来一定的帮助和启发。
>
> ——刘铁岩，微软研究院科学智能中心前杰出首席科学家

我的学术生涯非常简单。我是一个典型的科研工作者，如果用两个数字来表示，就是 9 和 18——9 年的清华学习之旅和 18 年的微软亚洲研究院工作之路。在过去的 27 年里，我和大家一样，从一个懵懂的学生开始，在学术之路上不断攀登，一步一步取得了很多学术成果，逐渐被国际学术界认可。

5.2.1 为什么我们要进行科学研究

其实原因非常简单，我们都知道科学技术是第一生产力，而科学研究可以推动和改变人类社会，塑造我们的未来。大家可能都非常熟悉人类社会经历的四次工业革命，从机械化、电气化到现在的信息化、智能化。我们的生产效率得到了极大的提升，生活质量也有了巨大的提高。这四次工业革命的背后，都是科学技术的飞跃性发展，而这些都离不开幕后的英雄——默默无闻地从事着科学研究的科学家们。

如果说工业革命塑造了我们的昨天、今天，甚至明天，自然科学的发展则决定了我们人类长久的未来。《科学》(*Science*) 杂志在其创刊 125 周年时刊发了一期专刊，列举了关乎宇宙奥秘、生命机理及人类生存和可持续发展的 125 个最重要的现代科学问题，每个问题都非常深刻，直击灵魂。例如，宇宙是由什么构成的？意识的生物基础是什么？人类为什么只有那么少量的基因，却有这么丰富的形态和这么高的智能？是否存在大一统的物理定律？等等。

虽然这些问题非常艰深，但是科学家们从未停止探索这些问题的脚步，也不断通过自己的努力扩展人类认识科学的边界。很多女性科学家为我们人类的发展做出了巨大的贡献。例如，居里夫人、迈特纳、埃利昂，等等。我们中国的屠呦呦，因为发现了青蒿素，挽救了全球特别是发展中国家数百万人的生命。

可能有的同学会说，这些伟大的科学家离我们太远了，我们实在没有勇气成为他们那样的人。的确，在科学领域成为有辉煌成就的科学家不是一件容易的事情，不仅要靠努力，而且要靠一些运气。

不过今天我想告诉大家，迈进科学的大门没有那么难，也没有那么遥远。我相信不少同学儿时都有一个成为科学家的梦想，而且，我们每个人其实都有成为科学家的潜质，因为我们从孩提时就对周围的一切都充满了好奇心，对现实和虚幻的世界都充满了想象力。而这两点正是从事科学研究最重要的特质。

当然，科学家还需要具备更多的素质，如图 5-1 所示。例如，观察敏锐，善于从细节中寻找蛛丝马迹，发现被别人忽略的线索；大胆假设，针对这些发现勇于提出自己的假设，能够依据知识和直觉，指出这些发现背后可能存在的重大规律；小心求证，假设人人都可以提，但只有被验证了的假设才是科学道理，这也是科学和迷信的分水岭；严谨勤奋，无论是假说还是求证，都要建立在大量的知识积累和严谨的推导之上；精确诚实，科学是没有捷径的，造假、抄袭、敷衍的行为绝对不会造就真正的科学家；最后，就是长期坚持，毕竟科学之路不会一帆风顺。

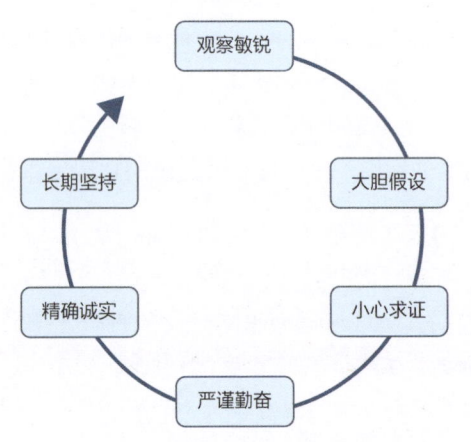

图 5-1　科学家还需要具备更多的素质

我们经常说，如果你做 10 个研究项目，有 9 个失败、1 个成功，这是正常规律。但是，如果 9 个甚至 10 个都成功了，就说明你选的研究项目太简单了。所以，我们必须要理解科学研究背后的规律，它不是一蹴而成的，甚至可能需要几十年如一日地坚持，常常会大器晚成。

正是前面提到的这些原因，让从事科学研究的人构成了一座金字塔。中国拥有博士学位的人数以百万计，而在国际顶级会议或者期刊上发表过论文的中国学者可能只有几万名，国际知名的中国学者则更少，可能也就几千人。从这个意义上讲，"研究"其实是存在着一定"风险系数"的职业。我们需要一步一步攀登高峰，才能够从获得博士学位逐步成长为一位国际知名的科学家。

5.2.2 什么是高质量研究

为了实现这个目的，我们先要看一看什么是好的科学研究，再探讨如何能够做出这样的科学研究。

今天很多同学都是来自计算机或者相关专业的，我们在这个行业里面是非常幸运的。因为计算机科学是发展最快的学科之一，它与国际接轨，影响面广，关注度高，就业前景宽广。

好的计算机研究到底是什么样子的？不知道大家有没有听过这样一种对学者层次的生动描述。

所谓一流学者，就是要去引领学术领域发展的，其可贵之处在于能够洞察趋势，提出重要问题。所谓二流学者，虽然没有那么深的洞察力，但是有非常好的功底和知识技能，可以把别人提出的问题解决得很好，这对于学术研究也是一个非常重要的推动力。所谓三流学者，通常是跟随潮流、小步慢跑。虽然他们的工作可能没有那么大的创新性，也没有解决重大的科学问题，但是他们也有很大的价值，因为他们试了很多错，对学术界也做出了一定的贡献。无论是哪种学者，我想大家内心里都希望能够做出高质量的研究。

到底什么是高质量的研究呢？我认为高质量的研究可以有很多种不同的类型，它既可以是提出全新的重要问题，也可以是首次解决一个公认的难题。这里举几个我自己的例子，让大家有一个形象的认识。

第一个例子,发生在大约 15 年前,那时搜索引擎刚刚兴起。在那个年代,搜索引擎背后的技术其实是比较落后的,很多人都是靠"拍脑袋"想出一些经验式的、启发式的公式。针对这种情况,包括我在内的一些学者共同提出了一个科学问题:我们能否用计算机自动学习一个性能优异的排序模型,而不是靠人为用启发式去定义排序公式呢?

这个问题后来就引出了一个新的学术分支,我们称之为排序学习 (Learning to Rank)。简言之,就是利用机器学习的技术,依据人为标注的正确答案,或者用户在线与搜索引擎交互的点击数据,学到针对特定的查询词,对网页相关性进行排序的一个最优的模型。

在我们的倡导下,很多学者都加入我们,一起在这些方面做了大量的研究。而所有这些学者的共同努力也成就了今天主流的商业搜索引擎——背后的技术几乎无一不是排序学习,而排序学习就是典型的"提出重要问题"的研究。

第二个例子,发生在大概五六年前。那时人工智能的技术有了突飞猛进的发展,解决了很多实际问题。不过,那时主流的机器学习技术需要大量人为标注的样本。以机器翻译为例,通常需要上千万的双语语对作为训练数据,才能训练出一个性能优良的机器翻译模型。然而,不是所有的人工智能任务都能够获得这样丰富的数据。例如,对于很多小语种,全世界可能会讲这个语言的人都没有多少,更不要说找到人来标注大量的双语数据了。在这样的背景下,我们提出了一个科学问题:是否可以利用机器翻译这类人工智能任务的某种结构特点,在不需要大量标注样本,甚至不需要任何标注样本的前提下,就能够学到有效的人工智能模型?

这个问题的提出并不是天方夜谭。我们注意到,类似机器翻译这样的人工智能任务,其实是一个双向的交互任务。例如,中英翻译的反向任务是英中翻译,语音识别的反向任务是语音合成。一旦我们有了双向的交互,就可以形成一个闭环的信息流,而这种闭环可能使我们不需要任何人为标注就能获得驱动机器学习模型训练的信号,我们称这种技术范式为对偶学习。我们开发了一系列对偶学习技术,在机器翻译、图像识别、语音合成等多个领域达到了当时世界上最好的效果,超越了人类专家的水平。

另外,在新冠疫情肆虐全球时,我们利用新型的机器学习技术,精确预测了病毒抗原和人类免疫细胞之间的映射关系。基于这种核心技术,我们与合作伙伴一起完成了首个由 FDA 批准的基于人类免疫细胞的早期新冠疾病的检测系统,其安全性、准确性、及时性与常用的核酸检测和抗体检测相比都有明显的优势。

除了前面提到的几种高质量研究,如果你通过自己的不懈努力,显著地超越前人的工作(例如,比前人工作的精度更高,比前人工作的速度更快,或者在某些层面上比前人的工作具有了更深的洞察),恭喜你,你的研究是一份质量非常高的研究。

受篇幅所限,我举几个速度显著超越前人工作的例子供大家参考。在过去几年里,坊间流传着一种方法论,就是所谓的"大力出奇迹",也就是使用大量的计算资源去训练一个非常大的模型,用以解决现实中人类可能只需要用非常小的努力就能解决的问题。这种"大力出奇迹"的范式,从某种意义上讲,有它的科学价值,但它的实用性是值得质疑的,因为我们不可能为了翻译一句话,使用几百美元、几千美元的成本。

心怀对"大力出奇迹"的质疑,微软亚洲研究院从事了一系列"四两拨千斤"的研究。例如,2015 年,我们的团队发明了 LightLDA,这是当时世界上速度最快、效率最高的主题模型。所谓主题模型，就是从文本数据中自动分析主题的一种算法。我们通过一项新技术把每个文本符号的采样复杂度降到了 $O(1)$，也就是和想要学习的主题的数目无关。在 LightLDA 出现之前，全球最大规模的主题模型用了 1 万个 CPU 核，挖掘出大约 10 万个主题。而我们的 LightLDA 只需要 300 多个 CPU 核就可以挖掘出 100 万个主题，并且可处理的文本数据的大小也比之前的大 1 个数量级。之后，我们陆续提出了 LightGBM（速度比之前最快的梯度提升决策树的算法快了将近 10 倍）、FastSpeech（速度比之前最快的神经语音合成模型快了 300 倍）及 FastBERT（速度比知名的预训练语言模型 BERT 快了约 10 倍），而且这些模型的精度几乎没有损失，如图 5-2 所示。

LightLDA	LightGBM	FastSpeech	FastBERT
最快的主题模型	最快的梯度提升决策树	最快的神经语音合成模型	最快的预训练语言模型
弹性分解技术将每个符号的采样复杂度降到$O(1)$；用中小型集群即可实现百万主题的训练；WWW 会议近十年最具影响论文	比 XGBoost 快10倍，且精度更高；Kaggle 和 KDD Cup 冠军最常用的机器学习算法；GitHub 上收获1.3万赞；NIPS 近十年最具影响力论文	比之前最快的神经 TTS 模型快270倍，声音高雅流畅，合成的最好的模型；支撑 Azure 语音合成引擎100%的语音，每天上亿的API调用；NIPS、ICLR多篇论文	比 BERT 等模型的训练速度提升10倍以上，且精度更高；在数据处理、模型结构、优化技巧和目标函数上都有重要创新；NIPS、ICLR多篇论文

图 5-2　微软亚洲研究提出的 4 种速度最快的主题模型

通过这些研究，我们把之前最好的算法的速度提高了 1 个甚至几个数量级，帮助人们节省了大量的计算成本，从而大大提升了这些技术的实用价值。从这个意义上讲，它们也是高质量的研究。

5.2.3　如何能够勇攀科研高峰

刚刚我用了一些典型的例子给大家展示了什么是高质量的研究。那么，如何才能做出这样的研究呢？今天我想与大家分享一些科学研究的原则和思想。我觉得这些可能对引导大家走上科研道路，鼓起勇气去攀登学术高峰，会有很大的帮助。

在 2020 年诺贝尔奖官方平台发布的一个视频中，几位诺贝尔奖获得者与年轻学者分享了几个重要的做研究的原则，包括努力

(work hard)、边做边学(learning by doing)，以及做你喜欢的事情(do something you love)。除了这些，我还为大家总结了以下五点。

第一，终身学习，这是学者的宿命。回顾我自己20多年的研究历程，从最初的信号处理、视频内容分析、网络搜索、机器学习、算法博弈论、深度学习、强化学习，到金融、物流、生物、制药、科学智能，一路走来，没有停止过学习。在这个过程中，自己变得越来越博学、越来越丰富，对世界的影响也越来越大。所以，我建议所有的同学多学习、多了解，不要放弃学习的脚步。

第二，研究很苦，有很多的困难，具有好奇心、热情甚至信仰，才是驱动和支撑我们在研究道路上不断前行的动力。我给大家举一个例子，我们研究组在之前的几年里，逐渐对计算生物学有了浓厚的兴趣，并且投入了很多的精力和资源。在这些方面的探索与我们的好奇心密切相关，因为我们发现生物领域有趣且深奥。例如，微生物菌群——大家可能想象不到，你体内的微生物比你自己的细胞还多，从某种意义上讲，我们是被这些微生物控制的，我们爱吃什么、我们的生活习惯、我们的健康状况都与这些微生物息息相关。所以，我们想要做到真正的精准医疗，就必须对这些微生物有深入的了解。另一个例子是表观遗传，我们每个细胞里的基因都是相同的，可是有些细胞发展成了我们的皮肤，有些细胞发展成了我们的大脑，有些细胞发展成了内脏。是谁对基因表达进行了如此神奇的调控呢？正是基于对这些问题的好奇心，我们成立了计算生物学组，并在这些方向上取得了非常令人鼓舞的成果。

第三，研究对创新有非常高的要求，这件事情说起来容易，做起来却很难。我发现很多同学特别愿意在自己的"小盒子"里面，如果想要跳出这个小盒子，就必须知道外面的世界是什么样子的，这与我们前面提到的终身学习密切相关。当你有了深入的研究，同时有了宽阔的视野时，你通常会做出让别人非常惊讶的研究成果。

第四，质重于量，精益求精。因为我们每个人的时间和精力是非常有限的，所以，要学会合理分配它们。我们可以用同样的时间做100项不同的研究，每项都浅尝辄止，也可以集中精力深入做一件事，取得世界瞩目的成绩。

第五，我想要鼓励大家不怕失败。人不可能不犯错，不可能没有失败，只要能够从失败中学习，其实失败会给你提供更多的经验，让你把事情做得更好。

科学研究是很神圣的，但是科学研究的道路并不是高不可攀的。我们只要有正确的动机，有效的方法论，就完全可以在科研道路上不断创造成功，不断做出自己的贡献。

本文作者

刘铁岩

刘铁岩博士，国际电气电子工程师学会会士（IEEE Fellow）、国际计算机学会会士（ACM Fellow）、亚太人工智能学会会士（AAIA Fellow）。他曾被聘为卡内基梅隆大学、清华大学、香港科技大学、中国科技大学、南开大学、华中科技大学兼职教授，诺丁汉大学荣誉教授。

刘铁岩博士的先锋性研究促进了机器学习与信息检索的融合，被公认为"排序学习"领域的代表人物。近年来，他在深度学习、强化学习、工业智能、科学智能等方面颇有建树，在顶级国际会议和期刊上发表论文数百篇，被引用数万次。他曾担任 WWW/WebConf、SIGIR、NeurIPS、ICLR、ICML、IJCAI、AAAI、KDD 等十余个国际顶级学术会议的大会主席、程序委员会主席或（资深）领域主席，以及包括 ACM TOIS、ACM TWEB、IEEE TPAMI 在内的知名国际期刊副主编。

刘铁岩博士毕业于清华大学，先后获得电子工程系学士、硕士及博士学位，2003年至2024年先后任职于微软亚洲研究院及微软研究院科学智能中心。

5.3
在研究中,你是否踩过这些工程的"坑"

> 不能说工程就是研究,但在某种意义上可以说,研究也是工程。它不乏灵光一闪的高光时刻,但更多的还是分析、假设、尝试、验证和改进的艰苦迭代过程。要保证这样一个过程的顺畅,除了需要专业领域的深厚积累、打破成规的开放心态,与他人的积极合作及适当的工具和流程也必不可少。
>
> ——殷秋丰,微软亚洲研究院首席研发经理

在微软亚洲研究院的若干年里,我们做过各种各样的项目,接触过千变万化的人,踩过五花八门的坑。但仔细想来,从工程角度其实也有一些共性,在这里为大家做一个整理和总结。下面提到的内容主要针对研究型项目的特点,与工业界的产品开发有所不同。

5.3.1 代码始终是基本功

首先,我们要熟悉自己使用的编程语言和库,并遵循一定的标准。这不仅是一种美学上的要求,也是为了工作更有效率、合作更顺畅而需要达到的目标。

1. 持续学习新的语言特性

近年来,编程语言的演化速度很快,不同的编程语言也有自己

的特色。如果不了解这些语言的特性，写出来的代码就会千篇一律，不能充分发挥各种语言的优势。例如，从 C++ 11 开始引入的一些新特性（如 auto、lambda 表达式、智能指针、range based for、并发支持等）提供了不少方便。再如，常见的现代编程语言（如 C++、JavaScript 和 Python）都或多或少对函数式编程提供了支持，善加应用就可以使代码更简洁，对开发效率和执行性能都有帮助。又如，Python 中的列表推导和切片，基于 NumPy 的 vectorization，既灵活又高效。这些都要求我们持续学习，与时俱进，掌握编程语言的新特性。

2. 不要重复造轮子

尽管几乎所有人都熟悉这句话，但这种现象一再发生，原因在于不是所有人都会花时间去熟悉语言所提供的库。还有一些人，在编程实践中积累了自己的代码库，不舍得抛弃。现在几乎所有的编程语言都提供了常见的容器和相关算法的实现。**这些标准库就性能而言不一定最优，但一般可靠性、可移植性具有良好保证，也更易于在与他人的合作中使用。**

3. 遵循业界的代码规范

代码的风格、规范是一个永远充满争议的话题，在有些人心中甚至可能接近一个信仰问题。业界有不少广为流传的代码规范，不论你喜欢哪一种，都要**尽可能保持代码风格的稳定，并与你的团队、合作者保持某种程度的一致。**

4. 善用第三方代码

编程语言所提供的标准库总有可能不敷使用，幸而各种包管理工具（如 Nuget、npm、pip 等）为我们提供了丰富的扩展库，在需要时,不妨通过这些工具寻找适用的代码。另外,GitHub 上的大量开源项目也是很好的资源。

与此同时,请务必关注各类第三方库、开源软件的许可协议。有不明白的地方,要咨询有经验的人。如果在这个问题上犯错误,就可能导致不好的后果。

5.3.2 "赶工"时最容易掉进坑里

在研究刚开始时,我们总是会认真地考虑设计问题,代码实现也相对干净、规范。可是,随着项目变得越来越复杂,有大量的参数要调、实验要做,人手也不够,就容易出现"赶工"的情况。最终可能是结果跑出来了,代码却成了一团乱麻,连自己都不想再多看一眼。后面的同学、同事就惨了,要重复验证、继续改进、产品化,可面对的却是一个个"天坑"——

- copy、paste 产生的重复代码,出现问题时很难改进修正。

- 各种魔术数与外部依赖(第三方库和软件、环境变量、注册表、数据文件、存储路径等)没有统一的配置。

- 各种奇技淫巧,考验阅读者(包括一段时间后的作者本人)的理解能力和耐心。

- 完全没有注释的复杂算法让人怀疑人生。

- 被注释掉而没有删除的代码让人无所适从。

……

种种现象,初看都不是大问题,但时间长了、积累多了,就埋下了隐患。所以,要记住,多学习、多总结、多借鉴好的做法,并一以贯之地践行。

5.3.3 坑踩多了，自然就有了源代码管理

其实世上本没有源代码管理，遇到的问题多了，自然就产生了源代码管理的需求。最基础的需求，一曰备份，二曰版本。在一个项目中，除了人，最重要的资产可能就是数据和代码了。如果没有源代码管理，一旦硬盘出现故障，或者一招不慎操作失误，导致代码丢失、被覆盖且不可恢复，问题可就大了。

源代码管理是开发流程的重要一步。怎样做源代码管理呢？在研发过程中，多人同时参与，不断有新的代码产生，也不断有旧的代码被修改或删除。如何让不同的人都能方便地在同一个代码库中工作？如何保证每次改动都能被记录、被回溯？如何确保不同的人的改动在产生冲突后能被检测到并消除？如何支持某个人同时展开多个任务，如修正旧 bug、实现新功能，在同一个开发环境中做不同的事而又互不冲突？答案是显而易见的：**使用现代的主流代码版本控制系统，并选择合适的代码托管服务**。微软的 Azure DevOps 和 GitHub 就是其中的佼佼者。请忘记那些古老的源代码管理方式，去拥抱先锋们。

工具和环境的使用需要学习，工作的流程需要相应地改进。关于这个话题，网上的相关资料和讨论也非常多，在此只提出最基本的要点。

1. 及时提交

提交（Commit/Checkin）是代码版本控制系统中的基础单位。**每有修改，或者完成一定的功能，一定要及时提交。** 因为在系统中回滚历史或者签出指定的版本，也是以提交为单位的。如果总是在积累了很多的修改（例如，实现了多个功能、修正了若干 bug）之后才提交，在需要时就很难回到准确的位置。提交本身不会消耗太多

的资源，做一些预防性提交（例如，每天下班时）也未尝不可。另外，提交的越晚，积累的修改越多，代码合并的难度就越大。

2. 在提交时要写入有意义的附加消息

一个好的消息能让我们在查看提交历史时快速定位目标。然而，在实践中，我们经常看到这样的消息——test、update、change、aaa 等，这样的消息缺乏价值。

3. 正确运用分支

代码版本控制系统中的另一个重要概念就是分支。每个人实现不同的新功能，做不同的尝试，修正不同的 bug。分支让人能够在主线之外开辟战场，等功能开发完成并通过测试后，再合并回主线。在某种程度上，每个独立的开发活动都应该建立独立的分支，完成开发且合并回主线之后就删除该分支。在 Git 中，分支非常轻量，不会带来多少额外消耗。Azure DevOps 对分支提供了很好的支持，可以将分支和 task、bug 关联起来。

4. 在远端无 PR 不合并

前面提到，在独立分支上完成了开发，就需要将其合并到主线分支。**我们不提倡在本地合并到主线分支并推送到远端**。事实上，在 Azure DevOps 和 GitHub 中，都可以设置分支策略，禁止对主线分支的直接推送，只能通过 Pull Request 进行分支的合并。Pull Request 提供了分支合并的统一流程，并可以结合代码复查、持续集成等活动，非常有利于项目的质量控制。

5.3.4 开发流程管理可以简单，但不能没有

对于工业界的产品开发团队，开发流程可能相当复杂，涉及很

多环节，在每个环节都应用了不同的规范、工具和技术。对于我们常见的小规模研究型项目而言，似乎不必如此"大动干戈"，不过还是有一些做法值得借鉴。

1. 基于 Azure DevOps 或 GitHub 的合作

Azure DevOps 和 GitHub 不仅是代码托管服务，还是很好的开发流程管理工具。 Azure DevOps 提供了源代码管理、开发过程 / Work item 管理、Pipeline、测试计划等的详尽支持，并具备很好的用户体验。GitHub 基于 issue 的项目管理功能颇为简洁，结合第三方插件也能实现不错的体验。

2. 结合 Pull Request 的 Code Review

在多人合作时，我们建议对代码的修改进行必要的代码审查（Code Review），**这一方面是为了找出潜在的错误，提升代码质量，另一方面是为了让团队的其他成员了解、熟悉新的代码。** 对团队的新人而言，参与代码审查也是一个不错的学习机会。

Azure DevOps 和 GitHub 都围绕 Pull Request 实现了很好的代码审查功能。在创建 Pull Request 时，可以指定 Reviewer。参与者可以在网站上以直观的方式查看 Pull Request，并针对某些代码行提出自己的意见，展开讨论。在所有的问题都得到解答之后，参与者可以批准 Pull Request。Pull Request 一旦获得足够的批准，就可以自动合并到目标分支中。这个功能极大地改善了代码审查的用户体验，并留存了历史记录，可以随时方便地回顾。

3. 开发阶段的自动测试

在什么时候写测试代码？测试代码应该占多大的比例？是只测

局部的逻辑还是也测试集成的功能？这又是一个见仁见智的问题。对于一次性代码，可能什么测试都意义不大。但如果一段代码会被重复使用，测试就很有必要了。一般而言，测试的目的不外乎以下几个。

- 验证代码的行为和结果是否符合预期。

- 验证对于错误的情况是否能够正确处理。

- 验证代码的性能是否符合预期。

在项目的迭代过程中，很难保证开发人员有足够的精力和兴趣对自己的新代码进行详尽的手工测试，更不用说对已有功能的重复测试了。因此，很有必要将相关的测试转变为代码，由代码自动完成。一方面，自动测试在必要时可以反复进行；另一方面，随着项目的进展，可以随时补充新的自动测试。

4. 持续集成

有了自动测试的代码，就可以结合工具更好地进行测试了。测试代码可以随时手动启动，但 Azure DevOps 和 GitHub 提供了更好的方式。以 Azure DevOps 为例，我们可以在 Pipeline 中定义 Build Steps，加入必要的测试步骤，也可以自定义 Pipeline 的触发方式，如定时执行、在某个 build 之后执行、在某个 branch 上有集成时执行、在完成 Pull Request 时执行等。build/测试任务在 Azure DevOps 的 Build Agent 上执行，完全不会干扰我们的开发工作。

在 Azure DevOps 上执行 build/测试任务还有一个显著的好处：可以发现环境差异带来的 bug。有时，开发人员提交的代码会无意中遗漏某些已被修改的代码或数据文件，或者缺少某些依赖项目（第三方库等）。在本机测试中，这些问题很难被发现，而在一个干净的环境中，这些问题都会暴露出来。

5.3.5 代码之外，细节同样决定成败

前面我们一直都在提代码。然而，在一个实际的项目中，我们需要关注的远不止代码。

1. README 文件

大家应该都见过，GitHub 上的很多项目，其根目录下面都有一个 README 文件。在这个文件中，会简要介绍项目的功能、怎样安装、怎样配置开发环境，可能还包括一个简单的上手指南。这样的一个文档，内容不必很详细，让新接触的人不经历大的挫折就能成功构建、部署和运行即可。

2. 依赖组件

在软件开发过程中通常会引用第三方的库或软件。像 npm 之类的包管理工具，能在 JSON 文件里面明确指定依赖的组件、版本。但是，很多软件没有自动实现这一功能。例如，在 Python 中输入 (import) 一个库，并不会自动生成依赖描述文件。还有一些库和软件，不能通过现成的包管理机制获得，这就需要我们手工维护依赖描述，并将必要的代码、文件直接添加到我们的代码库中，以保证参与项目的其他人（或者 Build Agent）能够方便地构建开发测试环境。

3. 安装部署

如果项目的输出目标不是一个简单的应用程序或者单纯的算法代码，而需要一定的安装部署步骤，**切记要保留安装部署的文档、脚本和必要的参数等。**

4. 模型、数据

很多项目会用到各种训练出来的模型，或者从各种来源获得的数据。这些模型、数据也需要通过合适的方式来维护。在必要时，可将其纳入版本控制系统，并与源代码的版本对应。

5. 辅助代码

除了完成主要功能的代码，在一个项目中，往往还有不少**辅助性代码**，如爬虫代码、数据库初始化脚本、数据清洗程序等。这些代码虽然不会被频繁使用，但也是必不可少的，**应该一起加入代码库**。

6. 相关资料

除项目代码外，项目涉及的资料、文档和参考论文等，最好集中管理。

7. 保护机密信息

最后，要提醒大家：千万不要把机密信息直接写入代码、文档和配置文件等，上传到源代码管理系统中。常见的机密信息包括密码、API 密钥和访问令牌等。有人可能会为了方便把这些内容明文写入代码，导致机密泄露和非授权的访问。要防止泄密事故发生，有以下几点建议。

- 提高认识，理解保护机密信息的极端重要性。

- 始终利用 Azure Key Vault 等服务安全地存储机密信息，绝对不在代码、配置中直接写入机密信息。

- 在源代码管理系统中正确地进行配置，防止意外泄露机密信息。Azure DevOps 和 GitHub 都能自动扫描文件中的机密信息，并禁止相关内容的提交。

本文谈及的主要是研究环境下小型项目中一些可供参考的做法。**同时，需要牢记：道路千万条，有效第一条。**与其等待完美的方案，不如尽早尝试一些可行的方法，并在实践中总结、调整，使之更适合自己。

> **本文作者**
>
> **殷秋丰**
>
> 殷秋丰毕业于清华大学自动化系，目前在微软亚洲研究院担任首席研发经理。在多年的工作中，他与研究员、实习生及产品团队进行了广泛的合作，涉及从计算机视觉、移动应用、无线网络到 AI 系统、工具等多个领域。在此过程中，他形成了对不同形式的软件开发流程、工程实践等的深入理解，并将其在研究开发项目中推广、应用。

5.4
探路"研究员 + 工程师"模式,推动人工智能与系统协同进化

> 尽管人工智能大模型在处理任务的广度上已经取得了突破,但它在特定领域的深度和精确性上仍存在局限。为了应对这一挑战,微软亚洲研究院提出了特定领域智能的概念,并沿着人工智能与系统协同进化(AI-System Co-evolution)的研究路线,利用人工智能技术自动化设计和构建底层系统与硬件,为用户提供定制化的服务。微软亚洲研究院资深首席研究员程鹏所在的微软亚洲研究院(温哥华)团队,正致力于这一研究任务。他们基于"研究员 + 工程师"的协作研发模式,整合全球人才和资源,推动特定领域智能研究的深入发展。

人工智能的创新突破不断刷新人们的认知,带来众多令人瞩目的成果。尽管以构建通用型人工智能为目标的研究取得了显著进展,但很多技术在实际的产业落地中并不能很好地适应垂直领域的特定业务场景。

"在传统的技术落地流程中,科研人员会将创新成果交付给工程师,随后由工程团队负责技术的实施落地,研究员与工程师的工作相对独立。但在人工智能领域,要想实现技术的实际应用,就必须深度整合创新技术与实际需求。因此,从研究阶段开始,工程师就需要与研究员紧密合作。"微软亚洲研究院(温哥华)资深首席研究员程鹏说。

为了促进这种合作，微软亚洲研究院提出了"研究员+工程师"的创新协同研发模式，并在微软亚洲研究院（温哥华）率先部署，希望打破传统壁垒，加速技术从理论方法到现实应用的转化。作为微软亚洲研究院（温哥华）的首批研究员，程鹏正与团队一道，以全新的研发模式推动人工智能技术的发展和应用。

5.4.1 微软亚洲研究院（温哥华）：专注特定领域智能的探索

微软亚洲研究院在温哥华建立实验室：一方面，加强了微软全球研究网络的合作效应，在物理空间上缩短了研究员与工程团队的距离，并为微软研究院位于太平洋区域的实验室之间的高效合作架起了桥梁；另一方面，微软亚洲研究院希望通过"研究员+工程师"的紧密协作模式，推进通用型人工智能模型在垂直领域的应用，以实现特定领域的智能。

程鹏说："尽管通用型人工智能在处理广泛任务上的能力有目共睹，但它仍面临三大挑战。首先，通用型人工智能的学习成本极高。随着模型规模的扩大，所需的资源和成本也随之增加，这可能会超出当前技术和社会经济的承受能力。其次，通用型人工智能的精确性还需提高。正如人脑在积累了大量知识后可能会遗忘或混淆某些信息一样，模型有可能也会产生幻觉或错误信息。最后，通用型人工智能在特定领域的持续学习与深度理解能力存在局限。在知识广度增加时，人脑会不断提炼所学信息，以更深入地理解和掌握特定领域的知识。例如，一个人从大学生到博士生，在学习专业领域技能时还会随着领域的发展持续学习。模型也需要具备这种持续学习和深度理解的能力。"

为了解决这些问题，微软亚洲研究院温哥华团队提出了特定领域智能的概念，旨在将通用型人工智能模型应用于具体的业务场景中，使其能够适应更多的差异化需求，并在特定领域内发挥最大作用,同时实现低成本和高效率的应用,释放人工智能的更多潜能。

实现特定领域智能的一个关键前提是利用人工智能技术对云服务和人工智能的底层架构进行重新设计。然而,这并非研究员能够独立完成的工作,还需要系统、硬件、人工智能领域的专家深度合作。"微软亚洲研究院温哥华团队已经吸引了来自全球知名学府的十几位杰出人才加盟,并积极招募更多相关领域的顶尖人才。我们期待通过汇聚全球顶尖人才的智慧和专长,利用人工智能技术重构未来的系统和硬件,推动人工智能在各行业中的应用。"程鹏介绍道。

5.4.2 人工智能与系统协同进化,自动设计 AI 系统

正如一座稳固的建筑物需要坚实的地基来支撑其宏伟的结构一般,人工智能基础设施(AI Infrastructure)也是推动技术进步和应用创新的关键基石。随着人工智能模型规模的不断扩大和模态的增多,对 AI Infrastructure 的升级改造显得尤为迫切。程鹏所在的系统与网络组,当前的首要任务就是专注 AI Infrastructure 的研究。

人们通常将 AI Infrastructure 视为支撑人工智能的底层硬件设施,但我们对 AI Infrastructure 的定义更广泛,它不仅包括顶层的应用(这些应用将根据用户需求提供特定的逻辑和功能),还包括中间的系统层(负责将应用逻辑与硬件资源相连接),以及底层的基础架构(硬件及其执行方式)。我们将这三层整体称为系统,我们的目标是根据用户的需求,利用人工智能技术自动设计这一整体系统,并将其称为人工智能与系统协同进化(AI-System Co-evolution),如图 5-3 所示。

程鹏举了一个简单的例子来说明这一概念:就像个人计算机在不同行业的应用,底层是以 CPU 为核心的硬件,中间是操作系统(如 Windows),顶层则是根据业务需求安装的各类软件。在传统模式

中,硬件和系统先行,然后是顶层应用的需求,而人工智能技术的融入将颠覆这一流程——可以根据用户需求来设计系统和硬件。也就是说,在人工智能系统协同进化的理念下,我们可以根据用户的不同需求,设计并制造专门运行特定业务应用的系统和硬件基础架构,其核心将不再局限于CPU,而可以是更加灵活的"X"PU。例如,在云服务场景中,AI-System Co-evolution能够针对客户的关键业务场景,在短时间内设计出从软件到硬件的高效协议栈,提供高度定制化的解决方案。

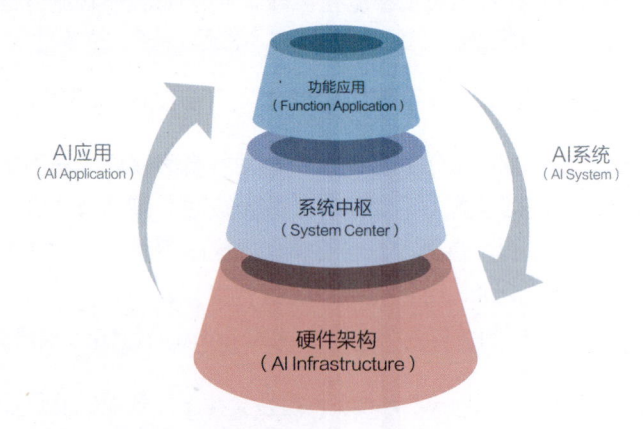

图 5-3　AI-System Co-evolution 理念架构图

支持人工智能的底层硬件与系统(如专门定制的GPU),经过大约10年的发展和大量的资源投入才逐渐成熟。但是,通过将人工智能技术融入系统和硬件设计这一方式,我们有望将此过程从10年缩短到1个月。AI-System Co-evolution不仅能够显著提高技术进步的速度,还将引领全新的设计思维,为系统研究和基础架构设计带来革命性的变化。

5.4.3　开展以目标为导向的研究

自2015年加入微软亚洲研究院以来,程鹏一直专注系统与网络领域的研究。博士毕业时,他曾面临两个选择:留在学术界或者进入工业界。最终程鹏选择了能够"二者兼得"的微软亚洲研究院。程鹏说:"网络和系统是两个密不可分的领域。我的学术旅程始于网络专业,在博士期间转向网络系统。加入微软亚洲研究院后,我的研究则从网络系统开始,逐渐延伸到硬件系统、人工智能系统和硬件基础架构。在这里,我得以兼顾学术创新与工程技术成果的转化。"

最初,程鹏的工作聚焦于网络领域,主要是为微软必应(Bing)搜索设计和开发 RDMA 网关(RDMA Gateway),以优化跨数据中心或跨地区的数据传输和通信速率。同时,他与微软 Azure 云计算服务团队合作,开发了 Web 流量负载均衡器 Azure Application Gateway,相关技术沿用至今。在这一阶段,程鹏的研究主要集中在应用软件的开发和优化上。随着研究的深入,程鹏的研究范围扩展到系统、硬件等基础架构层面。例如,功能的硬件卸载及资源池化方面的研究显著提升了整体服务的性能,并提高了资源整体的利用率,相关成果已在微软 Azure 云计算存储和微软必应存储中完成了原型设计。

在人工智能时代,程鹏和团队成员开始探索将人工智能技术更深入地集成到产品和业务中,如利用人工智能进行微软 Azure 虚拟机中的虚拟 NUMA 放置及 Microsoft Teams 中的带宽预测。同时,他和团队还启动了 AI for System 的相关研究,旨在进一步推动人工智能与系统技术的融合。

程鹏在梳理自己的研究脉络后认为,这是一个自上而下、逐步深入的探索过程——从上层软件应用出发,逐层深入到底层架构,并进行针对性的创新和优化。"无论我们从事何种工作,都是先设定目标,然后制定计划,一步步实现的。现阶段我们的目标就是满足最终用户的需求,所以,只有深入理解这些需求,我们才能设计出更符合用户需求的底层架构。"程鹏强调,"这种以目标为导向的研究方法为我们团队当前的 AI-System Co-evolution 研究奠定了基础。"

图 5-4　程鹏(三排左八)和同事们的合照

5.4.4　从偶发跃迁式突破到持续渐进发展

在过去的 10 到 15 年中,系统研究的发展相对缓慢,但人工智能的进步为这一领域注入了新的活力。以往的系统研究与优化需要投入大量的人力和时间,成本高昂且周期漫长,科研人员很难再有时间和精力进行更深层次的思考。而人工智能可以帮助人类处理烦琐的工作,大大释放了科研人员的创造力,使我们能够集中精力解决更为关键的问题。

人工智能必将改变科学研究的方式。在过去,跨领域的研究成果难以实现渐进式的整合,往往需要长时间的积累,最终由某位研究者汇总并实现重大突破,而这延缓了科学进步的速度。利用人工智能技术则可以自动融合不同来源的知识和创新成果,进而推动科学研究从偶发跃迁式的突破向累积型进步转变,为科研人员提供在先进成果上进行持续创新的机会。

"人工智能带来的创新力量，结合微软研究院遍布全球的研究网络及来自世界各地的多元人才，再加上科学研究和工程实践相辅相成共同演进的模式，让我们温哥华团队的沟通协作变得更加紧密，创新效率大幅提升。"程鹏表示了坚定的信心，"我相信，在不久的将来，人工智能将能够根据具体需求设计出定制化的系统和硬件基础架构，AI-System Co-evolution 的概念将从梦想变为现实，特定领域智能也终将成为可能。"

人物简介

程鹏

程鹏博士目前是微软亚洲研究院（温哥华）的资深首席研究员，主要负责领导团队进行人工智能及其基础设施的相关研究。

程鹏博士于 2010 年从北京航空航天大学获得软件工程学士学位，2015 年从清华大学获得计算机科学与技术博士学位。完成博士学位后，他作为研究员加入了微软亚洲研究院。

程鹏博士的研究领域主要涵盖系统和网络、基础设施及人工智能。他和团队在 SOSP、NSDI、SIGCOMM、ATC、ISCA 等计算机系统、网络和体系结构领域的国际顶级会议上发表了多篇论文。其研究不仅关注理论，也注重与实际计算机和网络系统发展的结合，与微软云平台 Azure、微软必应（Bing）搜索引擎系统、SQL Server 数据库系统及多个开源社区有紧密的合作。

5.5
坚持长期主义，是一个不断说服自己的过程

> 他，仅入职微软亚洲研究院一年，却有着丰富的学术合作经验；刚刚博士毕业，就有多篇论文被业内顶会收录并获奖；能够长期投入一项研究课题，并持续跟进三四年；选定一个研究领域，层层递进，展开多方面的研究；热衷于科学创新，坚持长期主义的研究理念。他是来自韩国的微软亚洲研究院（温哥华）高级研究员黄昶互（Changho Hwang）。

"在成为微软亚洲研究院的实习生之前，我对微软亚洲研究院的了解就是残差网络（Residual Network，ResNet）的论文。在这篇论文中，微软亚洲研究院的研究员们首次引入了残差学习的思想，让ResNet已成为计算机视觉技术发展的一个里程碑。"黄昶互说道。

"前沿的技术研究，顶尖的创新人才"，是黄昶互对微软亚洲研究院的第一印象。

5.5.1 以正确的方式做正确的事

博士学业的第二年，黄昶互在韩国科学技术院（KAIST）导师的推荐下，成为微软亚洲研究院的一名实习生。在2018年寒假与2019年暑期两个阶段的实习之后，黄昶互对微软亚洲研究院有了全新的认识，并且确定了自己博士毕业后的职业目标——加入微软亚洲研究院，从事更具前瞻性的技术研究。"当时有同学和同事给我

介绍过其他实验室和公司,但是在微软亚洲研究院的实习经历让我非常明确,我更喜欢这里的工作环境和研究氛围,它能够让我专注自己感兴趣的研究领域。"黄昶互说。

黄昶互表示,微软亚洲研究院最吸引他的一点是始终在以正确的方式做正确的事。微软亚洲研究院不会随波逐流地追逐技术的风口,而是有着独到的战略和研究方向,并一直将目光放在更大的蓝图之上,专注探索前沿的技术研究。

与此同时,共事的同事及微软亚洲研究院多元化的研究方向,也是黄昶互选择加入微软亚洲研究院的重要原因。在这里有一群可爱且技术实力深厚的研究员:黄昶互实习期间的导师平易近人,在研究中给予了他自由的空间和极大的学术支持;在工作和生活中,同事们也都热情相助,这让身处异国他乡的黄昶互倍感温暖。同时,在微软亚洲研究院所进行的前沿探索中,不仅有与黄昶互的电气工程专业高度匹配的研究领域和项目,还有不少横跨领域或行业的科研方向,让研究员们有机会同时拓展研究的深度与广度。因此,2022 年博士毕业后,黄昶互毫不犹豫地加入微软亚洲研究院,成为网络与基础设施组(Networking Infrastructure Group)的一员(如图 5-5 所示)。现在,他是微软亚洲研究院(温哥华)的一名研究员,继续进行着 AI 基础设施相关领域的科研探索。

图 5-5　黄昶互(中)在微软亚洲研究院第二次实习后与组内小伙伴合影留念

5.5.2 层层递进研究，持续打磨成果

在实习期间，黄昶互所在团队的重点研究课题是优化支持人工智能模型运行的 GPU 的性能。当时的工作内容比较明确，主要是探索如何通过软硬件协同设计提高人工智能系统的吞吐量和利用率。然而，科学研究是一项长期工作，有些研究不会在短期内显现成果。作为一名坚信长期主义的科研人员，黄昶互在这项研究中并没有把自己当作匆匆过客，相反，在实习结束，回到学校继续攻读博士学位的两年里，他仍然与微软亚洲研究院的团队保持合作，持续跟进这一课题。最终，他和研究院团队的研究成果获得了 2022 年 MLArchSys 大会的最佳论文奖。

随着大模型的发展，GPU 成为训练和部署人工智能模型的关键硬件，GPU 的性能和利用效率直接影响着人工智能的发展。因此，在正式成为研究员之后，黄昶互依然致力于这一方向的研究，而他的角色从曾经的项目参与者，转变为项目的主导者。

黄昶互认为，如今最先进的深度学习应用需要大量并行的 GPU 提供充足的算力，但 GPU 和 CPU 之间的通信效率制约着人工智能模型的性能。具体来说，在当前主要依靠 GPU 驱动的人工智能系统通信模式下，CPU 扮演着总指挥的角色，负责给多个 GPU 布置任务，而 CPU 与 GPU 之间的消息传递存在可观的延迟，这就导致任务执行效率的低下，造成了 GPU 资源的浪费。

黄昶互的研究目标与思路是希望 GPU 可以自己指挥自己，从而提升通信效率。为此，他和组里的同事们设计了一种由 GPU 驱动的代码执行系统，并开发了一种能够被 GPU 直接驱动的 DMA 引擎，让 GPU 能够自己解决原本需要 CPU 指挥的通信问题，降低了人工智能系统的通信延迟，提高了 GPU 计算资源的利用率。这种方法释放了之前通信模式下被占用的 CPU 资源，让 CPU 专注自己的工作，也让

GPU 实现自主调度，做它最擅长的工作——给人工智能模型提供更高的算力性能。这项研究工作首次证明了基于分布式 GPU 的人工智能系统可以由 GPU 自己完成任务调度，相关论文被 2023 年的 NSDI 大会接收[57]。

"系统性能优化是一个永恒的话题。在过去的十几年中，我们见证了人工智能的快速发展，其中一个主要的驱动因素就是不断增强的算力支持。充足的算力让系统性能持续提升，也使人工智能模型变得越来越大，功能越来越强。当前，提升系统性能的研究方向主要有两个切入点，一是提升 GPU 等硬件的性能，二是提出新的人工智能算法，但这两种方法都相当困难，并且硬件的设计和制造成本高昂。"黄昶互说道。

在这样的背景下，黄昶互和同事们提出了硬件与算法协同设计的方法，这或许是另一种提升人工智能系统性能的有效解决方案。因此，在证明 GPU 可以自主调度，实现性能提升后，黄昶互将继续探索 GPU 的调度算法，避免调度冲突，进一步提升 GPU 之间的通信效率。黄昶互表示："希望未来 GPU 不再需要额外的 DMA 引擎就能实现自主调度，从而推动人工智能系统性能再上一个台阶。"

5.5.3　自由地选择研究方向

微软亚洲研究院一直以来所拥有的开放、包容、多元的研究文化，也对黄昶互有巨大的吸引力。在微软亚洲研究院工作一年后，黄昶互对这里有了更深刻的认识，"微软亚洲研究院更像是一个实验室，一个真正的研究机构，在这里，所有人都是平等的，所做的工作都是透明的，大家了解彼此的想法，思想上也能够保持同步。在研究院，我们有更大的自由度来选择自己的研究方向。"

除了在内部营造自由的学术氛围，微软亚洲研究院还在学术交流和人才培养方面，与包括韩国在内的全球学术界持续保持紧密的合作。例如，微软亚洲研究院联合清华大学、北京大学、新加坡国立大学、首尔国立大学等多所亚洲地区高校成立了 OpenNetLab 开放网络平台联盟，以推动人工智能在网络研究中的应用与发展，黄昶互在 KAIST 求学时的导师就参与其中。再如，持续了 10 多年的面向韩国高校人才培养和学术研究的 MSIT 项目，为微软亚洲研究院和韩国学术界搭建了学术交流的桥梁，通过合作项目，学者们开展了深入的科研合作，并丰富了全球计算机领域的人才储备。黄昶互在微软亚洲研究院实习后也参与了一个学术合作项目，相关论文还获得了 2021 年 APSys 大会的最佳论文奖[58]。

作为微软亚洲研究院乃至整个计算机技术生态体系的一部分，这些多元的交流与合作项目不仅产出了众多前沿的科研成果，也成为众多学者、学生与微软亚洲研究院结缘的起点。以韩国为例，目前已有超过 150 多名来自韩国的跨学科人才在微软亚洲研究院进行过实习，也吸引了像黄昶互这样的优秀人才成为微软亚洲研究院的正式员工。

5.5.4　做研究是一件长久的事

科学研究之路道阻且长，坚持长期主义研究、行而不辍并非一件易事。除了本身性格执着，黄昶互还有自己的方法和心得。

黄昶互认为，从事科研工作，首先要对研究事业保持高度的热情，他自己就十分享受科学研究中发现问题、解决问题的整个过程。"有些工作的目标是找到避开问题的最佳方式，而科学研究的目标是找到问题、直面问题、解决问题。我更享受从发现问题到解决问题的科研过程。"黄昶互说道。

在长期研究中难免会遇到阻碍或者结果达不到预期的情况，黄昶互的研究论文也曾被所投大会一次次拒之门外。面对这种情况，"不要气馁或是怨天尤人，而要反思自己，复盘已有工作，找出其中的问题，再投入新的研究。"黄昶互认为，"这是一个说服自己的过程，要让自己看到研究的价值。"

当面对研究困境时，黄昶互表示，不能画地为牢，将自己困在当前的问题中，而要学会放松自己。例如，他会弹弹钢琴，或者与他人谈心交流，以此摆脱桎梏，转换思路——也许问题就能迎刃而解。

人物简介

黄昶互

黄昶互博士，微软亚洲研究院（温哥华）高级研究员，专注可扩展人工智能和大规模 GPU 系统的研究，旨在优化人工智能系统并提升计算机系统专业化水平。

他于 2022 年在韩国科学技术院（KAIST）获得电气工程博士学位，其研究涉及硬件加速的 GPU 通信、分布式深度学习的优化资源分配、可扩展的混合专家模型、图神经网络的 GPU 优化及使用 GPU 进行网络数据包处理等领域。其研究成果在 ISCA、NSDI、ICML 等国际顶级学术会议上发表，在提升人工智能和 GPU 系统的效率及可扩展性方面有卓越贡献。

5.6 如何抓住时代机遇,做好关键选择

在技术革新的大时代,如何理解科技发展的前沿趋势,并抓住机遇?

面对纷繁复杂的可选项,如何擦亮双眼,做好自己的关键选择?

遭遇挫折,如何跳出既有的思维定式,重新定义问题?

如何兼顾深度和广度?

学术和创业的关系是什么?

……

在微软亚洲研究院举办的 Ada Workshop 2023 年度活动中,来自微软和学术界、产业界的优秀女性榜样与男性同盟,围绕着"我们的时刻"这一主题,聚焦技术变革、方向探索与自我提升等问题,进行了真挚精彩的分享与讨论(如图 5-6 所示)。希望这些有价值的回答能帮助你拨开眼前迷雾,获得坚定前行的勇气与力量!

图 5-6 从左至右:孙丽君、薛继龙、兰艳艳、缪瑾与张燕咏

5.6.1 变革的时刻

孙丽君（微软亚洲研究院学术合作总监）："我们的时刻"也是变革的时刻，您如何看待大语言模型带来的技术革新？您认为当下的技术革新将对社会产生怎样的影响？我们又该如何应对？

张燕咏（中国科学技术大学教授）：我认为这是一个非常大的机会，也是一个非常大的挑战。我们需要在新的时代思考：我们与 ChatGPT 的关系是什么？包括你的研究方向、获取知识的方式、做研究的方式，以及它会给你的研究带来怎样一个新的机会。在这种大变革发生的情况下，不要犹豫，一定要立即跳上这辆车，然后在上面做出自己在大语言模型时代的贡献。在人的一生中其实很难碰到真正的科技革新，现在我们有这个机会站在一辆历史的大车上，是非常幸运的。

缪瑾（微软资深工程总监）：既可以说是焦虑，也可以说是兴奋。一方面，这个技术本身是颠覆性的，重新定义了生产力，也重新迫使我们去思考怎么设计我们的产品——以前很多认为不能做的事情，现在突然一下都能做了。另一方面，如果我们不尝试使用这些技术，可能不是我们被 AI 淘汰，而是首先被其他会利用这些工具的员工淘汰。

兰艳艳（清华大学教授）：从技术的角度，大语言模型让我们看到了走向通用人工智能的曙光。而它一旦变成一个产品，一旦能够与用户交互，这个交互的能量是巨大的，可以帮助改善很多它在技术方面解决不了的问题，并通过正向反馈、正向学习实现再发展。我将 AI 定位为两种：一种是模拟人的智能，另一种是超人的智能，后者是时代发展的趋势。

薛继龙（微软亚洲研究院前首席研究员）：第一点，对于编程，大语言模型提升了每个人更平等地获取 AI 的能力，你们可能一天就可以写出一个很好的应用。在社区里有很多新的开发者在开发很有意思的 App——简单地写几句提示词（prompt）就可以实现。第二点，其实系统一直是计算机发展背后的支撑者，每次的技术变革应用都离不开系统。今天的大语言模型其实也是一种新时代的系统操作系统，将孕育很多新的 App，创造很多新的机会。

5.6.2 选择的时刻

张丽（微软亚洲研究院高级研究员）：各位都在各自的领域有所建树，你们认为是哪些关键的节点或者选择使自己往前跃了一大步？请每位分享一个"我的时刻"。

陈黎（香港浸会大学副教授）：对我来说，最重要的时刻就是 20 年前来到微软，听了那个讲座。因为那个讲座，我了解了什么叫人机交互，也认识了后来的博士生导师，让我有机会去瑞士攻读博士学位，博士毕业以后可以去香港浸会大学从事人机交互的研究。如果没有听那个讲座，我可能今天也不会站在这里跟大家分享我的故事。

李倩（KodeRover 创始人兼 CEO）：我觉得我的人生有时好像毫无波澜，而有时我像一个心梗患者。我觉得人是由很多点串起来的，所以我一直找不到所谓的关键时刻，似乎没有哪个节点让我变成了谁，它只是一个结果而已。

刘树杰（微软亚洲研究院首席研究员）：我感觉平台特别重要。我的关键时刻就是 2007 年去参加微软亚洲研究院联合培养的面试，后来加入研究院，一待就是 16 年。

张丽：刘树杰老师是微软联合培养博士出身，请问当时在求学时是如何确定自己要读博士的呢？当时为什么选择参加微软亚洲研究院的联合培养项目呢？

刘树杰：其实我在读本科时也不知道将来要做啥，就稀里糊涂地读了研究生。在研究生二年级期间，我发现自己对前沿技术比较感兴趣，喜欢看一些论文，尝试一些新的方法，就抱着试试看的态度，参加了微软的联合培养项目面试。当时的面试题有数学的、有编程的，印象比较深的是要在纸上手推一个公式。之前看论文时，刚好因为比较较真，就自己推过，所以最后比较幸运地推出来了，然后就来到研究院了。之后，在这里结识了许多优秀的同行，也获得了很多帮助，学会了如何系统地做调研、如何提自己的想法、如何讨论、如何做实验、如何写论文。我觉得，这都是人生中非常珍贵的一部分。

张丽：我曾经是一名"小镇做题家"，小时候只知道学习，得到的其他方面的教育资源是相对匮乏的，在长大后也会感觉到视野不同带来的影响。那么，请问李倩老师，在资源受限的情况下，我们如何主动地去拓宽视野，实现更大的成功呢？

李倩：其实信息时代给了我们很好的机会，减少了地域差异或其他差异。有很多人说，"我要去学 XX"，其实你已经可以轻而易举地接触这些信息，然后处理这些信息，产生你想要的结果了。所以，现在你去获取新的知识和能量，可能不会那么受限于方式和途径。

另外，所谓的成就大与小，只能由自己来评价，没有别人的标准，因为你舒不舒服只有自己知道。在各行各业都可以成为专家，成为英雄，并不是说一定要成为科学家，对吧？我未来可能去做农业，或者去做教育，因为我觉得很有意思。有太多可以突破的地方，有很多地方可以注入你的能量。人生是旷野，你需要不断地去摸索自己想要的东西。所以，大家只要睁眼，打开自己的耳朵，打开自己的感知，去嗅探这个世界，就会发现处处都是成就，处处都是你的天堂。

张丽：在陈黎老师的分享中，提到最开始选择了计算机专业，后来又将自己很喜欢的心理学结合到计算机的研究中。其实，在选择科研或者工作方向时，大家也常常会纠结是去选当下最"热门"的方向，还是选自己最"热爱"的方向。在这方面，请您分享一下自己的经验？

陈黎：我的感受是，热爱肯定是一切的前提，如果能幸运地找到自己热爱的，然后持之以恒地做下去，那是最好不过的。因为是热爱的事情，你才能够更大地迸发自己的潜力，当你遇到困难时，你才有更多的信心去克服它。包括我的学生也是，他们刚开始读博士时其实都有点迷茫，不知道自己该做什么。所以，在第一年，要让他们把自己变得比较广阔，阅读大量的文章，了解前沿的研究成果；之后，再让他们把自己变得比较深入，找到一个方向之后，不断地钻研，找到自己比较感兴趣的细分领域。

观众提问：想请教一下做学术和创业的关系是什么？作为学术研究者在创业中是否有优势，会不会影响到自己对科研的专注力？

缪瑾：我知道很多麻省理工学院的校友都是一开始做研究，有一些成果和想法后开始自己创业，这是很常见的。如果你真的有好的想法，而且能够联系到它的应用，我觉得出来创业是一个非常好的选择。

兰艳艳：我觉得这两件事情不矛盾。人工智能本身就是一个理论和应用并重的学科，很多问题都来自实践，所以必须要对实践产品有非常深的理解，才能做好科研。当然，可能你会有一些取舍，但是我非常鼓励这样的一种做法。如果我的学生把自己所学利用起来，做了一个很好的产品，我可以帮他一起创业。这是一件很酷的事情，鼓励你！

张燕咏：作为老师，去创业肯定是会分心的，但是，有些老师依然比较喜欢创业。据我观察，有以下几类：有的老师喜欢实践一些奇奇怪怪的想法；有的老师喜欢做出一个好的产品并去改变这个行业；有的老师对行业非常了解，适合做一家公司的顾问或 CTO。大家应认清楚自己属于哪一种。每个人都可以创业，但是你的参与度和参与方式肯定不一样。对于学生创业，我肯定会鼓励，特别是当学生有一些全新的想法时，我会给他们提供一些资源，然后与他们一起讨论。

薛继龙：在工业型研究院里，对做纯粹研究、产品转化研究及创业是一个很好的平衡环境，你在不同的时期可以做出相应的调整。在微软亚洲研究院，我们平时做研究时也会自问，目前做的这个东西将来是不是有可能变成一家公司的产品——我们会带着这些问题，而不是纯粹为发一篇论文而努力。

5.6.3　向上的时刻

观众提问：在跨领域研究中，如何兼顾广度与深度？

张燕咏：广度和深度其实不一定是矛盾的。你可能在某个地方没有钻研那么深，但是二者的结合也需要一些深入的理解。你之所以觉得发文章比其他同学慢了，可能是因为你参加的会议还在以前的那些领域，其实新兴的、跨领域的一些会议，你可以去看一下。

兰艳艳：四个字，"慢就是快"。对于你正在做的事情，如果你觉得特别重要，就不需要太纠结快慢的问题，也不需要跟别人比较。至于交叉学科，我觉得要找到你的位置。很少有做交叉学科的人两个方向都能做得很好，一般都会有一个侧重点。例如，我从事的方向是 AI for Science，我的核心关注点还是 AI，只是把科学的问题描述成 AI 的问题。当然，我需要理解一部分科学的机理，但是与那些方向的老师比起来，我没有那么专业。所以，你也需要找到一个自己的侧重点。

观众提问：在多任务并行的情况下，如何优化时间和精力的安排？

李倩：首先，你得把身体搞好，这是第一位的。然后，把时间分成片段，最好半个小时左右为一个片段，慢慢形成自己的节奏。一口吃不成个胖子，你的时间还多，咱们一点一点来就好了。只要有个好身体，其他的自然而然都会得到的。

陈黎：你可以先定一个短期的计划，再定一个长期的计划。你把短期计划的每件事情做好，就可以培养自己的自信心。每天早上醒来，我会列一个优先级，先把最重要的做了，然后做次重要的，这样一个个做下来。如果发现时间不够用，可能晚上或者周末再挤出一点时间去完成。

观众提问：如何应对挫折？

缪瑾：遇到挫折是很正常的事情。首先，可以自己后退一步，想一想我当初为什么要做这件事，如果觉得这件事还值得做，起码给自己一个新鲜的动力，继续做下去。另外，可能要想想自己是不是卡在了某个死胡同里。这时，可以去找朋友、找导师，群策群力，聚集大家的力量。

兰艳艳：在科研中遇到挫折的时候，你需要明白，你是问题的定义者，而不仅是做题者。很多同学之前参加奥林匹克竞赛，每次题目都是定好的，这就是做题。你可以很快地做出来，但其实它不是科研。科研的过程一定是漫长的、会经历曲折的。这时你需要跳出来——这个问题是你定义的，你是不是定义得太难了，是不是可以换一种定义方式？你多从问题定义的角度上想，有可能解题就变得容易了。

张燕咏：我以前很喜欢打网球，但天赋不太好。我最后是怎么从不会发球的状态,走出迷雾,变成会发球的一个人呢?其实很简单,你要是发了 10 万个球,就一定会了。很多时候,我们能做的事情,就是在那里发球,每发一个你都有自己的感受,发得多了,你就会发球了。当你们走入某个死胡同时,一定要从运动的角度去想——因为人天生就是可以运动的,人天生就是可以做科研的。如果卡在那里,就说明你盯着它看的时间还不够。你要是盯着它看的时间足够,思考得足够,经历挫折的时间足够,你就能走出来了。

还有,就是多和别人沟通,因为你遇到的问题别人可能已经遇到了,所以,要多和高年级的同学还有老师沟通。只要他们说的十句里有一句给你启发,就足够了。

当然,如果到最后实在不行,咱们也要重新定义。但是,那一定是你发了 10 万个球、经过一遍遍总结思考之后的事情。这时,"重新定义"不是说你"不得不"重新定义,而是你已经知道它该怎么重新定义——以前为什么会卡在那里,后续到底怎么走,已经一目了然。到了那个阶段,你就会做研究了。

5.7
在世界选择你的瞬间,请积极面对

2019 年的"五一"国际劳动节前,微软亚洲研究院首席研发经理陈刚收到了来自微软工会的通知,他获得了 2019 年度首都劳动奖章。对一直从事计算机领域工程工作的陈刚来说，这着实是个意外之喜。近些年，首都劳动奖章的评选范围从传统行业延展至 IT、互联网等新兴领域，但评选标准始终不变，希望表彰那些长期艰苦奋斗、无私奉献、锐意改革、开拓创新的一线工作人员，而"开拓创新"可以说是对陈刚工作的最佳描述。

2000 年研究生毕业，陈刚就加入了微软亚洲研究院，算上实习期，已近 25 年。在此期间，陈刚在微软亚洲研究院从实习生成长为杰出的研究工程师，见证了计算机技术发展的一波又一波浪潮。在新一波人工智能的大潮中，他是微软认知服务的构建者之一。在他看来，"每个系统的成功，都需要各子系统和参与角色的合力。哪怕你只是其中的一个小小螺丝钉，也是万分重要的。" 20 多年倏忽，陈刚在微软亚洲研究院，始终站在研发的第一线，不断面对新的挑战。

5.7.1 做自己喜欢的工作，20 余年不变

在微软亚洲研究院面试时，面试官沈向洋（时任微软亚洲研究院副院长）给了他一个选择：是希望成为研究员，还是想做一名工程师？热爱动手操作的陈刚毫不犹豫地选择了做软件工程师，成为微软亚洲研究院研究工程相关部门的一员。

最初分配给陈刚的开发任务是辅助参加学术大会的研究员编写三维图形算法的演示程序，将研究员的科研论文以最直观的形式展现出来。2005 年，在图形学领域全球顶级学术大会 SIGGRAPH 2005 上，微软亚洲研究院以创纪录的 9 篇论文入选，占当届大会接收论文总数的 10%，而这一成就离不开软件工程师的贡献。

微软亚洲研究院的工程项目与研究方向同步，方向选择丰富而且有相当大的挑战。陈刚陆续参与了图像视频处理、自然语言处理、

互联网服务等领域多个技术向产品转化的项目，以及利用微软技术帮助解决社会问题的公益项目。例如，设计制作用于敦煌文化遗产保护的十亿级像素相机"飞天号"，以及用计算机视觉技术帮助公益组织"宝贝回家"寻找走失儿童等。

经过一个个项目的历练，陈刚在对新技术的领悟、项目团队管理、对内对外合作乃至定义未来产品等方面得到了全方位的提升。这在其他公司通常只能通过换产品组甚至换公司才能实现，而20多年来，陈刚竟然没有换过岗位。他所做的工作涵盖多个维度，从软件到硬件，从商业产品到公益项目，从技术到管理，每个项目都是一步步地修炼和人生体验。

陈刚介绍说，在微软完备的R&D研发体系中，他所在的微软亚洲研究院研究工程相关部门，正是"R&D"中间的那个"&"，是研究与产品之间的桥梁，"我们既要能跟上专注科学探索的研究员的最新算法，又要了解产品的实际需求，并且还需要从市场时机、技术成熟度等多个维度去考虑问题，然后实现从技术到产品的转化"。

工作任务的多元化、层出不穷的新体验、探索未知的新机会、决策的自由度和顺畅高效的部门合作等，都是现在的工作岗位吸引陈刚的地方。在这个自由又具有挑战的工作中，陈刚经历了很多不可思议的瞬间，有些是他从未料到会发生的事情，他说："这些对我来说都是最宝贵的财富。"

5.7.2 在那个瞬间，世界选择了你，请忘掉所谓的"头衔"

机缘巧合，陈刚总是能碰上并参与和历史文物、文化遗产相关的项目和技术探索。例如，探索秦始皇兵马俑的虚拟漫游、与团队参与和故宫博物院及北京大学合作研发的"走进清明上河图"沉浸式数字音画展示、为敦煌莫高窟量身定制了"飞天号"十亿级像素数字相机系统等。

2011年前后,微软亚洲研究院与敦煌研究院合作,为敦煌莫高窟的数字化采集项目量身定制"飞天号"十亿级像素数字相机,专门解决高精度佛龛佛像的拍摄问题。在这个项目中,陈刚跨越了软件工程师的责任范围,不仅负责开发"飞天号"相机的软件部分,还承担了相机硬件的设计、制造和组装的任务(如图5-7和图5-8所示)。虽然在相机硬件设计方面是个外行,但对新鲜事物的好奇心和勇于探索的性格,让陈刚很快就调整了心态,欣然接受了任务。

图5-7 陈刚和"飞天号"相机合影

图5-8 陈刚在莫高窟(照片由敦煌研究院孙志军拍摄)

第 5 章
不断攀升科学匠人之路

2011年春节假期刚过,元宵节还未到,深圳街头行人寥寥。按照项目计划,"飞天号"的第一台样机必须尽快组装出来才能赶上关键的内部评审。项目组好不容易才找到一家在春节期间开工的金属加工厂。第一台样机经过几天复杂的组装调试,在午夜时分等待完成最后一步——相机封盖。就在此时,陈刚和团队发现相机框架与相机金属盖的一个螺孔因为 0.5mm 的加工误差而无法安装螺钉。这可能让相机盖因无法严格密封导致漏光,而相机暗箱漏光是一个非常严重的问题。于是,这个小小的螺孔决定了整个相机的成败。

经过商讨,陈刚和留守的工人师傅决定用钻床将螺孔扩大。受限于当时的条件,没有合适的夹具夹持相机顶盖。于是,陈刚"变身"为工厂里的小工,在凌晨 3 点清冷的黑暗中,全身紧绷地全力压住相机盖部件,配合工人师傅用钻头一点点扩孔。"样机装配完,厂长说我干得不错,可以来厂里上班了",陈刚笑着说道。面对身份的转换,陈刚有他自己的看法:"**尽管世界上有 80 多亿人,且能人无数,但在那个瞬间,那个地点,只有你在那里。你的选择是解决问题,还是退后?**还会在意自己只是软件工程师吗?还会担心把敲键盘的手弄脏吗?而事后,你可以回味这世界上独一无二的体验。"

这次硬件装配的不易和 0.5mm 螺孔误差的"神奇"经历,让陈刚对做各种硬件工作深感敬意,从另一个视角重新看待周围的事物。陈刚说:"我们生活中不会留心的日常,例如房间里的灯一打开就亮、水龙头会流出清洁的自来水、耐用方便的家电、手机上网时通畅的网络……它们都是得来不易的。这些让人舒适的稳态和高质量的背后,是众多人的专业努力和共同合力的结果。哪怕只是其中的一颗小小的螺钉,也万分重要。"这样的经历,让陈刚在日后工作中对于质量、身负的专业责任有了更明确的感受。正是这样的信仰和工匠精神，让他脚踏实地，对每个产品都精心对待。

5.7.3　对待工作和事业，要有欲望

在带领团队时，陈刚观察到初入职场的新同事的一些特点。对刚刚走出校园的年轻一代，他给出了如下建议。

1. 忘记你是个好学生，直面未知，勇于犯错

真实开放世界中的难题从来就不是按既定剧本出现的。未知和意外是常态，也避免不了犯错。在我们自小长大的过程中，得高分、少犯错的好学生心态，常常让我们不敢大胆尝试未知但可能出错的事情。以成长的心态看待人和事，勇敢面对未知，经历各种错误、麻烦，甚至痛苦，在迭代中改进、成长，经历过后一定会有收获。

2. 野蛮生长，培养勇气

在大多数年轻人的成长经历中，得到想要的东西相对容易，爆炸的信息、商品、娱乐内容每天被推送到眼前。这种舒适感会减弱追求的欲望。生活中的"佛系"态度让你心态平和无争，但在事业成长和对理想的追求中，无争无求会降低成长的速度，无胆无识可能让将来的你眼睁睁看着机会擦身而过。

3. 多写文章，锻炼综合能力

写作能力的缺乏可以体现在日后无法独立胜任有相当复杂度的工作上。写作是一个相当高阶的综合职场技能。通过日常工作文档的写作，如电子邮件、调查报告、项目计划书、技术设计等，可以充分锻炼逻辑、抽象、决策、组织、表达、总结、同理心和说服力

等多种能力。这甚至无关乎所用语言,中文还是英语皆然。

4. 保持好奇心,追求美感

拥有一颗对职业的好奇心,可以是自己长久快乐的源泉。如果做事只凭责任感,可以尽责,但不一定快乐。一个职业可以从多个角度感受到美。程序系统的设计、代码的编写、人机界面和顺畅的工作流等,除了完成必需的功能,还有对简洁和美的追求。美虽然主观且难以精确衡量,但对一个目标的实现有巨大的影响。

在微软亚洲研究院 20 多年的工作经历中,陈刚享受工作中的自由、挑战、探索和惊喜。如今,IT 行业迎来新的历史机遇,AI 技术的应用很有可能让人们有新的飞跃,并解决社会难题。在一次与女儿的探讨中,陈刚聊起未来能够照顾老人的智能服务机器人应该有什么样的功能,而把这个愿景变为现实,需要凝聚人类智慧、AI 和机器人技术,以及在伦理、法律等众多层面的考量。身在微软亚洲研究院,陈刚感觉自己离这个未来不远。

人物简介

陈刚

陈刚 2000 年于北京科技大学计算机系硕士毕业后加入微软研究院工程团队,现任微软亚洲研究院首席开发经理。他长期与研究员们并肩合作,专注研究技术原型系统的设计开发和产品孵化、转化工作。

陈刚和他的工程团队对微软产品 Windows、Xbox、Office、Bing、Azure AI Services 及敦煌 10 亿级像素相机、手语识别等研究项目都有重要贡献。他还关注人工智能与机器人技术在未来养老、医疗等场景的落地应用。

参考文献

[1] WANG H Y, MA S M, DONG L, et al. BitNet: Scaling 1-bit Transformers for Large Language Models. arXiv preprint arXiv:2310.11453, 2023.

[2] SUN Y T, DONG L, HUANG SH H, et al. Retentive Network: A Successor to Transformer for Large Language Models. arXiv preprint arXiv:2307.08621, 2023.

[3] HUANG S H, DONG L, WANG W H, et al. Language Is Not All You Need: Aligning Perception with Language Models. arXiv preprint arXiv:2302.14045, 2023.

[4] PENG Z L, WANG W H, DONG L, et al. Kosmos-2: Grounding Multimodal Large Language Models to the World. arXiv preprint arXiv:2306.14824, 2023.

[5] LV T C, HUANG Y P, CHEN J Y, et al. Kosmos-2.5: A Multimodal Literate Model. arXiv preprint arXiv:2309.11419, 2023.

[6] CHEN Q, ZHAO B, Wang H D, et al. SPANN: Highly-efficient Billion-scale Approximate Nearest Neighbor Search // RAMZATO M, BEYGELZIMER A, DAUPHIN Y, et al. Proceedings of the 35th Conference on Neural Information Processing Systems (NeurIPS 2021). Red Hook N Y, United States: Curran Associates Inc., 2021, 398: 5199-5212.

[7] ZHANG H L, WANG Y J, CHEN Q, et al. Model-enhanced Vector Index. OH A, NAUMANN T, GLOBERSON A, et al // Proceedings of the 37th Conference on Neural Information Processing Systems (NeurIPS 2023). Red Hook N Y, United States: Curran Associates Inc., 2023, 36: 54903-54917.

[8] ZHENG N X, JIANG H Q, ZAHANG Q L, et al. PIT: Optimization of Dynamic Sparse Deep Learning Models via Permutation Invariant Transformation. arXiv preprint arXiv:2301.10936, 2023.

[9] ZHANG Y J, ZHAO L R, CAO S J, et al. Integer or Floating Point? New Outlooks for Low-Bit Quantization on Large Language Models. arXiv preprint arXiv:2305.12356, 2023.

[10] TANG X H, WANG Y, CAO T, et al. LUT-NN: Empower Efficient Neural Network Inference with Centroid Learning and Table Lookup // COSTA X, WIDMER J. Proceedings of the 29th Annual International Conference on Mobile Computing and Networking. New York, NY, USA: Association for Computing Machinery, 2023, 70: 1-15.

[11] JIANG X, PENG X L, ZHANG Y, et al. Disentangled Feature Learning for

Real-Time Neural Speech Coding. arXiv preprint arXiv:2211.11960, 2022.

[12] LI J H, LI B, LU Y. Neural Video Compression with Diverse Contexts. arXiv preprint arXiv:2302.14402, 2023.

[13] PAN H, QIU L L, OUYANG B, et al. PMSat: Optimizing Passive Metasurface for Low Earth Orbit Satellite Communication // COSTA X, WIDMER J. ACM MobiCom '23: Proceedings of the 29th Annual International Conference on Mobile Computing and Networking. Red Hook N Y, United States: Curran Associates Inc., 2023. 43: 1-15. DOI: 10.1145/3570361.3613257.

[14] ZHANG Y Z, WANG Y Z, YANG L Q, et al. Acoustic Sensing and Communication Using Metasurface // BALAKRISHNAN M, GHOBADI M. Proceedings of the 20th USENIX Symposium on Networked Systems Design and Implementation (NSDI 23). BOSTON, MA, USA: USENIX Association, 2023: 1359-1374.

[15] FU Y J, ZHANG Y Z, LU Y, et al. Adaptive Metasurface-Based Acoustic Imaging Using Joint Optimization // OKOSHI T, KO J. MOBISYS '24: Proceedings of the 22nd Annual International Conference on Mobile Systems, Applications and Services. Red Hook N Y, United States: Curran Associates Inc., 2024: 492-504. DOI: 10.1145/3643832.3661863.

[16] WANG S W, SHEN Y F, FENG S. ALPINE: Unveiling the Planning Capability of Autoregressive Learning in Language Models. arXiv preprint arXiv:2405.09220, 2024.

[17] ZHANG Y, BACKURS A, BUBECK S et al. Unveiling Transformers with LEGO: A Synthetic Reasoning Task. arXiv preprint arXiv:2206.04301, 2022.

[18] MA L X, XIE Z Q, YANG Z, et al. Rammer: Enabling Holistic Deep Learning Compiler Optimizations with rTasks // LU S, HOWELL J. Proceedings of the 14th USENIX Symposium on Operating Systems Design and Implementation (OSDI 2020). Berkeley, C A, United States: USENIX Association, 2020: 881-897.

[19] ZHU H, WU R F, DIAO Y J, et al. Roller: Fast and Efficient Tensor Compilation for Deep Learning // Proceedings of the The 16th USENIX Symposium on Operating Systems Design and Implementation (OSDI 2022). Berkeley, C A, United States: USENIX Association, 2022: 233-248.

[20] SHI Y N, YANG Z, XUE J L, et al. Welder: Scheduling Deep Learning Memory Access via Tile-graph // Proceedings of the 17th USENIX Symposium on Operating Systems Design and Implementation (OSDI 2023). Berkeley, C A, United States: USENIX Association, 2023: 701-718.

[21] ZHANG C, MA L X, XUE J L, et al. Cocktailer: Analyzing and Optimizing Dynamic Control Flow in Deep Learning // Proceedings of the 17th USENIX Symposium on Operating Systems Design and Implementation (OSDI 2023). Berkeley, C A, United States: USENIX Association, 2023: 681-699.

[22] ZHANG Q X, XU S T, CHEN Q, et al. VBASE: Unifying Online Vector Similarity Search and Relational Queries via Relaxed Monotonicity. 17th USENIX Symposium on Operating Systems Design and Implementation (OSDI 23). Berkeley, C A, United States: USENIX Association, 2023: 377-395.

[23] XU Y M, LIANG H Y, LI J, et al. SPFresh: Incremental In-Place Update for Billion-Scale Vector Search // FLINN J, SELTZER M. SOSP '23: Proceedings of the 29th Symposium on Operating Systems Principles. New York, N Y, United States:Association for Computing Machinery, 2023: 545-561. DOI: 10.1145/3600006. 3613166.

[24] CHEN Y Q, ZHENG R C, CHEN Q, et al. OneSparse: A Unified System for Multi-index Vector Search // CHUA T S, NGO CH W. WWW '24: Companion Proceedings of the ACM on Web Conference 2024. New York, N Y, United States:Association for Computing Machinery, 2024: 393-402. DOI: 10.1145/3589335.3648338.

[25] LUO R Q, SUN L A, XIA Y C, et al. BioGPT: Generative Pre-trained Transformer for Biomedical Text Generation and Mining. arXiv preprint arXiv:2210.10341, 2022.

[26] ZHENG S X, HE J Y, LIU C, et al. Towards Predicting Equilibrium Distributions for Molecular Systems with Deep Learning. arXiv preprint arXiv:2306.05445, 2023.

[27] ZHANG H, LIU S Y, YOU J C, et al. Overcoming the barrier of orbital-free density functional theory for molecular systems using deep learning. Nature Computational Science, 2024, 4: 210-223.

[28] WANG Y S, WANG T, LI S N, et al. Enhancing geometric representations for molecules with equivariant vector-scalar interactive message passing. Nature Communications, 2024,15: 313.

[29] YANG H, HU C X, ZHOU Y C, et al. MatterSim: A Deep Learning Atomistic Model Across Elements, Temperatures and Pressures. arXiv preprint arXiv: 2405.04967, 2024.

[30] ZENI C, PINSLER R, ZUGNER D, et al. MatterGen: a generative model for inorganic materials design. arXiv preprint arXiv:2312.03687, 2023.

[31] XIA Y C, WU K H, DENG P, et al. Target-aware Molecule Generation for

Drug Design Using a Chemical Language Model. bioRxiv preprint. DOI: 10.1101/2024.01.08.574635.

[32] LI Z Y, FANG Y C, LI Y, et al. Protecting the Future: Neonatal Seizure Detection with Spatial-Temporal Modeling. 2023 IEEE International Conference on Systems, Man, and Cybernetics (SMC). Honolulu, Oahu, HI, USA:IEEE press, 2023. DOI: 10.1109/SMC53992.2023.10394628.

[33] YI K, WANG Y S, REN K, et al. Learning Topology-Agnostic EEG Representations with Geometry-Aware Modeling // OH A, NAUMANN, GLOBERSON A, et al. NIPS '23: Proceedings of the 37th International Conference on Neural Information Processing Systems. New York, N Y, United States:Association for Computing Machinery, 2023, 2344: 53875-53891.

[34] LAN Y T, REN K, WANG Y S, et al. Seeing through the Brain: Image Reconstruction of Visual Perception from Human Brain Signals. arXiv preprint arXiv:2308.02510, 2023.

[35] WANG Y S, JIANG X Y, REN K, et al. CircuitNet: A Generic Neural Network to Realize Universal Circuit Motif Modeling // KRAUSE A, BRUNSKILL, CHO K, et al. Proceedings of the 40th International Conference on Machine Learning (2023). Honolulu, Hawaii, USA: JMLR.org, 2023.

[36] HAN D Q, DOYA K, LI D S, et al. Habits and goals in synergy: a variational Bayesian framework for behavior. arXiv preprint arXiv:2304.05008, 2023.

[37] SONG K T, WAN T, WANG B X, et al. Improving Hypernasality Estimation with Automatic Speech Recognition in Cleft Palate Speech. 23rd INTERSPEECH Conference (2022). arXiv preprint arXiv:2208.05122, 2022.

[38] LIANG Y K, SONG K T, MAO S G, et al. End-to-End Word-Level Pronunciation Assessment with MASK Pre-training. 24th INTERSPEECH Conference (2023). arXiv preprint arXiv:2306.02682, 2023.

[39] LI J C, SONG K T, LI J N, et al. Leveraging Pretrained Representations with Task-related Keywords for Alzheimer's Disease Detection // 2023 IEEE International Conference on Acoustics, Speech and Signal Processing (ICASSP 2023). Rhodes Island, Greece: IEEE, Press, 2023. DOI: 10.1109/ICASSP49357.2023.10096205.

[40] GAO J Q, JIANG X Y, YANG Y Q, et al. Unsupervised Video Anomaly Detection for Stereotypical Behaviours in Autism // 2023 IEEE International Conference on Acoustics, Speech and Signal Processing (ICASSP 2023). Rhodes Island, Greece: IEEE, Press, 2023. DOI: 10.1109/ICASSP49357.2023.10094676.

[41] LIAN J, LUO X F, SHAN C H, et al. AdaMedGraph: Adaboosting Graph Neural

[42] YAO J, YI X Y, WANG X T, et al. From Instructions to Intrinsic Human Values -- A Survey of Alignment Goals for Big Models. arXiv preprint arXiv:2308.12014, 2023.

[43] 矣晓沅, 谢幸. 大模型道德价值观对齐问题剖析. 计算机研究与发展, 2023, 60(9): 1926-1945. DOI: 10.7544/issn1000-1239.202330553.

[44] ZHU K J, WANG J D, ZHOU J H, et al. PromptRobust: Towards Evaluating the Robustness of Large Language Models on Adversarial Prompts. arXiv preprint arXiv:2306.04528, 2023.

[45] ZHU K J, CHEN J A, WANG J D, et al. DyVal: Dynamic Evaluation of Large Language Models for Reasoning Tasks. arXiv preprint arXiv:2309.17167, 2023.

[46] WANG X T, JIANG L M, HERNANDEZ-ORALLO J, et al. Evaluating General-Purpose AI with Psychometrics. arXiv preprint arXiv:2310.16379, 2023.

[47] WEI J, TAY Y, BOMMASANI R, et al. Emergent Abilities of Large Language Models. Transactions on Machine Learning Research (TMLR). arXiv preprint arXiv: 2206.07682, 2022.

[48] MCKENZIE I R, LYZHOV A, PIELER M, et al. Inverse Scaling: When Bigger Isn't Better. Transactions on Machine Learning Research (TMLR). arXiv preprint arXiv: 2306.09479, 2023.

[49] LEIKE J, MARTIC M, KRAKOVNA V, et al. AI Safety Gridworlds. arXiv preprint arXiv:1711.09883, 2017.

[50] YAO J, YI X Y, WANG X T, et al. From Instructions to Intrinsic Human Values - A Survey of Alignment Goals for Big Models. arXiv preprint arXiv:2308.12014, 2023.

[51] WANG X P, DUAN S T, YI X Y, et al. On the Essence and Prospect: An Investigation of Alignment Approaches for Big Models. arXiv preprint arXiv:2403.04204, 2024.

[52] YAO J, YI X Y, WANG X T, et al. Value FULCRA: Mapping Large Language Models to the Multidimensional Spectrum of Basic Human Values. arXiv preprint arXiv:2311.10766, 2023.

[53] 李洁, 王月. 算力基础设施的现状、趋势和对策建议. 信息通信技术与政策, 2022, 48(3): 2-6. DOI: 10.12267/j.issn.2096-5931.2022.03.001.

[54] HAN D Q, DOYA K, LI D S, et al. Synergizing habits and goals with variational Bayes. Nature Communications, 2024,15: 4461.

[55] ZHOU Y H, HAN D Q, YU Y G. Energy-Efficient Visual Search by Eye

Movement and Low-Latency Spiking Neural Network. arXiv preprint arXiv:2310.06578, 2023.

[56] HAN D Q, XIE J L, HUSSAIN A, et al. In situ relative self-dependent calibration of electron cyclotron emission imaging via shape matching. Review of Scientific Instruments, 2018. 89, 10H119. DOI: 10.1063/1.5038866.

[57] HWANG C H, PARK K S, SHU R, et al. ARK: GPU-driven Code Execution for Distributed Deep Learning // 20th USENIX Symposium on Networked Systems Design and Implementation (NSDI 2023). Berkeley, C A, United States: USENIX Association, 2023: 87-101.

[58] KIM T, HWANG C, PARK K, et al. Accelerating GNN training with locality-aware partial execution //GUNAWI H, MA X S. APSys '21: Proceedings of the 12th ACM SIGOPS Asia-Pacific Workshop on Systems. New York, N Y, United States:Association for Computing Machinery, 2021: 34-41. DOI: 10.1145/3476886.3477515.

图书在版编目（CIP）数据

智慧经营/（日）大川隆法著；金羽译. --北京：企业管理出版社，2015.8
　　ISBN 978-7-5164-1104-9

Ⅰ.①智… Ⅱ.①大… ②金… Ⅲ.①企业经营管理-研究 Ⅳ.① F270

中国版本图书馆 CIP 数据核字（2015）第 166005 号

Management with Wisdom
Copyright: © Ryuho Okawa 2012
All Rights reserved . No part of this book may be reproduced in any form without the written permission of the publisher.
This authorized Chinses translation edition is published by
ENTERPRISE MANAGEMENT PUBLISHING HOUSE.

版权登记号：01-2015-4476

书　　　名：智慧经营
著　　　者：［日］大川隆法
译　　　者：金　羽
责任编辑：宋可力
书　　　号：ISBN 978-7-5164-1104-9
出版发行：企业管理出版社
地　　　址：北京市海淀区紫竹院南路 17 号　邮编：100048
网　　　址：http://www.emph.com
电　　　话：编辑部（010）68456991　发行部（010）68701638
电子信箱：80147@sina.cn　　zhs@empt.cn
印　　　刷：上海新艺印刷有限公司
经　　　销：新华书店
规　　　格：210 毫米 ×140 毫米　32 开本　7 印张　150 千字
版　　　次：2015 年 10 月第 1 版　2015 年 10 月第 1 次印刷
定　　　价：108.00 元

版权所有　翻印必究·印装错误　负责调换

前 言

在这本《智慧经营》里,凝结着我多次谈及经营时所提到的内容精华。企业身处不同的境遇,需要用不同的智慧去解决问题。

本书详细、具体地阐述了经营之道,值得任何企业学习和借鉴,是企业有备无患的智慧宝库。

在经营方面,我的想法曾帮助过诸多企业取得了显著、长足的进步,很多成功的企业家都从我关于经营的论述中获得了启示。

今天,摆在日本乃至全世界面前的,是一条荆棘密布的艰险之路。本书将成为一把利剑,为你披荆斩棘。

大川隆法

目 录

第一章
战胜经济萧条的基本思维模式

1. 运用智慧战胜由提高消费税引发的经济问题　003
2. 消费税增税后经营环境将发生怎样的变化　006

　　关注"社会风潮"和"经济新闻"　006

　　经营者自我努力的同时,也要对部下提一些"过分"的要求　008

　　保持企业的持续发展需要更多一层的努力　010

3. 经济萧条时期的繁荣和衰败　011

4. 反复自问"为什么我的企业被需要"　014

5. 思考方式会产生巨大的力量　016

第二章
营造重视智慧的经营方式

1. **警惕不堪一击且一成不变的思想**　021

　　经济萧条不是企业倒闭的唯一理由　021

　　以光明思想为指导来创业，严谨对待企业财务　026

　　经营者的两种态度会导致破产　029

2. **运用智慧的力量平衡攻守双方**　032

　　借助他人庇护的生意是不会轻易失败的　032

　　运用智慧降低成本，投资高附加值的部门　033

　　在本行业中失败的企业在新的领域也无法成功　043

　　在国内站不住脚的企业到了海外也成功不了　045

3. **不善于反省则无法发展**　048

　　社长常不善于反省　051

　　经营者要从第三方角度进行审视和自省的训练　052

第三章
经济萧条期的基本战略

1. **集中战略**　059

　　将有限的经营资源集中投入到最有效的地方　059

　　集中战斗力可以弥补欠缺　064

　　排列劣后顺序，决定做什么、不做什么　066

　　经济不景气是严格考验业务内容的时期　069

　　经济萧条期，经营者要采取"中央集权"　071

2. **撤退战略**　075

　　不能果断撤退的企业将被淘汰　075

智慧经营 | Management with Wisdom

经营者要面临人事上痛苦的抉择　078

企业发展得越大，决策的分量越重　080

决定取舍和工作重点的窍门　081

不要错过灰姑娘式的商品　086

假如企业负债增加，必须与专家商议申请破产　087

陷入自杀或破灭的境地前安排好撤退战略　091

经营者应避免走上自杀的道路　094

关键时刻要有宽广的胸怀　096

第四章
将危机转化成机遇的逆转战略

1. 处理投诉　101

　　重视第一线，小事也关乎经营水平的高低　101

　　大多数客人不会来投诉　103

　　顾客的投诉是宝藏，是新的经营资源　105

　　身为高层不能回答不知道　107

　　倾尽公司全力处理事故的松下电器　109

2. 危机管理　112

　　如何处理因不可抗力造成的危机　112

　　冒犯别人的"恶"也需要研究　115

　　何谓指导者的判断以及决断的真正善恶　117

　　找到制胜的关键　120

第五章
提高判断力的信息战略

1. 实证精神　125

  知识是进行经营判断的保证　125

  收集信息能否帮助取得成果　127

  收集经营判断依据的基准　129

  经营者的信息敏感度决定高度　132

  身边要有敢于直谏的人　137

  从多角度判定资金投放的收效　140

2. 合理精神　143

  从主观和客观两方面洞察个人与组织的能力　143

  把对手成功、失败和停滞的要因研究透彻　145

  学会模仿、借鉴竞争对手　147

  研究令对手摸不透的"秘方"　148

  熟悉各种战略,最后在自己的实力范围内战斗　150

第六章
争取顾客的市场战略

1. **把握顾客需求　155**

   经营者应当重视的是顾客需求，而非"种子"　155

   经营者要时刻寻找盈利的种子　157

   发现并创造市场需求　159

   以顾客为中心　161

   考虑问题要站在顾客的立场，而并非为了顾客　166

   创造全新的市场需求　175

   在现状中探索未来的种子　179

2. **市场细分　181**

   根据企业实力建立战略、战术　181

   弱者的兵法与强者的兵法　182

   兰切斯特法则——做特定范围内的强者　190

   通过市场细分发现并创造市场需求　192

第七章
如何获得高深的智慧

1. 接收来自灵感的启示　199

　　保持孜孜不倦的姿态　199

2. 真正的繁荣需要不断地努力　204

3. 智慧帮助经济增长　206

后记　209

第一章

战胜经济萧条的基本思维模式

第一章
战胜经济萧条的基本思维模式

1. 运用智慧战胜由提高消费税引发的经济问题

2012年8月，日本民主党政权通过了消费税增税法案，2014年4月将消费税提高到5%~8%，这几年之内预计还要将其提高至8%~10%。

该法案实施之后，将对个人及企业产生诸多影响。因此，在日本国内有很多人反对此项法案。

然而，换种态度去看待这个问题，或许就会将其视为一个磨炼的契机。从个人角度来审视增税这个问题，它虽然加重了国民的经济负担，但是从另一方面来说，却是在鼓励每个人更要加倍努力地工作。

上学的时候我曾加入了学校的剑道部。当时，我穿着剑道服和铁木屐，顶着烈日在操场上跑步。那时候沉重的铁木屐就可以看作是现在5%、8%、10%的消费税。穿着铁木屐跑步，既跑不快又费力，但却能锻炼肌肉。希望大家能从这种积极的角度上看待这个问题。

当然，从宏观的角度来看待这问题又要另当别论，必须考虑运用系统组织带动整体的良性发展这一点。

不管从哪个方面来看，都要正面迎击消费税增税的问题。对于企业来说，将承受税率从5%提高到10%，这会是一个非常严峻的考验。

可想而知，接下来经营者们即将面临究竟是压缩成本还是进一步提高产品附加值的痛苦抉择。

特别是那些采取薄利多销的企业，更要烦恼消费税率提高后该如何定价的问题。毕竟，单纯地把增税部分强加到售价里顾客是不会买单的。而要在维持价格不变的前提下吸收掉增税的部分，就需要进一步压缩成本。

想必，增税会让经营者们头疼不已。但是世上没有克

第一章
战胜经济萧条的基本思维模式

服不了的困难，应当运用智慧去克服的就必须要面对。

世间万物流转变幻，皆遵从诸行无常的道理。无论立场还是环境都在不断地发生变化，我们应当在每一个阶段都尽全力去应对。

2. 消费税增税后经营环境将发生怎样的变化

关注"社会风潮"和"经济新闻"

身为经营者必须知道对企业放任自流的后果,终将崩塌,甚至毁灭。因此,必须促进企业的新陈代谢,时常注入新鲜血液和能量,排除代谢物。这就需要不断地寻找新的业务项目,思考企业进一步发展的方向。

从相反的角度看,企业放任自流将导致崩塌,这样的见解也可以说是一种觉悟。尤其是在经济萧条期,必须要洞察这一点。

假如消费税率真的像政府当局考虑的那样,从10%提高到15%、20%、30%,甚至更高,零售业将不堪重负。

最初或许可以为了不影响顾客而将增税部分通过压缩成本自行消化掉,但当税率增加到一定程度且大大超出了企业的承受范围后,则势必要上调售价,从而导致产品滞销。

第一章
战胜经济萧条的基本思维模式

之前在一档 NHK 的经济节目中曾报道过，欧洲目前正面临信贷紧缩的风险。

在记者的采访中，中小型企业提到，由于从银行贷不到款，产品的销路越来越差，查看过去几个月的相关数据也证明了这一点。

然而，比信贷紧缩更可怕的是银行强制回收贷款。一旦发现因产品滞销而将面临倒闭的企业，银行为了避免不良贷款的发生就会迅速收回融资。毕竟银行也不愿意倒闭，这是必行之举。

从银行贷不到款的结果将引发企业倒闭狂潮。一旦出现连锁性破产，失业人数激增，国家将不得不制定相应的政策来应对失业问题。

所以，经营者不能只考虑自己的生意，必须同时关注社会风潮、经济新闻，以及今后即将发生的事情。这样一来，全部的注意力才能聚焦到一处。

因此，我们不仅需要专注于工作，同时也需要适当地放松,来保持良好的精神状态和健康的体魄。

经营者自我努力的同时,也要对部下提一些"过分"的要求

一般来说,当身边的人都认可一个人的努力时,那这种努力的程度其实是在正常程度范围内的。

还有,当企业发展到一定规模,由于普通员工的意识仍停留在一般水平,所以完全感受不到社长(即总裁、董事长)与高层的艰辛,并且把他们看作和自己不是一类的人。

倘若社长或高层认为自己这么勤奋地工作,别人也一定会跟自己一样努力的话就太天真了,根本没有那回事。

身为经营者,努力到被别人劝说"不必努力到那个份上"的程度才算刚及格,不仅自己要勤奋工作,也要把其他人带动起来,努力学习如何分配工作。要学会向员工提

第一章
战胜经济萧条的基本思维模式

一些"过分"的要求。

当企业发展壮大后，经营者在向部下下达工作指示时，部下首先会用"您提的要求做不到""没有先例"之类的话推诿。这时，就需要经营者在能预见回答结果的前提下，更坚定自己的立场。我认为这样的坚持、胆魄是非常重要的。

如此日积月累，在自身竭尽全力的同时尽量挖掘企业的潜力，遏制弱点，在迫不得已的情况下采取必要的手段来保证企业的持续发展。身为经营者必须要作出这样的努力。

同时，经营者还需要努力做到对外界环境保持敏锐的洞察力，收集信息，尽早把握住企业未来的走向。而这一点才是身为经营者最为重要的工作。

保持企业的持续发展需要更多一层的努力

据称,日本发生赤字的企业占到了总数的七成。那么,如何应对增税是每个企业都要面临的问题。

想来,增税将会引起破产企业频出,失业者大幅增加的情况。

面对增税问题,即便政府基于"大型政府"的理念制定最低工资标准,企业也会采取减少正式员工的数量,雇佣更多的临时工等方法来应对。所以我想,国家的政策未必能实现得那么简单。

除了这种社会福祉式的想法之外,经营者们还需要明白,企业作为一个组织,作为法人,作为一个生命体必须生存下去。

因此,那些方法流程已经成熟的工作有必要让其他员工也学会,同时要更加严格要求自己。

第一章
战胜经济萧条的基本思维模式

3. 经济萧条时期的繁荣和衰败

正如以前我在《繁荣思考》等书中多次谈到的那样，从世人的角度看，只要做了有价值的工作，就会得到相应的报酬，各行各业都是如此。

也就是说，决定自己收入多少的并非自身，而是周围的人或者顾客等。

即便在经济萧条期，有的企业生意兴隆，有的则乏人问津。即便供职在同一家公司，有的人能涨工资，而有的人则不能。决定这些的并不是自己，而是旁人。

所以，完全没必要一门心思光想着赚钱，应该多去做些有益于他人的事情。要通过自己的努力工作让更多人脸上浮现笑容，让更多人幸福。世上没有为他人做出了贡献、受到人们的感谢却得不到分毫经济报酬的事情。

你可以认为自己的商品和服务无可挑剔，不可能不畅销，但世人的眼光是苛刻的。

还有很多人把倒闭归咎到经济不景气上。然而，任何一条街道上都有倒闭和不倒闭的商店，有的门庭冷落关门大吉，也有的顾客盈门生意兴隆。

要秉持谦逊谨慎的态度对待这个不可思议的事实。

在经济问题上，不需要考虑得太细太深刻。只要坚持为世间做贡献的心态，不管在哪里工作，大家的经济状况一定会好起来。

而且，即便在目前任职的公司里暂时不能完全发挥自己的才能，也一定会迎来打开新天地的那一天。

人的眼睛是雪亮的。只要坚持做对他人有益的工作，总有一天会被赋予更重大的任务，一定会出现伸出手拉你一把的人。

再说一次，在经济问题上，即便出现暂时性的困难也没必要过于烦恼。坚持做对他人有益的事情，谋事在人、成事在天。如此，前途一定会豁然开朗。

第一章
战胜经济萧条的基本思维模式

近几年我出版了《经济繁荣之法》《经营之法》等多部书籍，而我所经营的企业作为业绩显著提高的典型，经常受到电视台等媒介的报道。在经济萧条的环境下，有靠低价战略取胜的，就有靠高附加值战略取胜的企业。

许许多多的企业通过活学活用我所著的《经营之法》，运用各种策略将经济萧条的逆风转变为推动发展的顺风。

在商业世界里，只要秉承"通过发展壮大自己的企业，成为将世界改变成乌托邦的原动力"的鸿鹄之志，那么你远大的志向必将传播开来，吸引更多的人前来助你一臂之力。请坚信这一点。

4. 反复自问"为什么我的企业被需要"

一旦把不景气或通货紧缩当成借口,那么你的努力便会终止在那个阶段。其实,企业并非因为不景气才发展不起来,也不是因为通货紧缩才倒闭。真正的原因在于,你的企业不被需要。放在哪里都是这个道理。

既然发展不起来的原因是不被需要,那就必须反复思考怎样的企业才能被需要。

不但经营者要思考,各个部门的领导和管理者也要思考。这样才能一直影响到基层,带动全体员工共同思考这个问题。

不过,事实是残酷的,绝大多数企业即便是倒闭了,也会立马被其他企业所取代。所以,很难说一个企业是"绝对"被需要的。

正因为如此,才更要让你的企业成为不可或缺的那一

第一章
战胜经济萧条的基本思维模式

个。这样才能激发出全体员工的斗志，从而推动企业的发展。拥有这份追求的企业和缺乏这份追求的企业截然不同。

这种使命感来自于企业里有没有一个坚持反复自问"我的企业是否被需要"的经营者或管理者。

我的企业存在的理由是什么？我的企业为什么被需要？为什么必须存在下去？通货紧缩也好，经济萧条也好，我的企业没有倒闭的理由是什么？为什么不希望我的企业倒闭？为什么我的商品、产品必须卖出去？

请回答这些根本性的问题。通过思考问题得到的答案，你会清楚地明白当下应该做什么。

因为每个企业的商品不同，所以在这里无法给出具体的建议和解决方法。但是，只要能从不断的自问中找到问题的答案，那么不管是明年、后年还是十年后，你的企业定能持续发展下去。

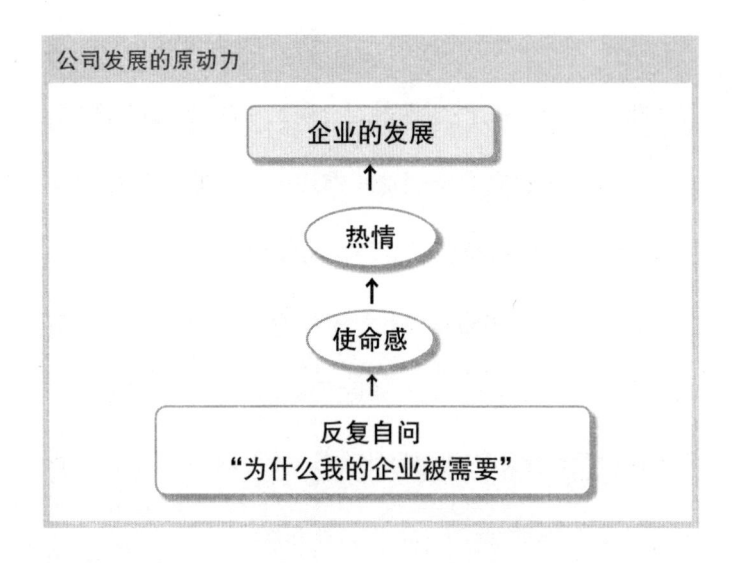

```
公司发展的原动力
         ┌──────────────┐
         │  企业的发展   │
         └──────────────┘
                ↑
           ╭────────╮
           │  热情  │
           ╰────────╯
                ↑
           ╭────────╮
           │ 使命感 │
           ╰────────╯
                ↑
    ┌──────────────────────┐
    │      反复自问        │
    │ "为什么我的企业被需要" │
    └──────────────────────┘
```

5. 思考方式会产生巨大的力量

未来是肯定的还是否定的，乐观的还是悲观的，幸福的还是不幸的，都取决于你心里的种子。

想获得幸福的未来，就要在心里播下肯定的种子。而孕育这颗种子，就需要不断反复地思考。

当快要被悲观的念头吞噬时要自我反省，至少要秉持

第一章
战胜经济萧条的基本思维模式

一种不愿被它打败的积极心态。这需要心气，也需要努力。并且要做到今日事今日毕，再展望明天的希望。快要陷入负面情绪时，要拿出与之对抗的积极的思考方式。

人的心中不可能同时存在两种相互矛盾的想法。幸福的人不会感到不幸，不幸的人也不会感到幸福。我们做不到笑着说悲伤的话，也做不到带着悲伤的表情流着眼泪谈笑风生。人在同一个时刻只能想着一件事。那么，让什么样的事情填满心房就显得尤为重要了。

要肯定自己，要时常在心中描绘自己发展得越来越好、越来越成功，自己越来越幸福，也让身边的人越来越幸福的美好愿景。即便快要被消极的念头打败，也要鼓起勇气，重新拿出积极的想法。

只要能够努力做到这点，你将会迎来人生路上真正的胜利。

要转变命运，心态和思考方式是非常重要的。希望大家明白，思考方式会产生巨大的力量。

第二章

营造重视智慧的经营方式

第二章
营造重视智慧的经营方式

1. 警惕不堪一击且一成不变的思想

经济萧条不是企业倒闭的唯一理由

九成原因是经营者的责任

某问卷调查的结果显示,向经营者询问企业倒闭的原因,回答"因为经济不景气"的经营者占到七八成。另一方面,向金融机构询问同样的问题,回答"因为经济不景气"的减少至不到三成。要知道这里面存在的差别有多大。

然而进一步说,没有一家企业是单纯地因为经济不景气而倒闭的。企业倒闭的九成原因是经营者的责任或企业内部的问题。

经济环境良好时企业的运转自然正常,也不会需要太强的经营能力，而经济萧条期才是考验经营能力的时候。也就是说，企业倒闭在于内部原因，尤其是在经营者身上。

鱼从头部开始腐烂。正如这句话所说的，一家企业的坍塌也是从最高责任人开始的。顶端是最容易腐坏的地方。

不难理解经营者为什么把经济不景气当作企业倒闭的借口，也理解他们向政府求救的心情。然而，正所谓河清难俟，一味地依靠政府也于事无补。

不管政府拿出多少资金救市也填不满自家企业的窟窿。经营者和管理层要与全体员工团结一心，共同努力渡过难关。

绝大多数企业倒闭的原因在于经营者的麻痹大意。在公司运转良好、风头正劲时疏忽松懈，一旦遭遇失败就把责任推到部下、其他企业或政府身上。然而真正的原因，全在于经营者自己的见识不够。

这就需要严格要求自己，反省自身，重新审视。越是在经济不景气的时候，越是经营者真正磨炼能力、使企业

第二章
营造重视智慧的经营方式

成为业界翘楚的机会。

一个优秀的经营者能够带领企业战胜任何危机,这是最高责任人必须独自肩负的责任。

即便没有及时察觉到危机的来临,只要企业还没有倒闭就有机会。为了保护员工,保护他们的家人奋勇向前吧。

首先需要反省的是不够谦虚的心。经营者往往会犯眼高于顶、骄傲自大的毛病。把经济萧条当成磨炼自己的砥石,从根本上发现并解决企业薄弱的环节,以及自身和管理层忽视的地方才是正道。

即便在经济景气的时期,日本还是有七成的企业都是赤字。而造成赤字的原因是不愿意缴纳税金,是因为不想扭亏为盈。一旦遭遇经济萧条首先会倒下的便是这样松散的企业。

日本正在热议有关增税的议题,其实只要日本的企业全部盈利,按时纳税,国家财政自然而然就能恢复正常。

目前,日本国家及地方政府的负债已经达到天文数字,甚至没有一个确切的金额。据称，至少达到900兆日元以上，在1000兆日元左右。

同时，这笔异常庞大的资金正流向某些企业的无底洞也是事实。那些让国家和地方政府花费几百兆日元来填补资金缺口的企业必须进行深刻地反省。

要把"盈利"二字铭刻在心。要知道，企业盈利既是为了国家也是为了自身的发展。

因不想纳税而任由企业赤字的想法蔓延下去的话，倒闭是理所当然的。一旦濒临倒闭，再怎么呼救也于事无补了。所以我认为，经营者必须日日精进地努力下去。

第二章
营造重视智慧的经营方式

经营者要时时挑战更高的目标

那么,应该怎么努力呢?经营者应当废寝忘食地专注于企业业务,努力是没有尽头的。既然肩负着员工们的生计,就必须日夜思考如何让企业发展壮大。同时,要广聚人才,让与自家企业有缘的人们感受到梦想、希望和未来。

经营者不能甘于现状,要时刻胸怀更高的目标,不断发起挑战。

在缺乏这种精神的经营者手下工作的员工们是不幸的。倘若经营者始终胸无大志,那么员工们就没有留下的意义了,跳槽到更有志向的经营者手下工作也无可厚非。

不要被"社会不好、时代不好"的言论牵着鼻子走。经营者要积极努力,基层员工也要去创造美好的时代。把握自己前途的方向,认真审视自己正在任职或即将跳槽的企业。

以光明思想为指导来创业，严谨对待企业财务

企业倒闭的原因几乎全在于经营散漫。而经营散漫的根本性原因是我时常提到的"多放眼在人生的光明面、积极面"的"光明思想式"思考方法。

不过，假如不能在一定程度上采取光明思想式的思考方法，经营者尤其是创业者往往难以成功创业。

比如说，经营者需要把赌注押到自己认为前景看好的生意上，需要信任别人。经营者要具备体察哪些人会成功，哪些人可堪委以重任的眼光，否则企业将无法发展。

特别是创业者，更需要这些特质。那些无法信任他人的人，是无法帮助企业发展起来的。

所以，一般来说，创业者大多是光明思想型的人，在他们眼中，未来将一片光明灿烂。

然而这些人失败的原因几乎都是因为经营散漫，因为他们往往乐观地认为总会有办法的。比如，他们以为"三

第二章
营造重视智慧的经营方式

个月过后资金总能运转起来"而把商业汇票开出去了,结果到时候汇票却没能兑换出现金。

发展性的思考方式是好的,但财务问题必须严谨对待。

导致企业倒闭的,往往是那些由"希望获得什么而决定付出什么"的经营者。

大概有九成的人都会以"往后能赚钱"为前提,先把钱花出去。这样的人当个领薪水的员工还好,若是成为支付薪水的经营者就危险了。

每个月企业都要支付员工薪水、办公室经费等,倘若以为"下个月就能赚钱了"而把钱先花出去,那么像这样的企业基本上一定会倒闭。

发展性思考方式本身是好的,但放到以资金为核心的实务当中,量入为出才是基本战略。

也就是说,不要先考虑赚进来的,而应该先思考如何尽量减少开支。在这基础上再考虑如何赚钱。所谓开源节流,要先节流,才能再开源。

特别要注意的是,不要以为"将来能赚回来"而大笔大笔地花钱做广告和宣传,还不确定产品能不能卖出去就先大规模建设厂房、开事务所。

经营散漫的另一个原因,是让缺乏工作能力的人担任不适合的职务。

一旦有了职务就想有更多的部下追随自己,然后进一步又想开办事务所。所以,对员工太好也是导致经营散漫的原因。

要想改善经营状况,首先要节省开支。为了避免花费更多资金或减少支出金额,尽量采取低成本运作。

"节流"之后再"开源",思考如何增加收入。基本上这是财务的责任。财务人员往往只会提醒节省开支,却涉及不到增加收入的方面。

经营者可以持有发展性的思考方式,但总体来说,就是要明白做到量入为出才是维持企业发展的关键,做到这一点就能避免企业倒闭。

第二章
营造重视智慧的经营方式

创业所需的资质和创业后失败的原因

> **创业所需的资质**
>
> 光明思想型的人。
> 一般来说，对未来没有信心的人难以成为创业者。
>
> **创业后失败的原因**
>
> 失败的原因大多在于经营散漫。
> ①认为总会有办法的，对资金链过于乐观。
> ②让缺乏工作能力的人担任不适合的职务。

经营者的两种态度会导致破产

光明思想基本上是正确的，秉持积极、有建设性的思考方式能带领企业向着光明的方向发展。然而身为经营者，有两个原因会致使失败。也就是说，持有光明思想没有错，但在这两种情况下，光明思想却会成为导致经营者失败的原因。

其一，因光明思想导致经营散漫——总会有办法的、一定会好起来的，一味依靠别人、依靠运气，这种散漫的经营态度是破产的根源。

而所谓的光明思想并非是这种散漫的思想，按照对自己有利的主观意愿去理解，便会曲解它的意思。倘若一味按照企业高度成长期时的决策模式进行判断，又缺乏识人的眼光，就会成为倒闭的原因之一。

第二个原因是，经营者自身是个老好人。在经济萧条期，这两个是导致企业倒闭的主要原因。而且对于光明思想式的经营者来说，最危险的就是"老好人"这一项。因为经营者必须知人善用。

另外，在生意、工作上，有些人应该接触，有些人不应该接触。不能明确区分开，就会让企业陷入恶性运转，让全体员工陷入迷途。在这方面必须要狠下心来严肃对待。

所以说，善于经营的人会从根本上杜绝盲目乐观，避

第二章
营造重视智慧的经营方式

免成为老好人。不仅社长要如此，在大型企业中各个部门的责任人也应该做到这一点。特别是在经济萧条时期，更要把这些牢记在心里。

经营者的两种态度会导致企业破产

光明思想基本上是正确的，秉持积极、有建设性的思考方式能带领企业向着光明的方向发展。但在两种特殊的情况下，这种思想却会成为导致经营者失败的原因。

极其散漫的经营态度

总会有办法的、一定会好起来的，一味依靠别人、依靠运气，这种散漫的经营态度是破产的原因。

经营者自身是个老好人

识人善用，在生意、工作上明白应该接触什么样的人，不应该接触什么样的人。

2. 运用智慧的力量平衡攻守双方

借助他人庇护的生意是不会轻易失败的

无论是生意还是其他，最初从小处开始做起，形成规模后再逐步发展壮大的企业是不会失败的。然而那些从一开始就拿生意当赌博来做的，没有一个是成功的。

或许有些人会在某些还不被广泛关注的地方撞到大运，但那只是个别现象。要是真有那么好的事，人人都去做了。大家都找不到头绪的那些生意，基本上谁都做不好。对于这样的生意，即便从一开始就注入大量资金也很难取得成功。

正如很多人所说的那样，在他人的庇护下做起来的生意是不会轻易失败的。从小处做起，一步一个脚印，一定能获得成功。

第二章
营造重视智慧的经营方式

运用智慧降低成本,投资高附加值的部门

汗滴禾下土

那么,通货紧缩时期应采取怎样的策略呢?

通货紧缩时期会给人一种类似于时间倒流的感觉,仿佛回到了二三十年前的生活一样。抓住这个感觉很重要。

说到如何抓住这个感觉,要知道,轻轻松松就能得到的高收入,以及轻轻松松就能用高售价获得的高收益总有一天会破灭。

所谓时间倒流的真正意思是,必须更加努力工作的时代来临了。也就是说,轻轻松松、动动手指就能赚钱的时代即将结束了。不再会有投机取巧,用减少某个中间环节、改个数字之类的小手段就能做起来的生意了。那样的企业恐怕摆脱不了被淘汰的命运。

时代的风潮将转变为勤奋工作,否则无法创造出通货紧缩下的繁荣。

几年前，一部叫作《巨人之星》的动画片DVD开始发售。那是我童年时代所看的动画片，当时非常流行，甚至有句话说"一播《巨人之星》，连澡堂都空了"。现在，这部多年前的动画片重新上市开始销售了。

这是因为现在的日本社会出现了"回到从前"的倾向。

那是个用胆魄、勤勉、热忱和努力来开辟道路的时代，也是正面迎击通货紧缩所应采取的战略，用曾经的兵法对抗通货紧缩。

现在已经不是轻轻松松就能赚到钱的时代，依靠减少个中间环节，借个品牌名号之类的生意也做不下去了，必须要有实体。有了实体，生意就能做下去。

要有"汗滴禾下土"的勤勉精神，不要妄想不劳而获。

那些表面风光的生意终会消失，有实体、顺应市场需求、有存在价值、勤奋努力的生意才能发展顺利。

以后不会再有坐等房价上涨倒手赚大钱的事了，靠股票挣钱也不再容易，这些投机性的生意会越来越难做。

第二章

营造重视智慧的经营方式

只有那些有实体的生意才有继续发展的可能，并且想要发展，就必须勤奋努力地工作。

拿汽车制造商来说，以前成本 200 万日元的车现在要压缩到 150 万。假如同行业者把成本压缩到 150 万以下，那就必须进一步降低到 100 万日元。这是必须付出的努力。

对于缺乏智慧的人来说，要实现这个目标必须以勤补拙，要付出比旁人更多的努力。

现在在汽车工厂工作的人也还是每周休息两天，工作相对而言会比较轻松，那么一旦工厂面临破产危机就不能再轻松下去，星期六也要来上班，否则就真要倒闭了。毕竟现在已经是自愿免费加班的时代，不把汽车价格降下去就会被中国、印度等国赶超。

所以，要勤奋工作，回到从前，以勤补拙，把工作时间从 8 小时增加到 10 小时，10 小时变成 12 小时，否则如何去开创未来呢？

那些依旧每天轻轻松松工作 8 小时就下班的地方将被

淘汰，而那些增加工作时间到 10 小时的地方，由于多付出了 2 小时的努力就能生存下来。要试着回到从前，付出更多的努力去赢得未来。以上是不需要运用智慧就能成功的战略方法。

削减浪费，降低整体成本

那么，运用智慧的战略方法又是什么呢？首先要彻底缩减成本。

在经济繁荣时期，不管是部件工厂还是其他地方，各个企业都在盈利。然而在经济萧条期，就必须从零部件等部分重新核算成本，这关系到企业的生存大计。所以，要思考如何才能降低整体的成本。

如上述所说，通货紧缩时代要采取的最原始的方法是延长劳动时间。在想到其他方法之前先从这一点开始。

但是还有更聪明的做法，就是降低整体成本，缩减经费。在发展期的开支中必然存在浪费，必须削减掉。

第二章
营造重视智慧的经营方式

任何企业都存在浪费。与其说是浪费，不如称之为弱点更贴切。

世上没有完美的企业。企业发展势头良好时，大家对于这些弱点往往睁一只眼闭一只眼，可一旦面临会在竞争中败下阵来的危机时，就必须认真对待了。

所以说，找到并修正企业的弱点是至关重要的。

那些误以为只要依靠政府就绝对不会破产的企业很快会陷入危机之中。绝对不会破产的想法是最危险的，因为，只有意识到危机，才会准备各种各样的方法来应对。

在发展良好、保持盈利的情况下思考一旦面临危机该如何应对，就可以从中明白哪些经费是可以缩减的，哪些东西是可以剔除的，并且要尽快采取行动。

即便当前是盈利的状态，未来也有发生赤字的可能，所以不要忘了时刻思考一旦发生赤字该如何应对的方法。比如，如果从盈利变成赤字应该削减哪个部分？或者，虽然现在有 1 亿日元的盈利，也不保证三年后也盈利，到时候如果亏损了要如何解决？

在赤字之前及时削减浪费的部分，就有可能避免亏损的发生。所以，必须果断地去除惯有的、结构性中多余的部分。

培养高附加值的部门

在这个基础上，要把盈利投资到成长性较高的部门上。因为投资金额也是一种竞争，能够及时在高未来性、高成长性的领域中进行投资的企业，将会成为未来5年、10年后的赢家。

而那些认为企业亏损就不能投资的企业，就有可能因为竞争对手不断推出优秀的产品而面临破产。

要杜绝资金浪费，实现盈利，把资金投到具有未来性的地方，这样才能在竞争中立于不败之地。

第一层次的智慧是要缩减整体成本。正如前面所说，如果与中国、印度等人工费低廉的国家展开竞争的话，那么，

第二章
营造重视智慧的经营方式

未来的价格战注定将愈演愈烈。因此，第二层次的智慧就是培养高附加值的部门。这是第二项企业的生存之道。

现在所生产的商品不可能永远生产下去，要设想10年后这件商品或许将不复存在。如果目前日本生产的商品在紧随其后的国家也能生产出来，那么就没必要在日本继续生产下去。因为，附加值更高的领域才是未来日本的生存空间。

要生产出更具有高科技的产品，就需要更多研究成果和智慧积累，这样，其他国家要追赶上来就尚需时日。如果日本止步不前，那么未来就只有等死。

所以要进一步提高技术含量，提高软件水平，生产出旁人无法企及的、高附加值的产品是非常重要的。

实现这一目标，既需要教育投资，也需要研究时间。

要做到三件事

如前面所说，通货紧缩时期最应该做的第一件事就是增加工作时间。

然而，有些业务员却打着拜访客户的理由去处理自己的私事。所以，只是单纯地延长工作时间是不够的，还要讲究工作成果。

要是打着拜访客户的旗号，实际上却因为下雨去看了场电影回来，等于白白浪费了一天8小时的工作时间。很多人都会在上班的时间偷个懒，光想着如何熬到5点钟下班。而能够让这样的人在8小时的工作时间中真正工作起来，且取得实际的成果也是经营者的工作之一。

工厂里也是一样，会有不少人都在偷懒。

有些企业会在发生问题时暂停作业。对于一些企业，这或许会是行之有效的方法，然而，如果那些水平欠缺的企业盲目效仿的话，员工们也只会摆出事不关己的样子。而这样的企业并不在少数。

第二章

营造重视智慧的经营方式

像丰田那样的大型汽车制造商，坚持贯彻着一旦工厂的某个环节发生问题，立即关闭设备停止操作，马上进行排查，防止残次品产生的品质管理模式。

然而，某些不成器的企业即便效仿了丰田的运作模式，就算出现了问题也只会召集大伙儿凑到一起，七嘴八舌乱哄哄地开个会了事。这样的企业又怎么可能生产出好产品？

所以，并不是竞争对手能生产出好的商品，而在于公司的运作和管理上出了问题。

之前已经说了很多关于延长工作时间的问题，往更高层次上说，应该是时候谈谈在工作时间内所产生的工作成果问题了。

首先，要检查工作时间和工作内容浪费了多少。其次，要重新核算整体成本，积极降低成本。第三，是及时对研究开发等高附加值部门进行投资。

也就是说，如果生产不出独一无二的产品，企业就无法生存下去。即便现在的部门再小、再不成熟也没关系，一定要立志把它培养成未来的全国第一。否则，5年、10年之后，企业很有可能就不复存在了，更可能已经被其他企业取而代之。

通货紧缩时期要做到的三件事
增加勤奋工作的时间 往更高层次上说，要重视工作时间内的工作成果。要彻底检查工作时间和工作内容的浪费。
缩减整体成本 重新核算、缩减整体成本。
培养高附加值部门 及时对研究开发等高附加值部门进行投资。生产不出独一无二的产品的企业就无法生存下去。

第二章
营造重视智慧的经营方式

在本行业中失败的企业在新的领域也无法成功

有些企业由于在自己从事的行业中败下阵来,便企图开辟新业务作为副业来填补资金缺口。而在当今时代,可以说这样的企业发展到最后几乎都会失败。

所以,首先要做的就是必须在本行业站稳脚跟,这是最基本的。

老本行都干不好还要把资源、智慧、资金花费到副业上,只会让原本就经营困难的主业更加雪上加霜。因为副业一切都要从头开始,实在不是件轻松的事情。能力不足,难创收益,只可能拖累主业。一旦主业溃败,基本上就回天乏术了。一定要明白这两者的关系。

可以这么说,那些天真地以为主业做不好那就在新生意上取得成功的经营者,5年之内他的企业必定遭到淘汰。

反过来说,有的企业在本行业做得风生水起,拿出一部分精力去开发新业务,那么即便新业务流产也丝毫影响不到主业。这样的企业才能在新的领域也取得成功。

但是，建议开拓的新业务最好不要过于偏离本行业，如果能是本行业的延伸业务那就再好不过了。

原则上我反对无轨道、多角化地拓展业务。人在陌生的领域很容易失败，毕竟世界上没有全知全能的人。

以前有个钢铁企业在废弃的厂房养鳗鱼，最终惨淡收场。毕竟生产钢铁和养殖鳗鱼是完全不同的两个行业。

他们原以为，反正有空着的土地和现成的炼铁高炉能出热水，养鳗鱼应该不成问题。可是那里的工人不是为了养鳗鱼才来钢铁厂上班的，而在企业中也没有懂得如何养殖鳗鱼的人，所以会失败也无可厚非了。

外行人一拍脑袋想当然的点子大多行不通。所以，进攻全新的领域并不是件容易的事，新业务最好能跟老本行相关。

就好比对"重心灵而不重物质"的人讲"极力追求物质"是永远都说不通的。

第二章
营造重视智慧的经营方式

今后，基本上通货紧缩还要持续一段时间，大家都想在商界另辟蹊径。但是，不少人因此而舍弃了老本行，一边埋怨经济环境不好，一边却又企图在新业务上寻找生机，这样的人很有可能会失败。

在国内站不住脚的企业到了海外也成功不了

以前，在人工费低廉的国家做生意的很多企业都以失败告终。

到海外发展的企业，因国家风险或者说政治上的风险，会面临很多困难。因此，一旦当地发生重大的政治事件，企业就很可能会因此而陷入巨大的危机。

然而，如今是一个企业明知有风险也要发展海外业务的时代。

但是，那些在本国经历了失败，却妄想能在别的国家中杀出一条血路的企业，恐怕到哪里都会是失败的。

在国内，占据语言、文化、风俗人情等有利条件，有供应商，有销售商，同行业者的一举一动都能看在眼里，可以说是天时地利，即便如此都站不住脚的企业，去了海外又怎么可能打胜仗呢？这不是显而易见的道理吗？

要是当地还没有其他外商进驻，做些小生意或许还做得下去，可一旦有了竞争对手则必定败下阵来。

能在海外获得成功的企业，必定是那些即便在日本经济萧条期也能蓬勃发展的企业，是同行业者都在艰难经营之时逆行而上的企业，而不是经历过破产的企业。

在经营上它可以称作是"大坝管理型"。也就是说，在大坝之中蓄水，需要的时候开闸放水，不需要的时候关闸蓄水。

用在企业上来说，就是在日本国内获得巨大成功的，既有技术又有资金，还积蓄了很多优势，有能力进军海外市场的企业。他们暂且把对海外市场的投资看作是"亏损"，

第二章
营造重视智慧的经营方式

也就是说,即便海外的投资资金全部赔进去,对企业也不会有太大影响。

这与在海外业务上孤注一掷的企业有本质上的区别。

大型汽车制造商丰田进军中国市场,在天津建厂,最初的目标是第一年生产3万辆车。这是非常保守的目标,即便3万辆汽车一辆也卖不掉,丰田也不至于伤筋动骨。

但是,越是梦想家就越容易大手笔,如果一下子把目标设定到几百万辆,等于把自己和企业都当成了赌注。

像丰田那样业绩优秀的企业,他们的理念大多是先保守地从小处做起,赢得口碑后再慢慢做大。这样的企业大多能够良好地运营下去。然而,那些把生机全放在低廉的人工费上孤注一掷的企业基本上都会失败。商界就是这么残酷。

3. 不善于反省则无法发展

经营一家企业难免会遭遇各种各样的失败，每一次失败后最需要做的就是反省。

不管是不是经营者，能力不够的人总喜欢把失败的原因全部归咎到别人身上，埋怨政府不好、行业不好、这个国家哪里不好、新竞争对手出现了等。

这样的企业，这样的经营者，就是被淘汰的那一类。

他们把责任归咎到他人和环境上。通货紧缩时怪通货紧缩，通货膨胀时怪市场通货膨胀，不是通货紧缩也不是通货膨胀时又怪市场过于平稳，总之把自己的责任推卸得一干二净。

然而，繁荣和衰败是共存的，其中必定有失败的原因。所以说，不善于反省，企业就没有发展。

就像前面所说的那样，世上没有完美的企业。任何一

第二章

营造重视智慧的经营方式

家企业多少都存在着缺点，而好的企业能够有效地利用自身的优势部分去填补那些缺点，只有在优势和缺点能达到平衡或者优势略高的状态下，企业才得以持续运转。

但是，要想让企业发展得更好，就需要针对缺点进行反省。

要用自己的眼睛，也要让员工们竭尽智慧去审视自己的企业有什么缺点，而且还要站在客户的角度去思考客户是怎么评价的。

自家的产品卖不出去时或许会以为是通货紧缩、顾客收入减少造成的，但是，全国的同行业者业绩都在下滑吗？事实未必如此。

即便收入减少，人们还是会继续购买需要的东西。人们需要住宅，需要食物，需要衣服，不会因为收入减少就不买。

但是，收入减少会让人们更谨慎地挑选商品。他们不再去买不好的、不划算的，而是去买性价比高的东西。

所以，把责任归咎到别人身上，等到同行业全都破产之后再说不迟。

一家商店倒闭不能全怪经济萧条，毕竟还有利润增长的店家存在。比如一家超市倒闭了，他可能会说是因为经济萧条，然而事实并非如此，因为还有别的超市经营得比你更好。

认识到这一点很艰难。毕竟这么多年珍视自己的企业，以它为傲，自己也曾感觉高高在上，身为经营者那种感觉很容易让人迷失。

正因为如此，认识到自己的企业不好、有缺点、失败了这种事实是非常痛苦的。

可是，如果不能事先预知这些情况的发生，那么企业就无法生存下去，只能坐以待毙。

所以在经营上，能够时刻做到反省这一点就显得愈加重要。

反省只能自己主动去做，竞争对手们是不会告诉你的。

第二章
营造重视智慧的经营方式

你认为竞争对手会亲切地提醒你贵司这里有欠缺、那里需要改善吗？那不就等于扶持了对方跟自己竞争吗？所以，他们只会满心欢喜地耐心等待对方静静死去："再过3年那家企业就完蛋了，到时候就能把他们的客户拉过来了。"

他们绝对不会向竞争对手提出经营改善方面的建议，会那么做的是老好人，一旦说出来自己就败了。老好人注定是败军之将。

社长常不善于反省

经营者必须懂得反省。要不断、不断地反省，从反省中汲取智慧，从而推动发展。

懂得反省的经营者非常了不起。很多经营者都是一副不可一世的样子，根本不愿反省。他们当上经营者后只知道冲着员工耍威风。即便劝他们反省，他们也很难听进去，因为他们眼高于顶，骄傲自满，认为"别人哪怕别的方面很了不起，却不如自己会赚钱"。所以，很难打破他们这种自负的心理。

尤其是社长这个族群更不懂得反省。手下才有了10个员工就已经忘乎所以了，认为自己非同凡人，高高在上。这是不行的，想要让企业发展，就必须反省。不断反省并不断改善的经营者才能带领企业发展起来。

经营者要从第三方角度进行审视和自省的训练

当企业发展到一定规模，经营者或者高层管理人员就不再是为自己而活，不可以再由自己的本能或情感进行判断。要习惯将自己当成一种机能，一种身为企业高层的机能，或者角色、机构。

第二章
营造重视智慧的经营方式

这是一种从第三方角度、从旁人的角度审视自己能力的方法。要学会并习惯从旁人的角度审视自己的想法、判断和行动等,作为经营者或经营管理者如果不进行这样的训练,就无法成长。

如果做不到客观审视自己,仅凭感情进行判断,企业是很难发展的。当你认为作为社长这次工作没做好,认为身为社长这个判断只能打 30 分,认为社长必须要这么做的时候,旁人又是怎么看待的呢?如果做不到这一点,不仅是经营者自己,就连企业也得不到成长。

那么,怎样才能做到从第三方的角度去审视自己呢?

这与资金透明是一样的。拥有旁人的眼光就要增加透明性。而增加透明性就意味着自己将失去自由,无法随便动用企业的资金。

任何一家规模尚小的企业都是一笔糊涂账,跟政治家的事务所一样,不知道钱都花哪里去了。当企业规模扩大之后,才开始有人监管资金的收支。

要经得起监管,就必须账目清晰。这需要排除自己的主观意愿,要客观地考虑"这笔钱能不能花到这上面"。

也就是说,要用旁人的眼光明确判断出钱的用法。拥有了这样的眼光,不仅是个人的成长,也能促进企业的成长。换言之,做不到这一点的企业也将止步不前。

我一直觉得反省是非常有必要的。而作为企业的经营者更需要学会上述反省的方法。

比如,可以训练自己从员工、银行、客户等角度去审视自己的想法、行动,判断其是否确切、正确。眼光越客观,企业将发展得越好。这是非常重要的。

当然,员工的眼光与经营者有所不同,他们常常会吐槽抱怨。

比如他们会说,"我们浪费一根钉子都要被啰啰唆唆训半天,社长却老去打高尔夫""才星期三,这周才过了一半,社长却一早就去高尔夫球场了,到现在还没回来"等。而社长想的却是在高尔夫球场能结交到重要客户,能拉拢

第二章
营造重视智慧的经营方式

顾客，对生意有帮助。

这样的情况想必在任何企业都有。社长和员工的想法总是拧着的，员工认为社长在享乐，社长认为高尔夫球场亦是生意场。这时，就要从客观的角度审视是否合情合理。

如果从客观上看打高尔夫的确对生意有帮助，那么不管员工怎样抱怨都应该去。但假如实际情况是，不管员工怎么说、别人怎么看，社长的确从周一到周日天天去打高尔夫，那就是个"度"的问题了。

就像这样，即便社长和员工的意见总是不能完全一致，也可以尽可能用旁人的眼光看待，并作出确切的判断。

所以，经营者要时常制定一个"容许范围"，以达到整体的平衡，学会用旁人的眼光审视自己。

第三章

经济萧条期的基本战略

第三章
经济萧条期的基本战略

1. 集中战略

将有限的经营资源集中投入到最有效的地方

如何使用有限的经营资源

下面谈一谈"锁定理论（集中法则）"。

在作战时，"任何时候都应全力投入战斗，把所有部门最大限度地调动起来去争取胜利"的这种做法，当具有相当强大的战斗力时或许可行，但很多时候却无法这么做。一个尚处于发展期的企业是不可能什么都具备的。

白手起家时企业里不可能有人才。既没人才又缺资金，就连工厂、办公场所都没有是普遍现象。所以很多组装工厂都拿车库当厂房。苹果公司就是从车库里诞生的。

起初由于规模小，在所有经营资源都匮乏的情况下，有的大多是创意和创业者非常优秀的领导能力，员工也就一两个。

随着规模不断扩大，渐渐地需要不断扩充经营资源，这种做法很重要。

当经营资源有限时，无法采取与已具备相当规模的企业一样的做法，所以要把资源尽量集中起来，把有限的人力、物力和资金投入到最有效的地方去开辟道路。

没有盈利的时候注入多少资金都等于扔进无底洞。

资金雄厚的大企业有时会按一定的比率投资研发新产品，那部分投资就算亏损掉也没关系。然而，当手头仅有一千万日元，一旦投资失败则全盘皆输时，就要把它投入到最有效的地方去。这就是锁定理论。

不锁定目标而是如天女散花般的话，就会造成哪个部分都花费了成本却很少出成果的情况。

举个具体的例子。比如7-11便利店有很多竞争对手，现在竞争得越来越激烈。

7-11便利店的老总是个很有想法的人，创业时，一下子推出了近百种便当同时销售。他以为品种达到上百的

第三章
经济萧条期的基本战略

话，附近的人每天都会来买我的便当。因为就算每天换着花样吃，同一种便当一年也不过重复吃三次而已，客人们一定高兴。结果这样的举动却遭遇了重大失败。而失败的原因可想而知。

面前一下子摆了上百种便当，客人们不知道该选哪一种好。品种虽然丰富了，可是由于每个客人挑选的种类不同，单品的销售量并不高。

何况做这么多种便当既花费时间，生产的成本还非常高，更因为不能大量采购而导致原材料的进价偏高。另一方面，客人面临上百种选择时反而会不知所措。

如果把上百种便当缩减到最畅销的十种，就能大大提高营业额，扭亏为盈了。

好比一天能卖几百盒的鲑鱼便当，就能一次性采购大量的鲑鱼肉，进货价当然便宜。同时，把便当的制作方法流程化，工人越来越熟练，十个种类的便当能很有效率地就做出来。如果为了制作上百种便当，就必须雇佣专业的厨师，但其实鲑鱼便当、烧肉便当之类的，哪怕是没经验的工人也能做出来。

因此，当 7-11 的经营者把便当的种类缩减到最畅销的那几种之后，营业额果然渐渐攀升，生意也越来越红火。

创业者往往都是很有想法的人，头脑中不断闪现出灵光。然而，其中有些想法其实赚不到钱，甚至连成本都收不回来。

所以说，创意虽然很重要，但如果根据一定的试行结果发现行不通，收不回成本的话，就要把经营资源集中投到有效的地方去。

经营者需要两种眼光

制定期限这个方法，虽然未必能帮助你赢得人生的最终胜利，但它会帮助你越过人生的沟沟壑壑。

另一方面，对于那些没有期限的东西，也要保持广泛的专注力。

第三章
经济萧条期的基本战略

经营上有财务决算，有时要面临"如何渡过眼下的赤字难关"等问题。如果一旦发生期票兑不了现金要出大麻烦的时刻，就要集中精力想办法解决。

但是从长远来看，考虑到公司的发展和繁荣，需要保持广泛的关注力，也需要进行不断地研究。

既需要有广度的长远眼光，又需要有针对性的短期眼光。换句话说，就是既要有像雕一样广阔的视角，但一旦发现猎物，就要把眼光全部集中到猎物身上。经营者需要同时具备这两种眼光。特别是经营者的眼睛，既要像广角镜头，又要像显微镜，针对一点放大、分析，两者缺一不可。

技术型的人才往往只能把眼光集中到一点，而不能着眼全局，还有的人能着眼全局，却不能关注细节。像评论家那样知识面很广，却不懂得资源集中投放的人，即便能成为评论家也胜任不了经营者的角色。

这可以说是兵法的一种，不要一下子考虑几十年的人生，而是分成阶段，使用集中的法则，去思考每个阶段应该做什么。

集中战斗力可以弥补欠缺

做任何事情要想取得胜利，就必须要懂得运用集中原则来集中战斗力。

在战斗中能集中战斗力的必然取胜，用强于对手的战斗力攻击对手的薄弱之处，一定能取得胜利。

比如说，即便对方拥有10万大军，然而，他在某处只布阵了3000人马，那么我方集中1万以上的人马去攻打此处必能获得胜利。在局部战役上，这种打法是行之有效的。

要在战斗中取得胜利，就必须集中战斗力。但集中战斗力容易造成两侧防守的薄弱，难以抵挡敌人的攻击。

在排兵布阵上，这就是决定胜负的关键。集中战斗力

第三章
经济萧条期的基本战略

的同时造成两侧防守的薄弱,容易被围困、被攻打两翼,容易被敌人迷惑,要避免这些,需要下苦功夫。

在战斗中即便对方的人马大大多于己方,但只要出其不意地攻打敌人弱点,就能在此处取得胜利。采取这种"各个击破,逐个攻破敌人弱点"的拿破仑式战法,必能取得胜利。但是,如果一旦被敌人发现我方的弱点,则容易被敌军包围,从而导致战败。

所以,针对因战斗力集中造成的两翼薄弱问题,应该如何排兵布阵,是战斗中最难的部分。

当平均分配战斗力时,强则胜,弱则败。所以一般来说,先发制人者将获胜。就如已经发展到相当规模的企业、已经获得学习成果的人,以及强大的国家,就很难被战胜。所以,挑战者要想取胜,唯有打局部战或奇袭战,这是能让后发制人者取得胜利的弱者的兵法。

这种舍身取义式的战法当然会造成在某些地方形成弱点,所以,如何防守、如何防止被敌人攻击、如何不让敌人察觉到弱点，就显得尤为重要了。同时，对于起初身为弱者的一方来说，除了一边想方设法取胜之外，更要努力变成强者，而这却是非常难做到的事情。

排列劣后顺序，决定做什么、不做什么

身为经营者，要保护该保护的，舍弃该舍弃的。

在经营理念上，我多次提出要排列先后顺序。按照先后顺序排列一、二、三、四，再按顺序往下做。

还有一种相反的做法，那就是排列劣后顺序。在排列优先顺序的同时，要考虑哪些事情可以放到最后去做。

总之，不要同时推进所有的事情。要在排列优先顺序的同时思考劣后顺序，否则无法顺利地推进业务，这是因为集中投放经营资源是事业成功的关键。

要做的事情太多就变成了天女散花，最能反映这一点

第三章
经济萧条期的基本战略

的就是国家预算。为了照顾到各个省厅，国家预算总像是天女散花一样大笔大笔地投进去，就算口口声声说缩减预算，各省厅的预算要么一起缩减要么一起增加，这很缺乏创造性，必须排出优先顺序。

可是，如果提出今年拨给某某省的预算增加，而其他省厅的预算减少，那么必然会惹怒其他省厅。同样的，如果提出把某个役所排到最后考虑，也必然会惹怒他们，这就是人性。

但是放到企业身上，这关乎生死，搞不好要破产，因此在资金、人才和业务战斗力的投入上，必须决定优先顺序。

不要因为照顾面子而做好人，不该投入资源的地方就不要投入，因此也要排出无须投入资源的顺序。

很多部门都会说，业务进行得不顺，需要更多人手，为了拓展业务需要更多资金。还有的部门会要求社长前来亲自指挥帮助部门改善。

当然，如果企业有充足的人力和资金是可以的，但是，如果考虑到各个部门间的平衡，就需要对业务进行取舍。

经常要这要那的部门，肯定不是赤字就是业务进行得不顺，要么就总输给同行。这时候，就需要考虑舍弃这部分业务。这样就能把这部分人员和资金投入到业绩更佳的部门里去。

所以，对于这种浪费企业资源的部门也可以做出不给人员和资金的判断，此外，还需时常思考要不要继续维持那部分业务，不要因为做久了而舍弃不掉。

如果因为顾虑到每个部门都很努力而平等对待，这样难免会发生浪费，因此，要敢于做出不分配人员、资金和业务的判断。

总而言之，天女散花、八面玲珑式的经营方式容易失败。是否能够做到集中资源，是对经营者能力的考验。决定把全公司的经营资源投入到哪里很重要，而决定不投到哪里也很重要。

第三章
经济萧条期的基本战略

经济不景气是严格考验业务内容的时期

经济不景气的时代是重新审视企业业务内容的时期。这是因为，曾经做得不太好但也畅销过的商品现在卖不出去了，那些不是真正有人气有市场需求，仅仅是因为经济景气而畅销的东西渐渐变得滞销，因此，要重新审视企业的业务内容来进行取舍。

判断出那些没有用处、没有市场需求的商品后，就要果断舍弃。与此同时，还要认真思考人们真正需要的东西是什么。

特别是在经济萧条期，顾客的眼光更挑剔，只会购买真正需要的商品。从这个意义上来说，经济萧条期市场上更多的是具有优势的产品、服务和业务。

因此，要竭尽全力创造出在经济萧条期也能蓬勃发展的商品、服务和生意。

世界上人口众多，仅日本就有 1.2 亿以上的人口，加上国外，有 60 亿人共同生活在这个地球上。只要这个世界上还有人，那么，与生活相关的经济就不可能消失，对商品和服务的需求是源源不断的。

只是要认清一个事实：经济不景气时，顾客的眼光将更挑剔。

不要把业绩滑落、利润降低、遭遇破产的原因归咎到经济不景气上，而是要试着让企业自身具备在经济萧条期站稳脚跟的坚强体魄。

要洞察企业的薄弱环节，进一步发展优势力量。

经济萧条期，经营者要采取"中央集权"

在经济环境良好的时候，处于高度增长期的企业不断发展壮大，这时把权限分配下去有利于业务的运行顺畅。经济景气时是分权给部下、不断拓展业务的时期。

第三章
经济萧条期的基本战略

但是经济陷入萧条后，分权式经营就会露出破绽，要格外注意。欧美的经营学著作几乎都在谈权限下移的重要性，然而，在经济萧条期，这种做法将导致企业破产。

不景气时不能下放权限，而是要采取"中央集权"的措施，让权力重新回到高层手中。

部长回收科长的权限，董事回收部长的权限，社长回收董事的权限。如此一级一级回收权限，让大政返还，这是很有必要的举措。同时，高层要明确把握部下的工作情况，巡查业务第一线，否则将无法战胜经济萧条期。

所以，经济景气时权限下移的经营方式可以帮助企业扩大规模，而在经济萧条期则应采取与其完全相反的大政返还的经营方式，这时经营者要担负起全公司的责任。

经营者要有承担基层任何挫折、失误的觉悟。因此要及时收集信息，随时准备奔赴第一线，有时甚至需要经营者亲自拜访客户。

身为部下，一定要辅佐上司做出正确的决策。也就是说，汇报确切的信息、帮助高层决策，是站在第一线的部下的义务，这就是战胜经济萧条的方法。请务必认真对待这一点。

> **经济景气和萧条期经营方式的不同**
>
> **经济景气、高度增长期**
> - 企业扩大规模之后把权限分配下去有利于业务的运行顺畅。这正是扩大业务规模的时期。
>
> **面临经济萧条时**
> - 分权式经营就会露出破绽。应采取大政返还方式，让权限回归高层。
> - 高层应时常巡查业务第一线，把握部下的动态，具备承担全公司责任的觉悟。

今后经济萧条还要持续一段时间，还将出现大量的破产企业，要杜绝经营涣散，重整责任体系，重组高层承担更大责任的体制。高层承担的责任越重，越能带领更多的人积极工作。经营状况良好时，高层可以下放权限和责任，

第三章
经济萧条期的基本战略

让自己更轻松,然而,经济不景气时就不能这样。

员工人数在 300 人以下的中小型企业,社长一个人应当承担全公司的责任。在经济萧条期,包括新业务在内,社长应当独自作出决策,社长应当承担新业务的全部责任。

还有,经济萧条期不应该让资源过于分散。在企业成长期可以采取多元化战略,种下树苗,期待将来收获丰硕的果实。然而,在经济不景气的时候,由于经营艰难,如果遍地撒网,想到什么就做什么,则很容易导致破产。在这方面要慎之又慎。

经济萧条期最重要的是明确公司最赚钱的部门和商品是什么,集中力量发展那些在经济萧条期时最能盈利的部门和商品,这才是战胜经济萧条的对策。要竭尽全力让优势更强。

同时要注意,不要盲目扩张,可以进行与现有业务相关的衍生业务,而不要进军完全陌生的领域,集中火力扩大优势才是最重要的。

如果做不到这一点，只是一味地削减经费，会导致企业实力越来越弱，最终破产。

经费该节省的当然要节省，但最重要的是让最具优势、最能盈利的部门更加强大。

第三章
经济萧条期的基本战略

2. 撤退战略

不能果断撤退的企业将被淘汰

要打撤退战，割舍现有业务是非常困难的。

企业的经营者大多自信满满，他们骄傲于自己的成功，极度厌恶反省、后悔，不肯轻易承认失败，他们只喜欢夸耀成功，很难下决心打撤退战。

所以，打撤退战是相当需要勇气的，然而，只有拿出真正的自信才能下决心撤退。因为，只有真正自信的经营者才能不畏惧周围的眼光下定决心撤退。

要打撤退战就要懂得，与其牺牲得更多，不如保存实力，投入新的战斗。

很多人受到内部人员嫉妒等情绪的妨碍，难以下决心撤退。特别是对于曾经为公司业绩做出过贡献的部门，经营者更难痛下决心裁撤他们。

曾经支撑过公司的部门现在已今非昔比，在业绩下滑的情况下，那个部门里曾经的优秀人才难以继续胜任的事时有发生。

这时经营者往往会让那个人在公司待到退休，认为反正在他离开公司之前部门也能勉强维持下去，不忍心就这么辞退他。但是，这种想法万万要不得，留着那样的部门只会拖垮整个企业。

人一生有三四十年的时间是在企业中工作，其中有十年是最辉煌的时期。经营者可以在员工最全盛的时期将最适合的工作委任给他，但当他失去了光辉，就不能把他留在原来的位置上了。

身为经营者，当判断出某人不能再胜任时，要及时把他调离该岗位，辞退他或者把他调到符合他能力、水平的职位上。如果缺乏这份果断，那个人的部下只会慢慢失去斗志，最终沦为牺牲品。

所以要辞退无能的人，或者将其安排到合适的职位上，

第三章
经济萧条期的基本战略

是需要经营者能够秉持这样的勇气和果决的。

特别是现如今日本全国陷入经济低迷,出现大批的失业者。在通货紧缩的时代,"割舍"的决断非常重要,要果断地做出辞退或调离的决定。

做个老好人只会让公司破产,能否果断决策是对经营者的严峻考验。倘若社长自身的能力已经到达极限,也应该及时从社长的位置上退下来。

比如创业英雄比尔·盖茨,或许有的人就会有这样的想法:"如果我是比尔·盖茨,我就会在如今这个鼎盛时期卖掉手中所有的股票隐退,毕竟以后的发展趋势时好时坏无人能预知。"

的确,这样的时代已然来临,谁都不可能永远跑在最前面,迟早会陷入被嫉妒、被追击、被夹击的境地,滑入旋涡,能力锐减,前途布满荆棘。

经营是件非常具有创造性的工作,是非生即死的生存游戏。经营者肩负着众多员工的生计,不管是对自己还是对他人，都不能过于宽容。如果没有这份严格和果决，就无法生存。

经营者要面临人事上痛苦的抉择

判断力是经营者应具备的一项重要的工作能力。

在企业经营上，各种人际关系和工作方针盘根错节，这是在有人聚集的地方就很难避免的问题。人们对于工作的见解各有不同，人际关系上的好恶也各有不同。

人毕竟不是神，很难简单地判断将来的事业能否成功。

判断是很痛苦的事情。在企业内部，自己的建议被采纳当然是高兴的，又比如同时进公司的五个科长候选人，被选中的那一个当然会高兴。

取得成果的人自然喜不自胜，而建议没有被采纳或者落选的人则大失所望。

第三章

经济萧条期的基本战略

这时经营者必须拿出决策和判断，肯定照顾不到每一个人的想法和心情。如果让人人都高兴，只会让员工们变成山里的猴子，七嘴八舌提出各种各样的建议和要求，反而不知道重点应该放在哪里。而这时，经营者就必须像猴王一样统帅全局。

这与世间的善恶，或者从宗教、道德上进行判断有所不同。要立足于经营理念，或者经营者对于全局的思考，适时作出取舍的判断。

这个判断是痛苦的，是经营者个人的痛苦，也是企业的痛苦。毕竟被选中的只占少数，被舍去的占多数，稍有差池就将产生负面影响。但是，即便不近人情，经营者也要拿出确切的判断。

企业内部想要留下的部分，如果经营者认为应该舍去，那么经营者就不能一味地扮演老好人，当舍则舍。

正如外科医生的工作一样，开刀做手术总是伴随着风险，但手术能够切除病灶，从根本上进行治疗。经营者的判断正像外科医生的工作一样。

企业发展得越大,决策的分量越重

应当痛下决心做出判断的时候,如果做不到,基本上就等于是经营者在逃避责任。总是逃避责任,凡事丢给部下看着办的人,实在不值得部下追随。

判断必然伴随着责任,必须由敢于承担责任的人进行判断。

承担责任就意味着当判断失误导致失败时,其责任全部由做出判断的人承担。或者说,因判断引起的不满、批评和指责,也都将由做出判断的人承担责任。

如果让一个承担不了责任的人成为高层的话,企业就无法顺畅运营。

在大型企业中,职务越高越难做出判断,有时还要面

第三章
经济萧条期的基本战略

临对企业进行大刀阔斧的改革。比如松下那样拥有数十万员工的大型企业，曾经一年发生7700亿日元以上的赤字，社长的一个决策造成数万员工被辞退。

大型手术必然伴随着大量的出血，也需要大量输血。松下的事件就像一台大规模的外科手术。

企业规模越大，决策的分量就越重，有可能产生的反作用和责任也越大。但是经营者不能贪图面子，要做出恰当的判断。

决定取舍和工作重点的窍门

中小型企业不能像百货商店一样什么产品都涉及，要找到最有发展性、最畅销的产品。在特定的品类中，尽可能让产品丰富起来，为顾客提供需要的产品，这样中小型企业就能战胜大型企业。

大型企业涉及的产品种类很多,却几乎没有哪一家在特定的领域能做到产品种类丰富。

要找到大型企业的弱点,要对特定的部门特殊对待。把比大型企业有优势的部门当成武器,这是中小型企业的生存之道。

那如何做到对特定的部门特殊对待这一点呢?

拥有数十年历史的企业都会有综合化的流程,在经济景气的时候会增加各种各样的部门,所以在经济萧条期,就要重新审视业务结构。

人力、物力、资金、信息等经营资源,要从仅为企业的面子存在却不盈利的部门,转为投入到盈利或者将来有可能盈利的部门中去。

对于目前发生亏损,既不盈利又没有将来性的部门,要及时清退。

即便是由社长亲手创立并曾经取得过辉煌的部门,如果现阶段已经没落,一定要果断清退,而不能因为是自己

第三章

经济萧条期的基本战略

一手创立的而犹豫不决。

在这个问题上,中小型企业和大型企业是一样的。即便是松下电器那样的大企业,在 2002 年左右也曾进行过重大业务改革,整合、重组了创立者松下幸之助尚健在时成立的熨斗业务部。熨斗业务曾经为松下贡献了巨大利润,虽然说为熨斗单独成立一个业务部是很奇怪的。但是,对于这种不亏损的部门,想要舍掉就不那么简单了。

从这个意义上来说,赤字也是结构改革的机遇,要果断舍弃亏损部门。所以,也可以说,经济萧条有助于企业脱胎换骨、健康发展。

舍弃亏损部门,把该部门的生产和业务骨干投入到盈利部门或者现阶段盈利不大但极具发展可能的部门中去。

分析业务内容,首先可以运用"ABC 分析法"。就是根据业绩按照 ABC 排序的方法。

另外,还可以运用"帕累托法则"。运用 20% 的商品贡献占整体 80% 的销售额的"二八法则",区分盈利和

松下进行过的重大经营改革

创业者松下幸之助的划时代经营法

1918 年　创业
1932 年　发表自来水哲学
1933 年　制定五个精神（后改为七个精神）
1933 年　导入各品类独立决算的业务部制度
1965 年　实施周休 2 天的制度

2000 年的中村改革与后续

- 2000 年就任社长的中村邦夫推行"破坏与创造"，着手改革。

- 为了解决发展期造成的业务重复、经营资源技术的分散、责任体制的不明确等问题，解散、重组了业务部体制。

- 2008 年恰逢成立 90 周年，将公司名称改为"Panasonic"。

- 中村改革使公司利润率一度提升到 5% 左右。然而由于 2000 年代后半段的新业务投资失败，2012 年 3 月造成公司自创立起最严重的赤字，达到 7721 亿日元，相当于日本制造业最差纪录。从此开始探索新的方向。

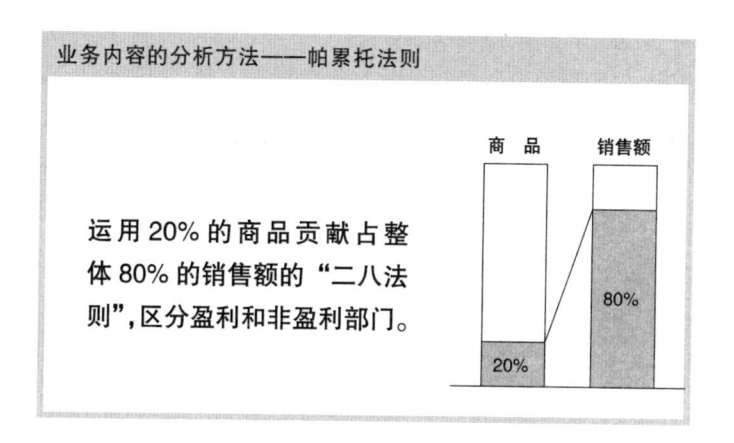

第三章

经济萧条期的基本战略

业务内容的分析方法——帕累托法则

运用 20% 的商品贡献占整体 80% 的销售额的"二八法则",区分盈利和非盈利部门。

商品 20%　销售额 80%

非盈利部门。

还有一种"95% 原理",它指的是保留创造公司总营业额 95% 的业务,舍弃剩余 5% 的部分。

不管是哪一种,"舍弃"是非常困难的判断,也是经营者必须做出的决策。

或许舍弃是痛苦的,经营者也害怕失去舍弃部分的销售额,但是,把亏损部门的业务员调到盈利部门当中去,就能够提升业务量,提高业绩。经营者要学会把更多的力量投入到盈利部门中去。

不要错过灰姑娘式的商品

要注意的是，不要把现阶段盈利不大但很有发展可能性的部门当成亏损部门舍弃掉，不要丢掉未来的摇钱树。

还有，在企业中会有一些不受重视的商品和业务，也存在不花费力气又赚钱的项目，不要错过它们。它们不被人在意，不占用多少经费却能创造巨大利润。这就是灰姑娘式的商品。

灰姑娘不受重视又被欺负，但却拥有公主一样的素质，商品里面也有这样不被重视却很优秀的东西。

拙劣企业的社长大多把精力都放在卖不出去的商品上，想尽办法把拖企业后腿的商品卖出去。

但商品卖不出去是有理由的，简单来说就是因为燃不起顾客的购买欲。

滞销品变成不良库存，造成经营压力，所以经营者想尽办法要卖出去，从而拼命地宣传，让更多的业务员去推

第三章
经济萧条期的基本战略

销。因此而导致公司破产的经营者大有人在。

然而有些商品不需要太多宣传，也不需要怎么推销，就能很畅销。所以，千万不要错过灰姑娘式的商品。

本来就应该削减明显滞销的商品和业务，把精力投入到畅销品上，更要把不费力气就卖得很好的产品作为业务重点。然而，很多人却总把力气浪费在卖不出去的商品上。

假如企业负债增加，必须与专家商议申请破产

遭受经济萧条沉重打击的中小型企业

经济萧条期破产企业频出，失业率也会逐步攀升。

在泡沫经济时代，无论什么样的人做生意都能获得巨大利润。因此，拥有十个、二十个员工的企业和拥有四五十至上百名员工的企业老板都收入颇丰，企业的利润不仅变成他们的薪水，也成为了他们吃喝享乐的开支。

然而，当经济泡沫瞬间破灭后，中小型企业的社长们根本没有想到与政府打交道的生意会遭受经济萧条的沉重打击。大企业或许多少有所防范，但中小型企业由于缺乏前瞻能力，很容易因为突然的经济环境变化陷入混乱之中。

他们曾经的意气风发烟消云散了，想着用拼命地工作挽回损失。但企业的改善不是一朝一夕的事情。再怎么拼命拉升销售额，在经济萧条期也不是那么容易办到的。

去恳求供应商压低进货价格，对方也会以"这样一来我们就要破产了"的理由拒绝。想要解雇员工，又因为在经济景气的时候说过"养你们一辈子"的豪言壮语而下不去手，因而陷入左右为难的窘境。

左右为难的经营者

当企业陷入经营困局时，在任何一家银行都贷不到款。

在资金雄厚的时候那些恳求"哪怕购买不需要的土地也请在我们这里贷点款"的银行，一旦进入经济萧条期，

第三章
经济萧条期的基本战略

求他们贷款也贷不出来了。晴天时借伞给你,雨天时收回,这样的例子在日本屡见不鲜。

在这样的情况下,只好去不要担保就能借到钱的地方贷款,经营状况不好都能借到钱的是什么样的地方,大家可想而知。那是要收取高额利息的高利贷,而且都是有一定社会背景的。

即便在那种地方借到钱,暂时能保证资金链不断裂,但越来越重的负债,最终还是会拖垮整个企业。

当对方前来追债,由于警察不介入民事案件,他们威吓叫警察来也没用,借了钱就得还,甚至去骚扰社长夫人,由于黑社会天天来骚扰,周围的流言蜚语也越来越多,企业将陷入四面楚歌的境地。到了这个地步,就算全家出逃也逃不掉。

这时就只剩一条路,就是为了得到自己的生命保险金而自杀,很多经营者都因此而走上绝路。

然而,有时由于没有办好保险受益人的手续,往往妻儿还拿不到这笔钱。

其实，遇到这种情况不要想着逃走，也不要顾及面子，应该及时找专家商议，办理破产手续，明确负债额度，问题总能解决。外逃只会让伤口越来越大，还要遭受黑社会的恐吓和胁迫，根本无路可逃。

造成这种局面，当然是其本人的责任，想法过于天真，去借了根本还不上的钱。

因负债而外逃或自杀的人，是因为不懂得撤退战略。他们不知道经济萧条时期的做法与经济景气时完全不同，这样的社长只会盲目地追求成功而让伤口越来越严重。

第三章
经济萧条期的基本战略

陷入自杀或破灭的境地前安排好撤退战略

资本主义无法避免淘汰

所谓企业，这边创业那边倒闭，你方唱罢我登场。在资本主义的世界，这是无法避免的，破产也是其中一部分。

从客观来看，好的留下来，不好的被淘汰，即便是在经济不景气的情况下，真正好的东西照样能够蓬勃发展。

我理解无法接受自己的企业被列入淘汰那一方的心情。以宏观的眼光看待，等于被列入了拙劣的那一类。

如果说拙劣太残酷的话，也可以称之为"弱"或者"没有竞争力"，又或经营涣散。商品缺乏竞争力或经营涣散是把企业打入拙劣方阵的元凶。

这是资本主义社会必然会发生的情况，唯有优秀的企业才能生存下去，顾客才能享受到优秀的服务和物美价廉的商品。

从宏观的角度来看，所有企业都在运转，但从微观的角度来看，自己的企业有可能破产，这是能力不足、见识不足造成的。

生存下去才有机会重新站起来

一旦到了这个地步，就必须要面对失败的事实，让企业圆满地退场。退得圆满就不会到最糟糕的地步，否则可能导致自杀甚至全家都要自杀的地步。

所以不要光想着赢，也要想着如何撤退，要把损失控制在最小范围内。如果撤退能阻止损失进一步扩大，就有机会重振旗鼓，否则将全军覆没。

就连织田信长在发现打败了时也拼命逃走，以为是朋友的浅井叛投敌军，自己的军队遭到朝仓军和浅井军两面夹击的时候，信长完全没想到会遭遇这种情况，几条命也不够死的，于是一个人逃到京都去了。

这不是顾及面子的时候，要是他自恃是日本第一勇士，光顾着面子，就算敌军人马再加一倍，就算遭到背叛他也

第三章
经济萧条期的基本战略

会不顾一切地冲上去。然而，信长一发现没有取胜的可能，就马上逃走了。

世上没有不懂得逃走又能保命打胜仗的武将。有取胜机会的时候要奋力战斗，反之就马上撤退，这样才是长久的生存之道。

经营企业也是这样，有胜就有败，败时要懂得及时撤退，日后还有机会能够重振旗鼓。有些社长因为感觉对不起长年为自己效力的员工，想尽办法保住企业，不断地贷款，但这个时候应该考虑的不是让所有的员工都生存下来，而是应该思考如何让近八成的员工生存下来。

关闭应该关闭的部门，削减应该削减的商品，努力偿还债务。拼命保住所有人的做法有时反而会导致全军覆没，想办法保住八成的人也很重要。

不想尽办法撤退，只会在失败的道路上越走越远，甚至逼自己走上绝路。应该适时适当地运用智慧，避免全军覆没。

只有生存下去,才能够拥有完整的人生;只有生存下去,才会有机会重新站起来。

在最坏的结果出现之前,一定还有可行的办法,能这样想就绝对能找到解决的办法。在走入绝境之前,总能想到"再试试这个办法""再想想那个办法"。

要去做所有能做的事情,该撤退就要撤退。

经营者应避免走上自杀的道路

人会产生自杀念头的原因不外乎是工作不顺、生病、经济困难。要防止自杀,就要从整体上客观地审视自己。

走上绝路的经营者绝大多数是因为无法抛却自尊,其实放下身段,适时地关闭企业也是一种办法。还有,如果意识到自己的经营能力不够,转投具备优秀经营能力者的麾下也是不错的决定。

第三章
经济萧条期的基本战略

没有能力还想当社长的人比比皆是,这样的人大大多于真正具备经营能力的人。即便他们真的当上经营者,也终将遭到淘汰。

还有,生病是因为透支健康。酗酒、熬夜或者生活不健康,就很容易生病。要客观把握自己的能力,不要做超出自己能力范围的事情。

同时,与家人的沟通也是个难题。其实,有家人的协助也是自身实力的一种。所以,不仅要把握自己的实力,也要把握家人的实力。思考我的家人能帮助我到什么程度,能理解我多少,我的家庭整体实力如何,有多大的承受能力,这是应该尽早做好准备的事情。

另外,会选择自杀的人大多是缺乏长期思考能力的人,选择走上绝路大多是短视的人。

要把目光放长远,应该撤退的时候要果断撤退,要学习撤退、学习忍耐和卧薪尝胆。

智慧经营 | Management with Wisdom

关键时刻要有宽广的胸怀

有句话叫作聪明反被聪明误,智者有时反而败在过于自负上,要尽量运用智慧,然后才是体力和精力的比拼。从智慧中能衍生出百倍、千倍乃至万倍于体力的力量,然而智慧也是有极限的,就像胜海舟所说的,关键时候看的是胸怀。也就是说,最后比拼的是谁拥有宽广的胸怀。

无论是在个人的人际关系上,还是企业的投资、新战略或是进军海外市场等事情上,要做出许多决定生死的重大决策。

对于未知的和接下来将要做的事情,有时候不管收集多少材料,怎样反复思考,也得不出结论,这时不要就此放弃,就算是错的,也要拿出决断。特别是企业经营者,更是如此。

最后时刻看的是胸怀,就算决策失误,明确发现失误后要及时弥补。如果什么都不做,连失误了都不知道,白

第三章
经济萧条期的基本战略

白拖下去，什么也明白不了。

发现错误的那一刻，就能获得明确的结论，思考新的作战方针，是撤退，还是采取其他方法。

除了智慧之外，同时还要拥有广阔的胸怀。我想，这才是取得人生胜利的一种方法。

第四章

将危机转化成机遇的逆转战略

第四章
将危机转化成机遇的逆转战略

1. 处理投诉

重视第一线，小事也关乎经营水平的高低

现在经常能听到"现场主义"这个词。社长会通过去下属工厂或者营业所视察，以此来发现员工们发现不了的问题。经常到第一线视查就能发现实际的运营情况与想象中的不同，更会发现一些意想不到的问题。

以超市为例，覆盖全国的大型超市的社长和高层基本上是通过纸面上的汇报进行决策，而到现场实地视查后，往往能够发现完全预想不到的情况。

比如，卖场的布置与以往完全不同，或者收银员的态度很有问题、员工根本不重视、不处理顾客的投诉。

更有甚者，把畅销的商品放到里面，反而把销路不好的商品放在最显眼的位置。当询问为什么要这么做时，员工答道："因为积压了太多库存，所以尽量把滞销品带到前面，把畅销品放到后面。"

这样的问题社长一眼就能看出。把顾客需要的东西藏起来反而推销顾客不需要的，当然会引起顾客的不满。

公司的整体运营固然重要，但是像超市那样，卖场的实际情况、卖场的面积、卖什么、怎么卖，以及员工的态度和顾客的反应等方方面面也要重视。还有，认真处理每一个顾客的投诉，关系到超市的未来。

酒店也是这样。酒店的最高责任人不能光坐在椅子上办公，一定要到酒店各处看一看。楼梯有没有扫干净、墙壁的设计好不好、门童等员工的服务态度如何、有没有热情服务。这些小事有可能关乎经营水平的大事，细枝末节处发现的问题有可能同样适用于其他地方。

经营者在磨炼经营能力的过程中，首先要学习纵观大

第四章
将危机转化成机遇的逆转战略

局,思考整体战略、时代走向和未来发展,思考整个公司乃至整个行业的趋势。既要读书看报,也要关注新闻。在勤勉学习的同时,也要关注细节。

两者必须兼顾,既要有大局观,又不能忽视细节。只关注细节的人缺乏宏观视角,这是不行的。

说到两者兼具,就要说到经营方针的问题。

大多数客人不会来投诉

我曾在千叶县浦安举办演讲会时,进了一家新开业的酒店。以前也说起过这段往事,我点了一杯咖啡,30分钟之后才送过来,咖啡已经不热了。

遇到这样的事情,一般人就不会再想住进这家酒店了。因为那里的服务员没有意识到不能把冷掉的咖啡端给客人,所以客人不会再来了。

而且，客人不会把它反映给酒店，哪怕酒店设有投诉箱和投诉卡，但是，真正会去填写的十个人当中也很难有一个。

填写投诉卡等于向酒店下达了最后通牒，等于告诉酒店我绝对不会再来了。

我填过一两次投诉卡，酒店人员看到它的瞬间吓得浑身颤抖。因为客人拿出这张纸，必然意味着投诉，所以还没读内容就脸色发青，浑身颤抖了。

还有一家是京都的老牌酒店。住在那里时，我投诉过毛巾上有发霉的味道，而在此之前我也住过好几次，每次都是同样的问题。如果发霉的味道是为了体现酒店悠久的历史也倒罢了，可实际却是因为使用过的毛巾未及时清洗造成的。

所以，即便那家酒店非常有名，老板娘甚至还出过书，我也绝对不会再去了。

这就是我当时的投诉内容，虽然意见卡上写着"欢迎

第四章
将危机转化成机遇的逆转战略

提出您的宝贵意见",但是一旦顾客填写了,就说明他不会再来了。一般客人会什么也不说,就再也不来第二次了。

做生意的根本,是在保持水准的基础上增加回头客、争取新客人,这就需要永远不要辜负顾客的期待。

顾客的投诉是宝藏,是新的经营资源

假如企业拥有一位教祖式的社长,那么不好的信息很难传达到社长这里。社长本身不喜欢听坏消息的话,部下也不愿意汇报。

卖了多少产品、获得好的评价、被夸奖、在哪里用了怎么样的方式卖出去了等,好消息无论多少都能汇报给社长,谁都是这样。但是,在哪里遭到怎么样的投诉、被退货、评价不好等坏消息部下则不愿意往上汇报。

站在部下的角度上,这无可厚非,因为上司不会愿意听到坏消息。想升职加薪，就会想方设法把坏消息和投诉之类尽量掩盖起来，只对上司说好消息。

不论政府部门还是私营企业，都有这个倾向。公司越大，这种倾向就越明显。因为企业形成了明哲保身的人才能出头的体制，而这种情况可以称之为官僚病。

各个企业普遍上演着"皇帝的新衣"，只对经营者说好消息，且经营者身边围绕的尽是唯命是从的人。因此，大企业基本上四到六年就会换一任社长。

当企业陷入负面新闻，遭到舆论围攻时，有的经营者会引咎辞职。也就是让最高责任人承担最终责任，为失败的危机公关擦屁股。

一旦发生社长引咎辞职的情况，全体员工都会人心惶惶，所以被掩盖的负面问题一旦揭露出来，最终就成了社长的责任。实际上，经营者受到舆论谴责而引咎辞职，这种恐惧是促进企业的新陈代谢，防止腐坏的装置。

因此，需要在经营者被问责之前，尽快处理投诉。

第四章
将危机转化成机遇的逆转战略

这时要认识到投诉是企业的宝藏，思考如何处理投诉的过程将成为新的经营资源。它挖掘出顾客需求，也指明了如何被大众接受的努力方向。

所以，再痛苦也要磨炼倾听坏消息的胸襟。只要不断努力，一定能拥有宽广的胸怀。要明白，处理客户投诉是件非常重要的工作。

只要高层摆出愿意倾听投诉的姿态，部下的意识也将逐渐转变。

身为高层不能回答不知道

建立信誉是非常困难的，需要数十年的努力，然而失去它，只需要一天的时间。

船场吉兆就是个例子，它隶属吉兆集团，是名门中的名门。当船场吉兆被爆出"把客人没食用过的料理回收重新端给新客人"的丑闻后最终破产。

当企业破产升级为社会问题时，人们会认为，该企业的经营者肯定知道事实。船场吉兆倒闭时，舆论都这样推测。

也许原本是后厨做的手脚，以为没人看到就不会被发现，但是高层不可能自始至终都没发现端倪，所以即便是很难发现的问题，人们也会认为经营者肯定知道而被问责。

这时，再怎么辩解"我不知道"也无济于事。身为高级料理店的社长，舆论不会接受"这是后厨擅自作出的行为，我完全不知情"的辩解。

如果经营者并非同时从事多个行业，而是专注于其中一项，用不知道当借口是不被允许的。

假如汽车制造公司在明知车辆有问题的情况下继续销售，最终一定会破产。

如果是经营者明知故犯，则绝没有任何借口逃脱责任。然而更多的情况是，信息汇报到高层需要一定的时间。

第四章

将危机转化成机遇的逆转战略

> **引发社会问题的事故**
>
> **船场吉兆菜品回收再利用谎报产地事件**
> 高级料亭"船场吉兆"谎报商品产地,将客人吃剩的料理重新端给新客人。
>
> **赤福伪造生产日期事件**
> 和果子制造商"赤福"伪造赤福饼的生产日期和保质期,将回收的商品作为食品原料销售、再利用。
>
> **雪印乳业食物中毒事件——雪印食品牛肉伪造事件**
> 雪印乳业生产的低脂牛奶引起食物中毒。其子公司雪印食品伪造产品的原产地,以骗取国家补助。

倾尽公司全力处理事故的松下电器

世上有一种"逆转的秘法"。当"Panasonic"还是"松下电器"的时候,曾经发生过因燃油炉引起的人身死亡事故。当时引发事故的只有几台燃油炉,但松下电器却决定对所有的燃油炉进行修理或回收。

这就要通知所有购买过燃油炉的客人，然而，当时并不知道哪些人买了燃油炉。于是，松下电器向日本全国寄出了几千万张明信片。

我想松下电器肯定想到了这是变相打广告，但是仅为数台引发事故的燃油炉而告知日本全国对同时期生产的制品进行回收修理，这是商家一种良心的体现。

即便有宣传的色彩，这种行为也是难能可贵的。放到一般企业的身上，大多只会对亡者家属给予赔偿了事。然而，松下电器却认识到，由于产品的缺陷导致人身伤亡是极为严重的事态，必须倾全公司之力解决。

很多时候，事故是由于用户的操作不当造成的，商家可以以此作为借口，但倾全社之力解决问题的姿态是面临危机时企业的生存之道。

当面临重大问题发生的时候，基层员工恐怕根本不知道该怎么处理。例如，松下的业务员听到顾客由于燃油炉引发的一氧化碳中毒而死亡的消息时，也不知道该向谁汇

第四章
将危机转化成机遇的逆转战略

报。

科长听到汇报后会考虑是由自己负责处理还是向部长汇报，又或让该产品的生产工厂负责任。

最终汇报到了社长这一级，于是做出向全体日本国民寄出明信片的决定，仅通知费用恐怕就花费了数十亿日元。

业务员恐怕没想到，一条消息竟然引发这么大的动作。最初得到消息的基层员工想不到需要通知全体日本国民，也想不到要调查同时期生产的所有产品，所以这时就需要高层的判断。

2. 危机管理

如何处理因不可抗力造成的危机

是否具备应对危机的能力

经济困难是造成越来越多的人自杀的原因之一。遗憾的是，很多人会因为事业失败而走上绝路。

自己再努力也难免会遇上禽流感、疯牛病等因不可抗力而造成的企业危机。

比如，企业的办公大楼旋转门引发了死亡事故，从而影响了生意；发生禽流感时对烤鸡肉串的店家是沉重的打击；美国发生疯牛病时也让主营牛肉的饭店疲于应对。

对于经营单种类商品的企业来说，一旦发生事故就会陷入严峻的事态中，可遗憾的是，他们也不知道危机何时会到来。

如果没有提前做好应对危机的机制，就有可能在危机

第四章
将危机转化成机遇的逆转战略

真正到来时遭遇惨败。

顺应时代潮流决定生存方式

有时原本生意兴隆的店家,可能会由于附近建起大型超市而面临倒闭,可是,就算对超市进驻提出抗议也不见得奏效。

放眼日本全国,最近数十年夫妻两人经营的小酒屋、小粮店等小型店铺逐渐消失。但是,这并没有影响到全体日本人的生活。

那么,由于大型超市的进驻而消失的小型夫妻店,几乎都变成了连锁便利店。而那些兀自清高不肯放弃老本行的地方也已然消失得无影无踪了。

有的人不肯放下身段,而有的人转投到连锁便利店的旗下改行继续经营。大家各有各的选择。

世间有太多事与愿违的事,自己的想法与周围的情况格格不入也是无可奈何的。

客观来看，被需要的总能生存下去，而生存不下去的，就意味着被残酷的竞争淘汰。一定会有新的地方出现，提供更好的服务和商品。

生存不下去的人对于自身是伤感的，然而对更多人来说，是有利的，因为能获得更多方便。

在竞争中败下阵来的人固然悲伤，但要认识到这是为了社会整体的进步，该放弃的时候就要放弃，要么转投其他企业麾下，要么改行重新找到适合自己的位置，一定不能故步自封。

时代在转变，谁也不能逆流而上，要顺应时代决定生存方式，怨恨时代是无济于事的。

破产很痛苦，但如果那是由于自己见识不足造成的，就应当自己承担全部责任。有时过于顽固也是遭遇破产的原因之一。

第四章
将危机转化成机遇的逆转战略

冒犯别人的"恶"也需要研究

善良的人同样需要了解"恶",明白如何对抗"恶"才会成为善人中的强者。而不懂得"恶"就容易被"恶"所伤,明白什么是"恶"就能避免伤害。

世间有骗子,有给人下圈套的恶人,即便原本没有恶意,在特定的环境中,人也容易犯这样的错误。所以要研究"恶",要懂得怎么样避免失败,投入幸福的怀抱。

世间有作恶之人,不让他作恶也是一种善。

善人容易被欺骗,如果用作恶去报复,也就不再是善人,善人助纣为虐就变成了恶人的同犯。所以要保持广泛的关注,关注人生中的恶,了解使人堕落、失败、遭受挫折的原因。

针对这一点,由于自身的经验有限,可以通过观察身边的朋友、父母、兄弟、亲戚和认识的人,一定能找到值得学习的地方。要观察人为什么会失败,是什么导致他步入恶的道路，什么让他变成恶人，通过分析，自己一定能从中获益良多。

明白这些的人就能避免失败，而不明白的则会第一个失败。

"知识就是力量"这句话同样适用于这里。以前我曾说过，不要因为自己在学习上头脑不灵光而失落。也曾说过，人们在自己已知的事情上是不会失败的。从这个意义上来说，人要努力学习更多的东西。

与其因为不聪明而失落，不如花时间学习如何做出正确的判断，汲取知识，勤奋刻苦，这也是一条通向幸福的道路。

经营其实是人的问题，是经营者要独立面对的问题。有的企业即便濒临破产，换个人来经营却能维持下去。导致企业破产的经营者大多会盲目地疲于奔命，却不知道破产的原因所在。这是因为他没有充分地去学习别人的经验和知识。

第四章
将危机转化成机遇的逆转战略

所以，对于先天不足或者已经逝去的过去，与其长吁短叹，不如积极努力，精进自身，开辟新的道路。

何谓指导者的判断以及决断的真正善恶

把人生的各种问题都看作是战斗

人生是一场永不停歇的战斗，要面临各种各样的问题，不管是个人还是组织，都要想办法取得胜利。就算失败，也要常常思考是什么原因导致的失败。

当遇到烦恼时，不要只考虑怎么解决，或者怎么获得幸福、怎么避免不幸，而要认识到这是人生中的一场战斗。

思考怎么样在这场人生的战斗中取得胜利，应该做出怎样的判断，怎么行动，什么样的决定能帮助自己取得胜利成为人生赢家。立足这个角度，我们反而能够理性冷静地思考。

战斗往往会伴随着损失,世上没有不费一兵一卒的战斗,要理性地思考如何把损失最小化,让成果最大化,从中选择最恰当的对策。

陷入情感旋涡中无法自拔的人,被人际关系纷扰所困的人,要把它们都想象成是人生中的一场战斗,冷静地去思考处理方法。

象棋中有"弃子"一说,意思是通过舍弃自己的棋子去赢得对手棋子的方法,这时不要吝惜自己的棋子,要敢于舍弃去赢得战斗,像这样的方法有很多。将遇到的问题想象成是一场战斗之后,能够冷静思考对策,不再迷茫,这一点是重中之重。

性格优柔寡断、容易被束缚的人,应适当地抛开现有的观念,去想一想什么才是人生路上的战斗,怎样才能赢得战斗,这样反而容易找到解决的出口。

第四章
将危机转化成机遇的逆转战略

要敢于为了最终的胜利而舍弃

要想在人生中取得巨大成绩,就必须付出一定的牺牲。首先要做的就是舍弃已经拥有的东西。佛学中把它称之为"放下执着"。

从战斗的法则上来说,是要为了取得最终的胜利而舍弃,把它作为诱饵而舍弃,还可以用伪装失败来迷惑敌人,或声东击西等方法。这么做虽然有一定的损失,却能以此换取最终的胜利。

有时必须要舍弃创业精神

最终成为指导者的人,不能做出让大多数人不幸的决断。比如,国家领导人不能仅凭感情或者自己的价值观来判断,而要放眼未来寻找有利于国民的做法。

企业也是一样,每家企业都会拥有传统或创业者精神等很多值得保护的东西。然而在身处存亡之秋时,该舍的就要舍弃。

对于企业来说，创业精神可以说是一种宪法，更是在解决问题时要遵循的准则，可在不得已的时候，必须要舍弃它们去实现目标。有太多企业都是因为固守传统而灭亡。

找到制胜的关键

我很重视全力取得胜利的精神，而立于不败之地的思考方式就是实现它的一种兵法。

上一个阶段谈到"必胜"之兵法，这是不依赖偶然性，而是要通过亲自摸索获胜方法的思考方式。然而在获胜的道路上，在实践各种兵法的过程中会出现各种各样的问题，在起因和结论之间出现各种状况，形式不断变化。

对于企业来说，难免会面临各种意料之外的问题。比如顾客的反映没有达到预期、原材料没有想象的好、竞争对手的反击比预想要激烈、左膀右臂不能再辅佐自己等。

第四章
将危机转化成机遇的逆转战略

这时就要修正最初确立的必胜战略，分析各种情况，做出最终选择哪种对策的决定。

这时要立于不败之地，也就是说，站在绝对不会失败的角度上去选择思考方式和作战方法。刚才说到的选择必胜战略是第一项，第二项是选择绝对不会失败的策略。运用手中有限的棋子思考如何下赢这盘棋。

有时你的头脑中会突然闪现一个灵感，以为它能帮助自己取得成功，当它与自己最初的预想背道而驰时，就要非常谨慎地考虑，这种不劳而获式的成功方法真的有胜算把握吗？这时，最重要的就是让自己立于不败之地。

如果把它比作战斗的话，站在高处的人比站在低处的人有优势，站在上游的人比站在下游的人有优势，站在上风的人比站在下风的人有优势，站在背阴处的人比站在向阳处的人有优势，这是战斗地点上的强弱之分。而它可以被应用在很多方面上。

光想着胜利却在半途中出现意外情况，也就是被乘虚而入时，要采取不会失败的策略。

面临困局和严峻状况时，要思考怎样才能摆脱困局，不被打败，如何不让事业一败涂地，如何不在战斗中败北。

不仅面临失败时要这么做，成功时也要这样。即便是发展迅猛的企业，如果推行全面扩张，有时难免会面临资金、人才、空间、创意等供给不上的情况。

这时要把暂时的困难想象成通往胜利的必经之路。在严峻的状况中，找到最低限度、最基本的制胜关键。

也就是说，要时刻思考什么能让你避免失败。

为了立于不败之地，为了避免失败，只要把握住最重要的关键点，往后即便经历多少失败也能突破困局。但是进入全面战争后，如果兵力、资金、粮饷都不充足的话，就无法继续战斗。因此，要时常思考怎样才能不被打败。

第五章

提高判断力的信息战略

第五章
提高判断力的信息战略

1. 实证精神

知识是进行经营判断的保证

知识是成功的基础。

农耕社会和工业社会之后,21世纪迎来了信息社会,知识能够发挥出比以前更巨大的力量。

现在每个人都很容易买到大百科全书。书里面记载着比一百年前的天才所想到的更精彩的故事,也有很多曾经的天才们也不知道的知识。而当今时代,连大百科全书也电子化了。

未来是运用知识来工作的时代。就像肥沃的田地里结出丰硕的庄稼一样,知识就是田地,我们从知识的田地中收获庄稼。

知识是非常重要的基础，要尽可能地收集重要的、有用的信息。不好的信息知道多少也没用，要贪婪地汲取对工作有帮助的信息和知识。

用经营事业举例子，有时会出现这样的情况：面临问题时不知道该怎么办，最终因判断失误而失败了。而就在以前读到一半的经营书中，自己没有阅读的部分里面明明就写有正确的解决方法，却因为没有继续下去而错失了。

知识匮乏则难以做出正确的经营判断，知识能帮助你避免因决策失误而遭遇的失败。

其实，有时候自己的失败都是别人已经经历过的，在有前车之鉴的情况下提前学习就不至于失败了。这点非常重要。

第五章
提高判断力的信息战略

收集信息能否帮助取得成果

作为经营者的企业家要时常收集第一手信息,并创造出有用的新价值。

有些人认为只要行动起来了就是在工作,但是不能仅仅满足于"工作时间长""周末也不休息""热心肠""热情开朗"等评价。

其实,至今还有很多经营者都不明白,所谓工作就必须要出成果。

有些人想变身为超人,超出体力负荷地去工作;有些人从早忙到晚,工作非常勤奋;还有些人甚至连周末也不休息。努力固然重要,但更重要的是必须不断确认努力后,有没有取得显著的工作成果。

如果社长是这样的状态,部下们也一定会效仿,其结果有可能是他们看上去很卖力地工作,可实际上却是赚着加班费干了些根本不需要的工作。

所以要看重工作成果，而不要单纯为了工作而工作。

为了那些根本不需要的工作反而人手越加越多，这时要判断是否有必要继续任用这些人，并及时清理不需要的人手。

我们常说，经营是指投入人力、物力、资金、信息等经营资源所进行的活动。而身为经营者，就要尽力去追求成果。

单纯地投入经营资源谁都会，要求部下收集信息也很简单，但一不留神，说不定员工就会本末倒置，变成整天都在看报纸看电视，而不做其他事情。

收集信息是好的，但必须通过它取得相应的成果。信息的收集与企业发展息息相关。

比如说，因人事失误雇佣了一批高学历的员工，造成单个部门的员工越来越多，他们既聪明又拿着高薪水，却整天做着没必要的工作。

因此，要特别重视成果。

第五章
提高判断力的信息战略

同时经营者的信息战略也要以"取得成果"为重。白白浪费时间却不出成果的部分要及时取消。

有的人因为我曾说过的"不要落后于时代"而天天看电视,你问他对工作有没有帮助,假如他回答"没有,但是家人每天都能在一起看电视"的话就很危险了。

没有取得成果就等于单纯的享乐。所谓的工作就必须要取得成果。

收集经营判断依据的基准

你有没有因为帮助判断的资料不足而烦恼

企业陷入经营动荡时,经营者很容易头脑混乱,不知道该怎么做,更会出现错误的判断,想法摇摆不定。

遇到这种情况,首先要冷静地分析,收集能够帮助得出结论的资料。

从旁人的眼光看待烦恼，其原因大多是因为不知道如何突破现状取得成果。明明判断的依据不足却拼命想得出结论。

所以首先要有判断的依据，因得不出结论而烦恼时，要收集可供判断的资料，否则单凭主观臆断是得不出正确结论的。

问题的核心至关重要

收集判断资料依据的基准是，它是否有助于做出决定性的判断，即找到判断的核心。

比如，当面临判断"这项目是否要继续做下去""是否要开展新业务""要不要关闭亏损的部门"等问题时，要针对问题的核心拿出核心式的资料。

不知道该怎么判断的时候，是因为把眼光散落到枝枝叶叶上去了，这时要去掉枝叶，只保留主干部分。

当别人寻求你的帮助和建议时，要区分问题的主次，

第五章
提高判断力的信息战略

一针见血地指出关键所在。这样才能消除对方的烦恼，剩下的只不过是选择问题。

所以在应对问题时，可以这样提出建议：

这里是问题的症结所在。针对它只有 Yes or No 两个选择。从现在的情况来看，你必须自己做出选择。

无论选择哪边，一旦下定决心，只要不发生新的问题，就要忠于最初的决定。如果得到了结论，就照做吧。

就算会面临暂时的困难，不要忘了人生路上随时都能重新出发。

睡不着时吃的安眠药，药效不会持续太久。明确问题的核心对症下药才是最重要的。

做决断时，必然有一项关键性的因素，而问题的核心则是重中之重。并且具备这种能力的人才算得上是合格的指导者和经营者。

能够胜任指导者和经营者的人要善于判断什么是问题的核心。分不清哪是主干哪是枝叶的人成不了人上人。

经营上虽然要照顾到员工等方方面面的情况。但是只要抓住了决策的核心并得出结论，那么经营者就要敢于说出"这是我的判断，请大家服从。不肯服从的人对不起，只好请你离开"。

经营者的信息敏感度决定高度

如何构建信息收集网络

构建完善的信息收集网络能够帮助你观察到别人看不到的地方。

在日本，经营者们大多每天都阅读日经新闻什么的，比如制造业常读《日经产业新闻》，物流业常读《日经MJ》（曾经的日经流通新闻），金融业常读《日经Veritas》（曾经的日经金融新闻等）。多读报纸和收集各种信息对经营者很有益处。

第五章
提高判断力的信息战略

我成年之后的 30 年间坚持阅读日经新闻，还会读一些关于经营方面的书籍，为的就是让自己具备经营和经济方面的知识。

哪怕每天抽出一点时间用来学习也是好的。日积月累，不断调整自己的信息收集网络很重要。

经营者要实地观察经济动向

身为经营者，必须善于收集信息。

足不出户容易降低自己对信息的敏感度，所以要时常到街上走一走，看一看哪家店前面大排长龙，什么样的商品最畅销，什么样的商品不受欢迎，去实地观察经济动向。

自"3·11"大地震之后，我数度走在街头，仔细观察商店街有没有重新热闹起来，有没有在节约电力，街上人多不多，有没有外国人走动等。这样就能确切把握整个国家的趋势。

因此，我的言论都是基于实地观察的结果得出的。

这些观察的结果恐怕是端坐在首相官邸里的人所不知道的，单凭官员们的汇报根本无法掌握实际情况。

所以要努力收集信息，并提高信息收集的能力。

阅读编辑方针各有不同的报纸有助于锻炼头脑

要养成习惯，对比从各方汇集而来的方针和方向各有不同的信息。

比如说，《朝日新闻》、《每日新闻》、《东京新闻》、《中日新闻》等，他们的编辑方针大同小异。而《产经新闻》、《读卖新闻》则采取与上述报纸不同的编辑方针。

通过阅读、对比不同的信息，能够锻炼头脑。不仅能思考正反方意见哪一边是对的，又能通过对比各家报社的意见，从中观察出他们的舆论导向。

第五章
提高判断力的信息战略

阅读英文报纸的标题也能获得海外媒体的不同观点

有时海外报纸和电视台所报道的内容与日本完全不同。翻开《国际先驱论坛报》和《金融时报》,整版刊登报道的做法与日本的报纸大有不同。

所以即便英语能力有限,光看看英文报纸的标题也能知道海外正在发生什么,从中可以看出他们面对同样的问题会产生与日本不同的观点和视角。日本人会首先阅读国内新闻,英文报纸会把不同的观点做成标题,哪怕仅阅读标题和照片也是一种学习。

所以对于成年人特别是经营者来说,培养阅读报纸杂志的速度能力和把握要点的能力尤为重要。一边速读一边用广泛的视角进行对比来抓住要点。

购买对自己有益的书,通过收集并分析信息来洞察未来走向

在现代社会,我们可以通过电视、网络、手机以及各种渠道来收集信息。有人说纸质书快消失了，其实买纸质书可以随时阅读，非常方便。

只要不扔掉，书等于是宝贵的信息来源。就算现在不读，把有借鉴价值和将来对自己有帮助的书及时买回来，说不定什么时候它就能帮到你。

比如我在1980和1990年代收藏的书现在几乎只能在旧书店买到了，可它们对现在的我有很大的帮助。

要像这样，坚持不懈地收集、分析信息。不仅要收藏用速读收集信息的书，也需要收藏值得认真阅读的、反复阅读的书。

大荣集团的创业者中内先生是从一个破破烂烂的药店起家的。他阅读了上万本书籍，亲自努力收集信息，现在发展成覆盖日本全国的大型连锁超市。

中内先生作为经营者在任时间非常长，到了晚年，虽然他对危机的敏感变得有些迟钝，最后甚至还遭到了舆论的非议。不过，他仍然是一位优秀的企业家。

第五章
提高判断力的信息战略

在此意义上,作为经营者,时刻保持对信息的敏感度和处理信息的能力至关重要。

身边要有敢于直谏的人

有了直言敢谏的人,企业就不会轻易垮掉

社长身边围绕着唯命是从的人,是中小型企业在发展中常发生的问题。他们为了取悦社长保住自己的饭碗,一味地阿谀奉承。

他们从不对社长说出自己的意见,社长说什么就做什么,因为,既然是受了社长的命令他们就不必承担责任。

唯命是从的人为了避免承担责任从来不会主动地去做什么,一切都听凭社长的命令。但是要掌握帝王之道,身边就要有直言敢谏的人在。要在自己变得故步自封之前找到这样的人。

当然了，做出决策和承担责任的最终还是经营者，但是，不能因此而拒绝倾听别人的意见，要养成多方听取意见反复斟酌之后做出决断的习惯。

社长在任的时间越长，敢于谏言的人越少，这甚至有可能让公司面临破产危机。

要让各个年龄段的员工都敢于表达意见

当然了，谏言的人毕竟不是社长，也没有社长那样全面的能力，所以并不是每一条意见都要采纳。

反言之，即便谏言的人自身不懂经营，当他对社长指出哪里有问题时，只要他说的有道理，社长就应该听取采纳。

要知道，社长身边围着一群唯命是从的人对企业是很危险的，这样一来，坏消息几乎传不到社长那里。他们只懂得明哲保身，只会向社长汇报好消息。

现在的社长大多都喜欢听好话，喜欢被阿谀奉承。也因此很多企业会选择求助于咨询公司。咨询公司不是自己

第五章
提高判断力的信息战略

的员工，即便严厉地指出经营上的问题也只是他们的职责所在而已。

往往咨询公司能说的话员工却不会说，因为，一旦说出口就可能砸了自己的饭碗。

另外，每个人都有自己的喜好，因此在听取他人意见时，也会有选择性地进行筛选。

比如，有的人只听与自己年纪差不多又经验丰富的人的意见。其实这也是问题，真正愿意听取别人意见的人，是不在意对方年龄的。

站在年轻人的角度上，对于愿意听取采纳，或者愿意斟酌自己意见的上司更容易表达出自己的想法。

要培养年轻一代的经营者，就要让他们表达自己的想法，要让各个年龄段的人都敢于说出自己的意见。

即便是比自己年轻三四十岁的年轻人，只要他说的有道理，指出了自己没有发觉的问题，就应该坦诚接受。

然而实际上，大多数经营者往往变得越来越听不进别人的意见，越来越固执。经营者一旦陷入这种泥潭中，就会大大阻碍到企业的发展。

从多角度判定资金投放的收效

花钱比赚钱难得多

赚钱很重要，可有些上班族竟然连这也做不到。然而与赚钱相比，花钱更难。

存钱没那么难，难的是怎么花钱。当获得了一定的成功之后，事业开始自行运转，钱也越赚越多。要知道这是有才能的人才能做得到的事。

通常，会赚钱不等于会花钱。没有赚钱的能力当不了社长，然而很多经营者并不同时具备赚钱和花钱的才能。

因此才需要雇用员工，聘请外面的会计师和财务专家打理财富。为了保护企业能长久地发展下去，要聘请财务

第五章
提高判断力的信息战略

专家任命为副社长和专务、财务部长等,专门管理公司财政。

当员工人数增长到五十至上百人时,就需要由专人打理财务。如果让不懂财务的社长任意使用资金,就会为公司埋下很大的隐患。

赚钱和花钱不是同一种能力,花钱要难好几倍。

判定资金投放的收效

松下幸之助曾说过,花钱要比赚钱难三倍。这是因为钱花出去了就要有收效,要判定资金投放出去有没有效果,能不能获得收益,是有效投资还是资金浪费。

所以要从多个角度去判断,而不能单凭冲动去花钱。

钱花出去了,就必须要去判断有没有取得成效,这样才能不断磨炼自身的经营能力。一旦失败,就没有资金可用了。

我想正在经营事业的各位都具备赚钱的才能,也请你们知道,比赚钱更难的是花钱。

没有谁可以教我们怎么花钱，只能自己去体会。运气好的，可以借鉴优秀的同行和前辈经营者的经验，以及通过阅读书籍来学习，但这种才能并不容易掌握。

若非亲身体会修得，很难学会如何去正确地花钱。

2. 合理精神

从主观和客观两方面洞察个人与组织的能力

一般来说，修善得善，谋求发展就能获得发展。但是，企业是多人共存的整体，不能只考虑自己，也要考虑下他人的幸福和感受。

比如，当人们希望在优良的店家购买优质的产品时，要说只有自己的店最好，那并不客观。如果事实如此还好，毕竟别的店家也在努力做到最好。

因此，要客观看待自己的能力，把握什么是实际能达到的水平，什么是自己的期望。当超过了能力范围，期望就变成了私利私欲。

无论是个人还是一个组织的统领者，都要具备主观和客观两种眼光。

一个杯子里装着半杯水，"只剩一半"的想法让心情灰暗，"还有一半"的想法却能让心情明亮起来。半杯水或许足够一个人喝，要是大伙儿都想喝水就要计算一下了。

一个人喝不了几升水，差不多一人一杯就够了，要根据人数计算需要多少水。有没有这个计算能力，是身为高层应具备的见识，否则将难以做出正确决策。

国家领导人需要具备领导国家的能力，放到企业这个层面上，经营者也要具备相应的能力。

创业时，大多靠社长的一人之力，中小型企业90%以上靠的是社长的能力。依靠社长的才能、创意、想法等创立企业，支撑企业发展。但社长一个人的能力是有限的，一旦超出能力范围，企业就会垮掉。

企业发展到一定规模之后，社长要充分把握自己的能力极限在哪里，学会去思考辅佐自己的人能不能支撑企业发展。即便集众人之力，也有力所不能及的地方。

另外，还要考虑到企业从事的是不是紧跟时代步伐的产业。经济景气时，由于什么商品都能卖得好，看不出社

第五章
提高判断力的信息战略

长的真实水平。经济进入萧条期之后,才是真正考验社长能力的时候。

把对手成功、失败和停滞的要因研究透彻

任何行业都存在竞争对手,其实这是件好事。

竞争对手的存在对企业的发展最有帮助,研究对手是企业发展的原动力。

要充分研究同行业中规模大于自己的企业,研究它发展超过自己的原因,要将对方的成功经验借鉴过来。

如果双方经营者的水平差不多,那么运用同样的方法,自己的企业应该也能达到与对方持平的高度。所以,针对经营对手的研究一定不要懈怠。

与此同时,对于失败的同行也要去研究他们失败的原因,通过研究对方来完善自身。

还有些企业处于发展停滞期，那么就要研究造成该企业发展瓶颈的原因。

所谓"当局者迷，旁观者清"，一些企业的社长看不出瓶颈到底在哪里，旁边的人看来却一目了然。

研究对手时的三个要点

比自家规模大的企业

认真研究竞争对手为什么会比自家发展得好，将对方的成功经验借鉴过来。

遭遇失败的同行

认真研究其失败的原因，通过研究对方来完善自身。

出现发展停滞的企业

研究该企业的发展瓶颈在哪里。

第五章
提高判断力的信息战略

学会模仿、借鉴竞争对手

分析竞争对手的优劣之处,有助于企业的长足发展。针对对方极具优势的地方,要充分借鉴其成功经验。与此同时也要研究对方的欠缺点,有时长处和短处是相对的。

比如,有的补习班对自己的教材充满自信,认为不会有人编写出更好的教材,于是公开了教材中所有内容。这么做当然会遭到竞争对手的反击。

教材再优秀,如果谁都能买到,自然会被找到漏洞,抓住教材中没有涉及的部分作为武器发起反击。通过抓住对手的漏洞发起攻击的做法被称之为"利基战略"。

所谓战略就是这样的。但是,如果借鉴得不恰当反而容易招致失败。

有些补习班为了招揽生源,把教室地址放在东京大学的所在地"驹场"一带,也的确有成功的案例。但是,如果教材质量不过关,就会被竞争对手打败。

无论是学校、补习班还是企业，都像曾经的战国时代一样，面临着一场又一场的战斗。优胜劣汰，竞争得越激烈就会有更多的人受益。虽说一部分企业在竞争中败下阵来惨淡收场，但从全局上来说，竞争却是件好事情。

因此，为了将来，要坚持分析竞争对手的长处和短处，不要总认为"目前利润很好，比对手有优势，业绩也在增长。所以，应该把传统的味道永远保持下去"。骄傲自满的结果只有失败，因为对手会在你不备之时对你发起进攻。

研究令对手摸不透的"秘方"

如何应对模仿自己的竞争对手是个课题。默默无闻时没有人模仿，一旦畅销起来就会有人模仿了。为了应对这样的竞争对手，就必须提前想好对策。

应对竞争对手，重要的是研究出令对手摸不透的"秘

第五章
提高判断力的信息战略

方",让他怎么分析也摸不清头脑,始终搞不懂"为什么只有他们才能做出这个味道""为什么那么畅销"。

畅销商品既要让别人看到畅销的优势所在,又要保留一部分让别人看不出的秘方。否则,越早被参透就越快被模仿、被反击,利润也将被夺走。要尽量让对方看不透,保持自己一枝独秀的局面。

所以,在推出预期会畅销的商品时,要考虑到什么时间点将遭到对手的反击,否则一旦对手实力雄厚便难以抵挡,以至于率先打入市场的商品变成了小白鼠,利润全被对手夺去了。

这方面虚虚实实,非常的残酷。一门心思去研制出优良商品赚取利润是不行的,想要在竞争惨烈的商界立足,还必须分析对手的长短处。

放到个人身上也是一样。无论政治家也好、企业家也好,各行各业都存在竞争对手。

即便是考生,也要分析对手什么地方比自己学得好,什么地方不如自己，还要知道对手用的是什么样的参考书，做什么样的习题集，去的是哪家补习班。

由于每个人的性格迥异，与别人做同样的事情不一定能成功，不是说只要会模仿就能成功，要考虑到自己的长短处在哪里。

熟悉各种战略，最后在自己的实力范围内战斗

一般来说，人们可以取得的成功仅限于天生的能力范围之内。要想突破极限就需要努力，付出超出别人极限的努力。抓住自己熟知而对方不清楚的方法就能取得压倒性的胜利。

人一旦太想赢，反而容易输。越是想赢就越要把握住自己的能力极限，在能力范围内找到制胜方法。

在局部战役中要学习奇袭战略。

第五章
提高判断力的信息战略

然而纵观人生，还是要明白"该赢的时候赢，该输的时候输"的道理。

也就是说，要在自己的实力范围内，要客观地思考自己有多少实力，用心努力后能达到什么水平。

个别时候可以用奇袭战略，然而大多数时间还是应该正面迎敌。正因为大多数时候都是正面迎敌，偶尔出其不意地奇袭对方，反而能得到意料之外的巨大成功。反言之，总是打奇袭战对方早有了防备，就起不到奇袭的效果了。

四两拨千斤固然是好的，然而过于看重以小搏大，过于看重技巧，则限制住了自身发展。应该不断取得胜利，不断发展壮大，从小技巧转变成采取更高层次的战斗方法。

而知识就是其中的关键之一。

如果对方经历过的事情是自己没有经历过的，就应该把它借鉴过来为己所用。对方的经验不见得全都适合自己，在不断的试验探索中，渐渐取其精华、去其糟粕，成功的概率便会越来越大。

第六章

争取顾客的市场战略

第六章
争取顾客的市场战略

1. 把握顾客需求

经营者应当重视的是顾客需求,而非"种子"

常有人说学者寻求的是"种子",因为学者总是在寻找写作的种子、论文的种子、研究的种子等。作家也是一样的。

其实经营者应当重视的不是种子,而是顾客需求,是顾客需要什么。这才是经营者必须明确把握的方向。

所以,以自己个人的兴趣为出发点得出的创意再好,实际也运用不到事业的经营上。

对于艺术家、小说家、学者等独立工作的人,他们的创意直接影响他们的生活,所以想出有趣的创意,把它画

> **种子和顾客需求**
>
> 常有人说学者寻求的是"种子",因为学者总是在寻找写作的种子、论文的种子、研究的种子等。
>
> **种　子**
>
> 指的是经营上支撑事业或产品的基本技术、能力、优势、创意、资源等,不能直接提供给顾客。
>
> 经营者应当重视的不是种子,而是顾客需求,是顾客需要什么。这是经营者必须明确把握的。
>
> **顾客需求**
>
> 指的是个人或群体感觉到"匮乏""欠缺"的需要和需求。

成画或写成小说很重要。毕竟那只关乎他们自己和家人的生计问题,可以凭个人兴趣去工作。

然而经营者不能这么做。

经营者有一定的事业目标,手下有无数和你并肩努力的员工,而你是事业的掌舵人。每个企业都有各自的目标和企业文化,有各自的产品。所以,经营者的想法与独立工作的人们不同,必须符合市场的需求,符合企业的理念。

第六章
争取顾客的市场战略

还有，将创意具象化的过程中因需要企业的力量，所以经营者要把企业上下调动起来。

同时，如果创意不能为企业带来盈利则必须放弃。盈利也是经营事业重要的一环。它支撑着员工们的生计，也肩负着企业的未来。因此，不盈利的业务要尽快放弃。

经营者要时刻寻找盈利的种子

经营是日复一日的发明创造

经营者在勤奋学习的同时，要从日常工作中积累"经营上的觉悟"，发现新的经营方法。

经营是日复一日的发明创造，是不断地积累。

比如，发明新商品、新的销售方式、开拓销售渠道、开发广告宣传、拓展人脉，还要思考怎样让商品更畅销，怎样对社内体制进行改革让运行更有效率，分析决算，思考怎样提高利润率等。这些都称得上是"发明"。要知道,坚持发明创造、积累经验,是小型企业的宿命。

确保收入来源

开门见山地说,小型企业的经营者首先要考虑的是"寻找盈利的种子"。

要时刻探求盈利的种子,思考什么样的商品和服务能带来收益,顾客的需求是什么。

要从电视上,从报纸杂志里,从别人的口中,从报告书上时刻寻找盈利的种子。对于小型企业的经营者来说,确保收入来源至关重要。

先找到盈利的种子,再想方设法让它越来越畅销,逐步提升销售额。

"什么能成为收入来源""哪里能找到收入的种子""怎样才能创造收入",这些就像参禅的公案一样,必须通过一而再、再而三的思考去找到答案,去发现、发明有可能

第六章
争取顾客的市场战略

畅销的产品，具有可行性的企划方案，有可能受顾客欢迎的味道、形状、颜色、尺寸等。

对于商品是否能够畅销、能获得多少收益的洞察力，是高层们必须具备的能力。

以上就是小型企业的经营者必须具备的主要能力。

发现并创造市场需求

事业成功需要基本的市场需求。顾客需要的、受欢迎的商品才能产生经济价值。从这些商品上获得利润，再开展新业务，如此循环往复。

然而，提供了顾客需要的商品，顾客却不喜欢，结果也只能放弃。比如说，有人去点心店买点心，如果发现不好吃就不会再来买第二次。反过来，如果点心好吃，他就会再来光顾。

经济活动就要建立在这样的循环往复之上，一锤子的买卖不算经济活动，事业发展需要的是持续性。

因此，要端正时刻观察顾客需求的态度。创业初期要"发现"顾客需求。而当企业发展到一定规模之后，就要去创造顾客的需求，在人们还没有注意到的市场空白处去创造出新的市场需求。

从供应顾客需要的商品做起，再研究顾客还需要什么，创造出尚没有被发现的市场需求，率先推出市场。这也是许多知名企业成功的原因所在。

发现、创造需求的下一个阶段是，创造出需求之后接下来如何进一步发展，实际应用很重要。

第六章
争取顾客的市场战略

以顾客为中心

一切为了顾客

第四章讲到超市等地方常常花力气推销不受欢迎的商品。那些地方的无能店长本能地把生产日期早的旧商品摆到最前面,反而把新商品摆在后面。

他们以为这样能尽快出清库存,证明自己是个非常优秀的店长。

但是,这是一种以自我为中心的思考方式。即便有库存压力,卖不出去的旧商品无论被放得多靠前也畅销不起来。站在顾客的角度上,这种做法难以理解。

像7-11便利店那样的优秀企业则会按照时间段把握畅销商品,根据实际需要,每天分成几次把商品送货到店铺。便当等畅销品一天送货两三次,为顾客提供最新鲜的食物。这才是真正的优质服务。也因为顾客感受到这些,才愿意来7-11消费。

那些习惯把生产日期早的商品、卖剩下的已经落满灰尘的商品放在前面的人放在企业中来说，等于是拼命推销滞销品的社长。

正因为他们以自我为中心考虑，才会出现这样的错误。必须以顾客为中心，把精力投入到受顾客欢迎的商品上，要有敢于扔掉旧商品的魄力，这才是正确的判断。

配合顾客需求提升工作速度和服务质量

有个简单的例子。

香蕉在日本向来是从国外进口的，有一段时期卖得并不好。据说，原因在于销售方式不对。

由于香蕉不容易保存，通常会在没完全成熟的时候被摘下来运到日本，摆到水果店时还是青色的。放了几天以后香蕉渐渐成熟，成熟后的香蕉过上一两天就慢慢腐坏了。

为了避免香蕉在运输途中腐坏，所以在运送到水果店时都是青色的。

第六章
争取顾客的市场战略

由于顾客有时在水果店会买到硬邦邦的香蕉，所以挑选时会捏一捏看看熟不熟，于是被挑剩下的香蕉就更容易坏掉，有的甚至当天就全变黑了。

也就是说，水果店为了尽量保证香蕉不腐坏而进青皮香蕉，这种做法不符合顾客的需要。

香蕉最好吃的时候就那么一两天，要想办法在最好吃的时候全部卖完。

卖得不好明明是因为顾客讨厌买到不成熟的香蕉，水果店却把理由归咎到市场形势不好上。但究其根本原因却是因为无视顾客需要，只考虑自己的利益。

最近出现一种完全相反的销售模式，他们提供在菜园完全熟透的、含丰富糖分的番茄等商品。

他们的宣传语是"番茄沐浴着充足的阳光，为您提供最甘甜的番茄"，这种做法实践起来很不简单，可以说是一场战斗。但是，只要口味获得顾客的肯定，自然会越来越畅销。所以，经营者要摒弃"方便运输的商品最好"的想法，要像他们一样去配合顾客的需要。

但是，有的小学却在孩子们的午餐里掺入了没熟透的番茄。虽说无法让学校去采购上面提到的那种完全成熟的番茄，但孩子们吃了酸涩的番茄，就会讨厌这种食物。

明明成熟的番茄是甜的，很多孩子却因为吃到了酸涩的生番茄而讨厌吃番茄。恐怕也没有哪个成年人喜欢吃生番茄吧。

所以，那些自以为是、以自我为中心的商家将会慢慢失去顾客的光临，变得没落，甚至倒闭。

很多地方都拼命推销卖不出去的商品，或者销售保质期很短的商品。然而站在"一切为了顾客"的角度上，要把顾客需要的商品在最佳状态时提供给顾客。这就需要努力提高工作速度和服务质量。

第六章
争取顾客的市场战略

掌握企业生命线的是顾客

掌握企业生死、决定企业未来是倒闭还是发展的是顾客。而实际上很多人却忽视了这一点。他们认为掌握着企业生命线的是员工，是社长、高层、部长等管理层。

其实真正掌握企业生杀大权的是顾客。有顾客购买，企业就能发展，顾客不买，企业就会垮台。这道理就是那么简单。

一个很残酷的事实是，顾客决定不再购买你的产品时不会提前打招呼。缺乏这个认识的企业迟早会被淘汰。

有一年夏天我在某家酒店喝咖啡时，明明点的是冰咖啡，可当时端上来的却是温吞吞的咖啡。冰咖啡的卖点应该是"冰的"，估计服务员是把热咖啡直接倒进装了冰块的杯子里，所以端上来的时候咖啡还没充分冷却，这种服务实在是不应该。客人喝了这样的咖啡想必再也不会愿意来光顾了。

一杯咖啡大概几百到一千日币左右，投机取巧的结果却是导致客人不再光顾酒店,不再来餐厅消费等重大损失。

可能服务员投机取巧的原因是因为太忙了,既要冲热咖啡又要做冰咖啡实在太麻烦,索性直接把热咖啡倒进了装了冰块的杯子里。这么说起来或许有合理的地方,但却因小失大。

发展的基本是要时刻站在顾客的角度上考虑问题,而所做的一切都是为了让顾客满意。

有些工作从小处看或许说得过去,提升到全局的角度则容易成为产生严重损失的原因。

考虑问题要站在顾客的立场,而并非为了顾客

过于程式化的服务无法令顾客满意

要想生意兴隆、财源滚滚,就要让顾客满意。这是各行各业,从社长到基层员工甚至临时工都必须认清的一点。

第六章
争取顾客的市场战略

那么，如何才能让顾客满意？

要站在顾客的立场上思考，假设自己是顾客，什么样的情况会令自己不满？

首当其冲的第一个原因就是一味考虑自身的企业。

当顾客有提出要求或提出改善意见时，有些企业拿出"这是我们公司的制度""我们的产品一直都是这样的""我们所提供的服务就是这样"之类的说法来搪塞过去。

这种过于程式化的办事方法，事无巨细都完全照搬公司流程，又怎么能让顾客满意呢？

比如炎热的夏天，客人一边擦汗一边走进咖啡厅，要是服务员还问"您喝热的还是冰的，热饮有咖啡红茶以及……"肯定会让人厌烦。应该考虑到顾客的需要，主动推荐有哪些冷饮才对啊。

过于程式化，只强调企业自身的情况，这么做根本不能让顾客满意。

企业制定的方针、流程之类的条规只是为了确保所有员工能拥有一定的工作水平，但它远远不能达到让顾客满意的程度。

由"小区别"造成业绩上的巨大差异

灵活运用工作流程，即便是临时工也能做到让顾客满意。这需要洞察对方的心思和想法，思考对方当下最需要的是什么。在这方面不要吝惜下功夫。

比如目前日本有很多便利店品牌，从外观上看大同小异，模式相似，商品也差不多，业绩却有差别。而造成差别的原因却往往是些小细节。

比如有的店铺，早上顾客来买完东西出店门时店员会用洪亮的声音说道"路上小心"，并且，对晚上的客人用"您回来了"打招呼。

如此一来，顾客的感受与到其他便利店时就完全不同，慢慢地就成了回头客。一句"请您路上小心"和"欢迎您回来"让顾客有了宾至如归的感觉。这是一个用语言感动顾客的例子。

第六章
争取顾客的市场战略

还有一种方法,在顾客需要什么的时候马上递过去。

比如,下雨天如果出租车司机在乘客下车时递上一把伞,乘客必然会被其优质的服务所感动。当乘客主动开口问"有没有伞"时则已经迟了。

感动别人,就要站在对方的立场上考虑。

"为了顾客"这句话中蕴含着供给者的理论

在"感动顾客,令顾客满意"这一点的认知上经常会发生误区。每家企业都声称"顾客至上",把"重视顾客""一切为了顾客"之类的话挂在嘴上,实际上却存在着某些误区。

这种误区是:一边说着"一切为了顾客",一边把自己的观点、做法强加给顾客。

有时候,在脱离市场第一线的总公司等地方,常常把"以为是正确的""以为是为了顾客"的想法强加给顾客。

正确的思考方式不应该是一切都是为了顾客,而应该是站在顾客的立场上去想问题。

其实,"为了顾客"这句话中蕴含着供给者的理念、商品和服务等理论。

比如生产电视机的厂商,说一句"为顾客生产出了性能卓越的电视机"很简单。但是,如果问"你们的电视是站在顾客的立场上生产出来的吗?"答案则未必如此。

在液晶电视、超薄电视大量涌入市场之前,电视机又大又重,很占空间。一旦坏了,把它搬出去作为大件垃圾扔掉都是个问题。然而,当时的生产厂家却没有考虑到这一点,以为只要生产出画质清晰、色彩亮丽的电视机就行了。因此,现在电视机变得轻薄,就是站在顾客的立场上考虑的结果吧。

蔬果店也是一样,有些店家说是为顾客提供又新鲜又好的蔬菜,然而实际上进货的全是他自己觉得"好"的蔬菜吧。

因此,不在这方面留个心眼,"为了顾客"就会变成供给者把自己的想法强加给顾客的情况。

第六章
争取顾客的市场战略

> **"为了顾客"和"站在顾客的立场"**
>
> △ 为了顾客
>
> ○ 站在顾客的立场
>
> · 往往一边把"为了顾客"挂在嘴上,一边把自己的观点、做法强加给顾客。
> · 有时候,脱离第一线的总公司等地方,常常把"以为是正确的""以为是为了顾客"的想法强加给顾客。
> · "为了顾客"这句话中蕴含着供给者的理念、商品和服务等理论。

不要被"为了顾客"这句话欺骗,也不要让它蒙蔽了自己,必须站在顾客的角度上去考虑问题。

更进一步的服务能够让顾客感动

下面继续谈谈"程式主义"的弊害。

流程是为了让工作标准化而制定的,可很多人却会在工作中奉行程式主义。但是，要想让顾客满意，就要提供更进一步的服务。唯有从更进一步的服务中才能看出个人的心意。

哪怕一句话或一丝恰当的态度，都要努力为顾客提供更进一步的服务。总而言之，要把时刻为顾客考虑的心意用语言和态度表达出来。这样一来，身处任何行业的企业都能蓬勃发展起来。

反之，如果认识不到这一点，就会导致把顾客放到了一边，固守合理主义的思想只看重业绩。每个企业，从员工人数增加到十人以上就会开始发生类似的情况。

对于工作成果的评价仅限于公司内部人员，自己评价自己是怎么想的、怎么做的、取得了怎样的业绩。他们单纯地按照企业内部的做法进行评价考核，却完全不清楚顾客的需求和第一线的实际情况。

基本上在公司最初成立之时，或者在规模由小变大的发展过程中，把理念和道理程式化，对用来培训员工是很

第六章
争取顾客的市场战略

有必要的。但光依靠程式,是取得不了更高的工作业绩或服务水平的。假如同行业竞争激烈,那么这样的企业则难以在竞争中生存下去。所以必须要思考如何让顾客满意,这其中蕴含着个人的心意。

让顾客感动需要激情

说到怎么样让顾客满意,有个常常提到的词:激情。

任何一家企业,无论是社长、部长、课长还是普通员工,只有充满热情才能感动顾客。如果部长是个充满激情的人,一定能感染到他的部下们。

激情来自于对工作的热爱,越热爱工作,越激情满满。所以最幸福的事情莫过于从事自己喜欢的工作。

与此相对的是,只要有激情,就能对任何工作都充满热情。

不管是谁,有趣的工作自然会吸引他全身心地投入。但是,不能干等着有趣的工作找上门,要把自己的工作变得有趣，而这就需要"使命感"，抱有"通过工作，为世间做贡献"的使命感。

只要充满激情，任何工作都值得尊敬

工作分很多种，但不分高低贵贱。

我自己认为宗教家的工作是最崇高的，但其实飞行员也是很值得尊敬的工作。虽然日本不会这么做，但是在国外，当飞机平稳落地后，有时乘客们会集体为飞行员鼓掌。

安全起飞、平稳降落是飞行员的职责所在，是理所当然的。但乘客们为了这份"理所当然"花费了数万日元购买机票，把生命都托付给了飞行员，这要比金钱贵重得多。一旦坠机，数百名乘客的人生将就此终结，所以，我觉得平稳着陆后向飞行员鼓掌致意也是可以理解的。

只要对工作充满激情，飞行员的工作就是值得尊敬的，空乘值得尊敬，便利店店员、荞麦面店店员也都同样值得尊敬。

第六章
争取顾客的市场战略

创造全新的市场需求

推出新商品时,有没有市场需求这一点很重要,而再进一步说,如何去创造全新的市场需求也很重要。在欧美的市场理论中曾提到过:"消费者非常聪明,被消费者需要的商品一定能畅销。"从政治理论上说,它很接近民主主义的思维模式。"掌握主权的人、投票人很聪明,会做出明智的选择"与"消费者很聪明,会购买优良的产品"是相同的。

然而,对此我却抱有一丝怀疑。

比如爱迪生在发明出灯泡之前,世上并没有对灯泡的需求。是因为爱迪生发明出了灯泡才衍生出了市场需求。灯泡是曾经不存在、后来被发明出来的东西,在那之前,没有人会说"我需要灯泡"。

因此,一定有些东西以前没有过,经制造商发明生产出来之后才大为流行。

火车也是这样，曾经知晓火车必要性的只是少数优秀的人才，一般人并不理解，认为还是骑马方便，只要喂它草料就能奔跑，有的人甚至还会想："明明可以骑马，为什么非要制造妖怪一样，会跑的大铁块呢？火车只能在铁轨上运行很不方便，为此还得铺设几百公里的铁路多麻烦。"

所以铁路在铺设前遭到了很多非议，"骑马能穿越任何羊肠小道""有了火车，那些靠马吃饭的人多可怜啊"。

然而谁也没想到，曾经被众人批评却不方便又奇怪的火车居然掀起了一场巨大的交通运输革命。

还有飞机，以前谁也没想过那么庞大的东西竟然能在天上飞。对于19世纪的人们来说，乘坐金属做成的东西在天上飞是想也不敢想的事情，你问他们"愿不愿意乘坐金属做成的东西在天上飞"，肯定没有一个人回答"愿意"。

他们会觉得太恐怖了，自己还不想死，说不定是被骗了。

所以说，重视市场固然重要，但对于全新的东西来说，在投入市场之前根本不存在市场需要这一说。天才的发明

第六章
争取顾客的市场战略

家和创业家善于创造市场,仅靠做顾客调查寻找市场需求,收效是有限的。

当一定程度的市场需求出现后,可以一边掌握消费者的动向一边创造出新产品。

经济学上有一项"萨伊定律",说的是"供给会自行创造需求",也就是"供给就能卖出去"的,非常原始的理论。近代历史也验证了这一说法。

即便是从没出现过的商品,一旦被做出来就开始被市场接受。比如收音机,最初或许有人认为这是没用的东西,可当大家明白怎么用之后就开始购买了。而汽车、电视机都是如此。

> **萨伊定律**
>
> 法国经济学家、实业家让·巴蒂斯特·萨伊(1767—1832)提出的学说。他主张"供给会自行创造需求""供给就能卖出去""买者同时也就是卖者,买卖是完全统一的"。凯恩斯提出"总需求决定一个国家的生产总值"的"有效需求理论"之前,是经济学领域的主要思想。

所以，新的发明只要能进一步将它商品化就能卖出去，这一点的确是事实。

不过，如果当很多企业都开始做电视机，市面上出现各种各样的电视机，且竞争越来越大之后，则不再适用该理论。这时，就要转变思维和方向，研究并提供大多数消费者所需要的电视机才对。

这就需要调查顾客对电视机的尺寸、价格、色彩、设计等各方面的喜好，把握顾客最需要什么样的电视机。

最近出现了壁挂式电视机，把电视机当成了一种室内装饰。这是很了不起的创意。以前看重的是电视机的图像效果，电视机又大又沉，外表黑乎乎的，根本没有品味可言，现在却成了室内装饰的一种。这算是发现需求，还是创造需求呢？

先创造出从没有过的全新产品，再根据消费者的喜好推出改良商品，这就需要时时把握消费者的动向。

第六章
争取顾客的市场战略

在现状中探索未来的种子

经营者、企业家们要不断探索明天、明年甚至十年后的"下个时代的事业种子"。要发现它、培养它。

做到这一点,光靠书本上的知识还不够,要到社会上实地观察、考察。

首先要找到种子。那么,什么是"未来的种子"呢?

未来并非突然来到眼前,在"现在"里肯定能找到未来的影子。平时自己看到的世间百态,人们所谈论的事情、人们的想法,新闻、杂志、电视上传播出的信息之中肯定蕴含着未来的灵感。那些尚未被人发现的东西,就是未来新事业的种子。

可以通过"现在"去探索"未来",从而找到未来的种子。时常思考什么是未来的种子,什么是未来产业的种子,并进行不断地探索。

这就需要时刻打开天线,源源不断地采集信息。

如何用天线去捕捉信息的灵敏度，在于个人如何打开天线去接收信息。一年三百六十五天每天都源源不断收集信息的人，与干等着的人有着天壤之别。所以，要积极主动地努力，探索未来工作的种子。

另外在经济萧条期，有时候会面临必须改变企业整体结构的时期。要审视企业内部的业务流程和组织架构，思考如何改变经费构造、收入构造等。

特别是经营者，要对时代的走向时刻保持灵敏度，不能每天埋头在案工作，也不能每天都见一样的人，必须时常思考下一个时代将如何变化。

要保证企业顺畅运营，就要具备总揽全局的能力。

第六章
争取顾客的市场战略

2. 市场细分

根据企业实力建立战略、战术

分析企业的特点，任何一家企业都不可能做到方方面面都是翘楚，一定有强有弱。所以要把握企业的优势所在，在发挥优势部分赢得市场的同时，尽可能去避免劣势部分造成的损失。

任何一家企业都同时存在优势和劣势。

同时，分析自身在同行业中所处的位置，明确企业属于规模和实力相对较强的强者，还是相对较弱的弱者。征战商界，强者和弱者各有各的打法。在经营上这部分既微妙又困难。

经营者首先要根据企业的规模判断自己是属于强者还是弱者，建立相应的战略，也要考虑到无论强弱，其内部都存在优势和劣势。

比如有的企业资金雄厚但技术力量薄弱，还有的企业资金短缺但技术力量非常强大。等于说，资金方面前者占强，技术方面后者占强，又或者有的企业虽然既没技术又缺资金，但很善于宣传，那么在宣传方面它就是强者。

企业各有各的优势，也有劣势，所以要建立与其相应的战略、战术。

弱者的兵法与强者的兵法

弱者的兵法——发挥企业优势，专注于利基市场

原则上来说，在全面战争中弱者是打不赢强者的，不可能出现以弱胜强的局面。

所以，如果明白自己处于劣势，就要善于发挥自己的优势去争取胜利。

比如，有的小企业只有技术力量一项优势。或者他们

第六章
争取顾客的市场战略

的技术在特定的领域非常优秀，连大企业也难望其背。那么这样的企业就要充分发挥技术优势去战斗。

这就是利基产业或者说夹缝产业，不被大企业关注的市场缝隙称之为利基。针对市场缝隙发起总攻，可以打开突破口开辟新的道路。

但是，当利基部分的市场发展到一定规模之后，资本雄厚的大企业或将前来占领市场。这时就要考虑下一部动

弱者的兵法与强者的兵法

选择适合企业的兵法

分析企业在同行业中是强者还是弱者，分析自己在组织中的优势和劣势分别是什么再来选择战略战术。

弱者的兵法

充分发挥自身优势，针对被强者忽略、放弃的市场缝隙（利基）发起总攻来打开突破口。

强者的兵法

如果对手人数不多则采取大军包围的战略。

作,是继续做大规模,还是寻找其他利基。

寻找利基,就是弱者的兵法。专攻被强者忽略、放弃的市场缝隙打开突破口。

从桶狭间之战看弱者兵法的运用

比如,桶狭间之战中织田信长就运用了这种兵法。今川义元的军队有三万到五万人之多,而织田信长只有区区两三千人,双方相差了十倍。在平地作战的话,是不可能打败十倍于自己的敌人,织田信长的军队绝没有胜算。

此时织田信长的家臣们纷纷说:"反正打也打不赢,索性紧闭城门静观其变吧。"实际上这么做也必败无疑。

要取胜,只有一个办法,那就是攻击敌军的弱点。

大批军队行军时,速度慢,兵线长。

就像三国时代,少数人马是打不赢集结起来的百万大军一样。但是大军行进起来则形成"八百里军势",行军队伍又细又长,防守能力非常薄弱。刘备刘玄德为结拜兄

第六章

争取顾客的市场战略

弟关羽报仇攻打东吴时摆了一个长蛇阵，结果中军被袭，败给了吴军。

桶狭间之战中织田信长也是采用了同样的兵法。

今川纵有两万兵马，行军起来队伍却变得又细又长，今川就在中军里面。当时是午饭时间，又在下雨，军队正在休息，保护今川的只有少数人马，结果遭到织田信长的袭击。

从战斗的理论上这也是正确的做法，虽然敌军是自己的十倍本没有胜算，可由于当时在场的只有少数人马，才得以出其不意地奇袭成功。

当然了，在发动袭击之前收集充足的情报这点也很重要。织田信长是因为收到"今川正在某处休息"的情报才决定发动袭击的，上报该情报的人应该记头功。

所以，即便大军在前，但只要集中火力攻打其薄弱环节就能取得胜利。

而将这点运用在经营上也是适用的。

面对被称作"格列佛"的大型企业难以取得全面的胜利。但大企业也有弱点，或者自己的企业在某一方面强过大企业，就要从这里寻找战机。

还有，如果大企业由于涉及的领域太多，就要从中寻找弱点，从被大企业忽略的地方发起攻击。这就是弱者的兵法。

运用弱者的兵法，集中自己的优势去攻打强者的弱点。

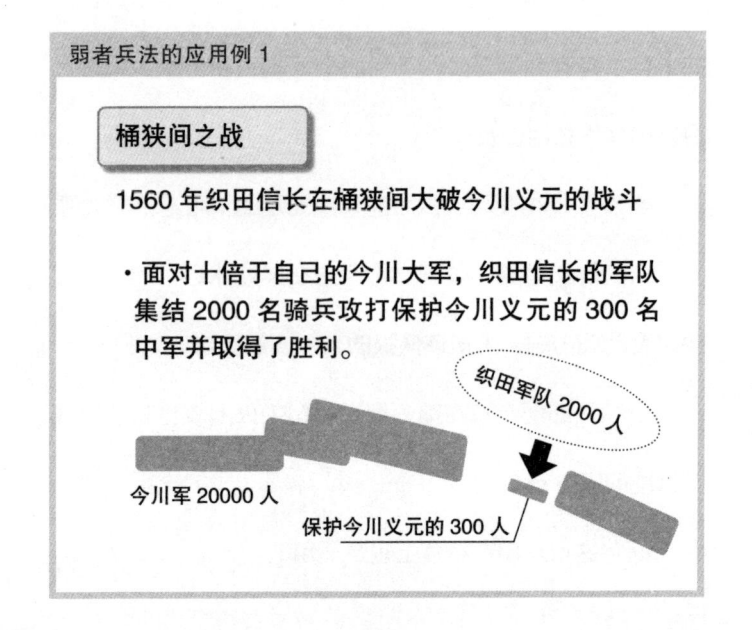

弱者兵法的应用例 1

桶狭间之战

1560 年织田信长在桶狭间大破今川义元的战斗

· 面对十倍于自己的今川大军，织田信长的军队集结 2000 名骑兵攻打保护今川义元的 300 名中军并取得了胜利。

织田军队 2000 人

今川军 20000 人

保护今川义元的 300 人

第六章

争取顾客的市场战略

面对强大的敌人，要集中力量攻打其薄弱之处

面对强大的敌人，要分散对方的实力，再集中力量攻打其薄弱之处。

比如曾经与拿破仑对抗的普鲁士军队。

法国军队由拿破仑率领时是战无不胜的强者，没了拿破仑就变成了弱者。普鲁士看破了这一点，决定不跟拿破仑正面冲突，在对方进攻时适时地撤退。

当时普遍认为撤退等于战败，追击全歼敌人才是胜利。因此，面对老是跑走的普鲁士，拿破仑每次都打胜仗。结果普鲁士军队又在别的地方出现。

普鲁士军队不认为撤退是战败，他们明白正面迎敌打不赢拿破仑，所以拿破仑一进攻他们就撤退，转而再攻打拿破仑触不可及的地方。如此反反复复，逐步消耗对方的战斗力。

法军在没有拿破仑的时候可以说是不堪一击的。普鲁士军队在遇到拿破仑时是弱者，却在没有拿破仑的地方是强者。于是，他们逃到拿破仑触不可及的地方设下圈套发动袭击。

楚汉相争时期，名将韩信设下十面埋伏大破项羽，采取的也是逐步消耗敌军战斗力，使项羽疲于奔命孤立无援，最终被包围歼灭。要了解这种作战方法。

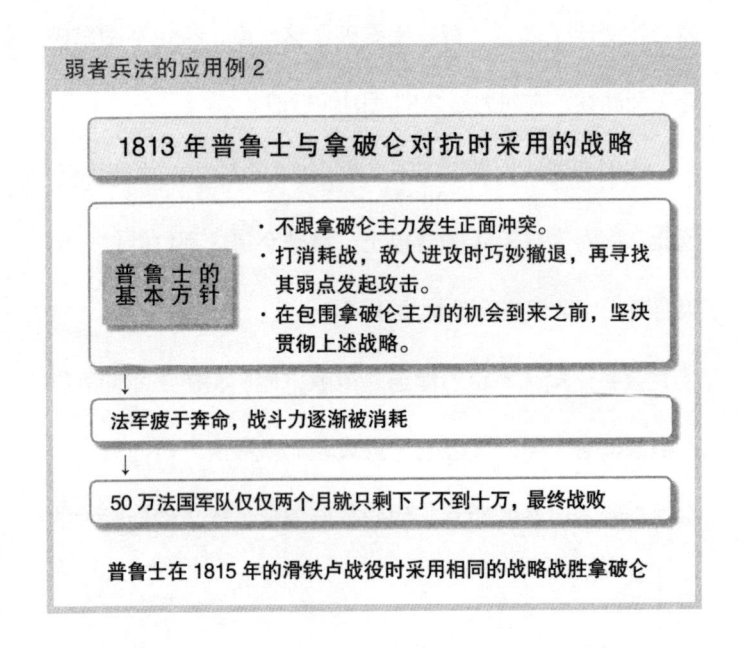

弱者兵法的应用例2

1813年普鲁士与拿破仑对抗时采用的战略

普鲁士的基本方针
- 不跟拿破仑主力发生正面冲突。
- 打消耗战，敌人进攻时巧妙撤退，再寻找其弱点发起攻击。
- 在包围拿破仑主力的机会到来之前，坚决贯彻上述战略。

↓

法军疲于奔命，战斗力逐渐被消耗

↓

50万法国军队仅仅两个月就只剩下了不到十万，最终战败

普鲁士在1815年的滑铁卢战役时采用相同的战略战胜拿破仑

第六章
争取顾客的市场战略

强者的兵法——大军包围

说到强者的兵法,那就是当对方人数不多的时候采取大军包围的战略。

这是丰臣秀吉最擅长的兵法,特别是当他执掌天下之后使用的都是这种打法。事先观察敌军和友军的实力,哪怕对方的军队比自己多一个人也使出"和睦共处"的政治手腕。如果自己的军队在人数上占优势则攻上前去。他会用十倍于敌军的兵力攻上去。攻打小田原时,丰臣秀吉用比敌军多十倍的兵力进攻致使敌军无心战斗,丰臣秀吉不战而胜,也减少了友军的损失。

而与对手旗鼓相当时损耗却非常大。比如一万人马对战一万两千人马时就会造成死伤众多。然而,当一万人马面对十万人马时则会士气全无,因为他们明白即便向前迎敌,全军覆没也是瞬间的事情,因此不战而降。这就是强者的兵法。

兰切斯特法则——做特定范围内的强者

第二次世界大战中运用到了兰切斯特法则。这是空战时运用的法则。

日本的零式战斗机非常强大，在性能上美军战斗机根本不是对手。零式战斗机重量很轻，翻转能力非常强，在第二次世界大战前期，美军在零式战斗机面前吃了不少苦头。由此，美军想出的战略是：一对一打不赢，那就三对一。零式战斗机再强大也无法以一敌三。这是当然的，一对三必败无疑。

只要有足够的工业力量，加紧制造战斗机，以三对一的战斗方式，美军就能几乎毫无损失的全歼敌人。

零式战斗机的性能再好，飞行员的技术再高，也架不住美军三对一的打法，一个接一个的牺牲。于是，优秀的飞行员越来越少，优秀的战斗机数量也越来越少，战斗力也就越来越弱。

第六章
争取顾客的市场战略

由于制造能力低下造成战斗机越来越少,最后遭到了敌军的痛击。

工业能力跟不上,就无法在长期战争中生存下来。

美军使用的就是兰切斯特法则,用三对一的打法对战日本空军。而在攻占原来由日军占领的岛屿时,美军也使用了同样的打法。

日军虽然投入了10万到30万的兵力在那条战线上,却把兵力分散到了各个岛屿。

如果日军把30万人集结到一处,即便美军登陆的军队有3万人也是日军占绝对优势。可是,日军却因为不想失去任何一个岛屿而把兵力分散开了。

于是,美军为了彻底阻止分散的日军重新集结,先攻击运输船只,截断日军补给线。击沉民间运输船只是违反国际法的。于是,美军先击沉运输给养的船只,让日军补给供应不上,导致日军在岛上孤立无援。

接下来,比如推算某个岛上驻扎着一万日军,美军便派遣3万海军,用3倍兵力攻打日军,全歼敌人。

就算日军明明有3万军队,可是如果把3万人平均分到3个岛上,那么美军派遣3万军队攻打其中任何一个岛上的一万日军,再各个击破。最终结果只能是3万日军全军覆没。

这就是强者的兵法。

强者和弱者虽然有规模上的不同,除此之外在某个特定区域内也分强者和弱者。

通过市场细分发现并创造市场需求

市场营销是指"开拓市场"

市场营销实际上是指开拓市场。放到企业上来说,是调查应该把商品投放到哪里去开拓市场。

比如,现在很多家庭都有空调。大概30年前,大家

第六章

争取顾客的市场战略

都说夏天开空调会生病。因为待在开着空调的房间里会手脚冰凉,而一下子去到没开空调的地方,由于巨大的温差而患上空调病,所以大家都说空调会影响身体健康。即便买了空调大多也只是摆在客厅里,不放到其他房间里去。

也有的企业在各处都安装了空调,由于大家都相信空调对身体不好,因此,当时空调的普及率并不高。

然而到了今天,变成几乎所有的房间都安装了空调。

暖气也是这样,最初大家都把脚伸进暖桌下面取暖,现在变成整个客厅里都有暖气,甚至家里每个角落都能吹到暖风。

区分市场,创造市场需求

市场营销、开拓市场的基本是寻找市场需求,找到消费者需要的商品。

当同类商品满天飞,同类型企业到处都是时,就很难发现市场的真正需求了。当市场趋于饱和,接下来要做的就是创造出全新的市场来。

创造全新的市场需要创意，需要更好的方法，以及更好、更方便的产品。

因此，市场营销不仅要发现需求，更要创造需求。

说到创造市场需求，这是个很大的话题。除此之外，也有找到大企业因利润空间不大而不参与的市场缝隙，搞利基产业的做法。

中小企业要找到利基，集中优势推进这个市场。当市场达到一定规模时大企业会参与进来，这时再去寻找有没有被大企业忽略的市场盲点，占据谁也没有涉猎过的领域。

寻找利基这一点非常重要。

要想争夺市场份额，企业就要达到一定程度的标准化、统一化，产量达到一定水平。战胜大企业的方法，是在其标准化当中寻找遗漏的部分，然后集中进攻。

比如，有的服装企业只销售标准化的服装，如果它占据了相当大的市场份额，那么自家企业可以生产针对体型

第六章
争取顾客的市场战略

瘦小的小尺寸和针对体型丰满的大尺寸服装。这也是一种战略。

面对采取标准化战略扩大市场，占据一定的市场份额的大企业，就要去占领它没有涉足的领域。而这也被称作"市场细分"，通过细分市场找到自己的定位，并发现、创造出全新的市场。

第七章

如何获得高深的智慧

第七章
如何获得高深的智慧

1. 接收来自灵感的启示

保持孜孜不倦的姿态

当企业陷入经营困难时，谁都想知道抓住顾客需求的窍门，因为它拥有很大的价值。如果将"如何确切地把握住顾客需求"作为一门课程的话，想必学费一定非常昂贵。

抓住顾客的需求多少掺着些运气的成分在其中。运气好的人能够迅速抓住需求，这可以被说成是在经营中突然闪现的灵感。具备良性灵感的人，就能够比别人早一两年抓住客户需求，他们的运气通常都不错。

决定运气的是灵感，即便看到同一种东西，有的人能闪现灵感，而有的人则不能。

你乘坐地铁、乘坐公交车，抑或是走在街头的时候，分别会感受到什么？你在看电视广告、看电视剧，或是读书的时候，又能分别感觉到什么？你在阅读成功论和经营论相关的书籍时，又感受到了什么？

即便读同一本书，有的经营者能够闪现灵感，发现需要，有的却不能。这不是作者的问题，而在于看书的人。

也就是说，抓住需求靠的是运气，而决定运气的则是灵感。

那么，怎样才能获得灵感呢？灵感可以说是由积蓄在人脑中的东西发酵而得，从这方面来讲，要抓住灵感就要保持孜孜不倦的姿态。时常用心找寻需求的人，更容易发现需求，缺乏孜孜不倦精神的人则做不到。只要时刻保持不断追求的姿态，就会在某个时刻获得灵感。比如看电视的时候，听广播的时候，走在街头、甚至泡澡的时候随时都有可能灵光闪现。

这是人世间的一种能力。积蓄在头脑中的东西也是灵

第七章

如何获得高深的智慧

感的来源,让自己收集信息的天线保持灵敏度,看到眼里的和听进耳朵里的重要信息也是灵感的来源。

所以,首当其冲的是要保持孜孜不倦的姿态。

用心祈祷一定会有回应

在保持孜孜不倦的同时,也要懂得祈祷。

只要用心祈祷一定会有回应,这是不懂得祈祷的人所得不到的。

或许你会觉得不公平,但这是事实。懂得祈祷的人,好运可能就会降临到你身上。而不懂得祈祷的人,好运可能就会与你失之交臂。

所以说,只要能抱着虔诚的心去祈祷,即便开始效果可能不会很显著,但是只要能够坚持,坚信这份祈愿,那好运终究会垂青于你。

也就是说,灵感之中也蕴含着你对未来的祈愿。

很多在一二十年前去世的优秀企业家都想把衣钵传给

世人，即便自己已经死去，也想把事业和自己的智慧留在人间。而这些可以帮助世人思考的经营之道，给追求灵感的世人予以启示。

它们能帮助你更早地知晓未来可能会遭遇的境遇。刚才说到，通过孜孜不倦地追求抓住灵感是其一，在追求的过程中还能通过祈祷获得灵感和启示。

要获得灵感和启示，第一要孜孜不倦地追求。

第二，要扫除心灵的阴霾，用一颗无私的心毫无杂念地追寻。也就是说，要思考自己应该为世间、为人类做出怎样的贡献。无私无欲地去追求，就能获得回应。要是仅仅为了想过奢侈的生活，或者想得到靓丽的外表之类的，是得不到灵感和启示的。

这样一来，反而容易遭到负面能量的侵袭。

从这个意义上来说，经营者必须时刻保持勤奋努力的状态是很重要的，心无杂念地寻求对自己、对企业有利的帮助，就能获得灵感和启示。

第七章
如何获得高深的智慧

要自己创造这样的机会。

我所开创的企业就得到了许多成功经营者的启迪。在必要的时候,他们都会对我伸出援手。

许多成功的经营者都非常希望能帮助到世人,帮助那些濒临破产的企业和寻求发展的经营者。要获得他们的帮助,就要具备一颗虔诚的心。我的企业就提供了很多面向经营者的进修机会。

2. 真正的繁荣需要不断地努力

上天更愿意垂青那些具有自助努力、自立精神的人。这样的人能胜任指导者的角色，能够带给众人幸福，帮助大家获得成功。

还有，在自助努力和思考创意时，其实会有其他的力量前来帮助。越努力灵感越强，灵感中蕴含着相当多的外力因素。

创业者和提出新想法的人，以及通过正确决策引导企业或政府部门的人，还有那些在某些领域里获得过成功的人，能够在适当的时候接收到灵感。这些灵感有时候像是自己想到的，而有时候又像是突然一下子窜到脑子里的。

只是人要接收到灵感，就需要拥有与所获取的灵感相呼应的能力或兴趣。

比如那些对高等数学没兴趣的人，即便每天督促他学

第七章
如何获得高深的智慧

习,也不会有显著的效果。而那些立志成为数学家并努力学习的人,则能在这方面获得不少灵感。因此,要努力培养接收灵感的能力。只要坚持不懈地努力,就能接收到灵感。

经营者也是一样。有的经营者每天废寝忘食地思考优秀的方案、寻求更好的做法,当他的觉悟到达一定高度时,就会在某一刻迸现出灵感。

想要抓住灵感,就要继续努力精进自身。如此日复一日,一定能获得成功。

智慧经营 | Management with Wisdom

3. 智慧帮助经济增长

如果你正在从事真正对人们有益的工作,

自己却始终生活拮据,被经济问题所困扰,

是因为智慧还不够。

要充分发挥智慧的力量。

智慧可以帮助经济增长。

智慧可以让经济散发光芒。

发挥智慧的力量就不会遭遇失败。

或许你们的理想正在燃烧,

认为只要做真正有益的事情就能衣食无忧,

可是为什么会发生这样的事情呢?

是因为没有充分发挥智慧的力量吧。

如何发挥智慧的力量?

要记住,

第七章
如何获得高深的智慧

是合理利用时间。

是让人们尽其所能。

智者能够掌握时间。

智者能够自由自在地使用时间。

把时间当成朋友,把时间当成武器。

把时间当成血液,把时间当成营养。

这是真正的智者。

不仅仅是智慧,不仅仅是时间,

让人们尽其所能而取得成功的例子不胜枚举。

要让人们尽其所能。

用人,才有经济。

被人所用,才有经济。

观察人,经济发挥重要的作用。

为灵魂提供无上的家园。

你们独自坐在佛堂里,

整日坐禅,

得不到任何经济，

无法接触到任何人。

然而，走进职场，

在每天的工作中，

在经济原理中，

你们一定会直面如何尽人所能的问题。

这是一门高深的学问。

要充分学习这门高深的学问。

后 记

精读本书，对于成年人来说，恐怕比念经营专业的研究生，或参加MBA课程更有裨益。在这26年的时间里，我通过钻研实践经营学，把所有我认为是真理的精华都凝结成了智慧的语言。今后希望各位以本书为参照，重新审视自己的事业，时刻收集、分析最新信息。

希望大家重视努力、精进、忍耐、勇气、希望和行动力。

大川隆法